全国100所
高职高专院校旅游类专业系列教材

（旅游管理专业）

旅游企业管理

Lüyou Qiye Guanli

总主编 郑向敏　　副总主编 韩　军
主　编 韩　军　　副主编 舒　晶

重庆大学出版社

内 容 提 要

本书将管理学的基本原理运用于旅游企业管理中,包括旅游企业概述、旅游企业管理的基础理论、旅游企业计划管理、旅游企业组织管理、旅游企业质量系统管理、旅游企业经营管理、旅游企业营销策划管理、旅游企业人力资源管理、旅游企业文化管理、旅游企业危机与预警管理等,涵盖了旅游企业日常管理活动的主要内容,共计10章。

本书可作为旅游管理、旅行社经营管理、导游、景区管理等专业的专业基础理论课教材,适用于高职高专院校、成人教育院校,也可作为旅游从业人员、旅游中等职业学校教师的学习参考资料。

图书在版编目(CIP)数据

旅游企业管理/韩军主编. —重庆:重庆大学出版社,
2008.8(2021.1 重印)
(全国100所高职高专院校旅游类专业系列教材)
ISBN 978-7-5624-4549-4

Ⅰ.旅… Ⅱ.韩… Ⅲ.旅游业—企业管理—高等学校:
技术学校—教材 Ⅳ.F590.6

中国版本图书馆 CIP 数据核字(2008)第 111668 号

全国100所高职高专院校旅游类专业系列教材
旅游企业管理
主 编 韩 军
副主编 舒 晶
责任编辑:邬小梅 版式设计:邱 慧
责任校对:谢 芳 责任印制:张 策
*
重庆大学出版社出版发行
出版人:饶帮华
社址:重庆市沙坪坝区大学城西路21号
邮编:401331
电话:(023)88617190 88617185(中小学)
传真:(023)88617186 88617166
网址:http://www.cqup.com.cn
邮箱:fxk@cqup.com.cn(营销中心)
全国新华书店经销
POD:重庆新生代彩印技术有限公司
*
开本:720mm×960mm 1/16 印张:19 字数:331 千
2008 年 8 月第 1 版 2021 年 1 月第 6 次印刷
ISBN 978-7-5624-4549-4 定价:49.00 元

编委会

总 主 编　郑向敏

副总主编　谢　苏　汪京强　韩　军

　　　　　孟　华　张鸽盛

委　　员　（以姓氏笔画为序）

　　　　　丁　霞　王世瑛　王振才　王　瑜

　　　　　王雷亭　冯玉珠　宁　毅　朱水根

　　　　　刘启亮　刘根华　江　群　张　波

　　　　　张　青　余　昕　张树坤　张跃西

　　　　　沈　捷　罗兹柏　范运铭　陆　朋

　　　　　陈增红　姜　爽　袁　俊　贾俊环

　　　　　黄咏梅　曹红蕾　韩　林　舒　晶

　　　　　斯碗青　蔡敏华　檀小舒

总 序

21 世纪是中国成为旅游强国的世纪。根据世界旅游组织的预测,2020 年中国将成为世界第一大旅游目的地国家,并成为世界第四大旅游客源国。在我国旅游业迅速发展中,需要大量优秀的专业人才。高职高专教育作为中国旅游教育的重要组成部分,肩负着为中国旅游业培养大量的一线旅游专业人才的重任。

教材建设是旅游人才教育的基础。随着我国旅游教育层次与结构的完整与多元,旅游高职高专教育对旅游专业人才的培养目标更为明确。旅游高职高专人才培养需要一套根据高职高专教育特点、符合高职高专教育要求和人才培养目标,既有理论广度和深度,又能提升学生实践应用能力,满足一线旅游专业人才培养需要的专业教材。

目前,我国旅游高职高专教材建设已有一定的规模和基础。在各级行政管理部门、学校和出版社的共同努力下,已出版了一大批旅游高职高专教材。但从整体性看,已有的多数系列教材有以下两个方面的缺陷:一是系列教材虽多,但各系列教材的课程覆盖面小,使用学校范围不大,各院校使用教材分散,常出现一个专业使用多个版本的系列教材而不利于专业教学的一体化和系统化;二是不能适应目前多种教学体制和授课方式的需要,在不同课时要求和多媒体教学、案例教学、实操讲解等多种教学方式中显得无能为力。

在研究和分析目前众多旅游高职高专系列教材优缺点的基础上,我们组织编写了 100 多所旅游高职高专院校参与的、能覆盖旅游高职高专教育 4 个专业的、由 60 多本专业教材组成的"全国 100 所高职高专院校旅游类专业规划教材"。为了解决多数系列教材存在的上述两个缺陷,本系列教材采取:

1. 组织了百所旅游高职高专院校有教学经验的教师参与本系列教材的编写工作,并以目前我国高职高专教育中设置的酒店管理、旅游管理、景区开发与管理、餐饮管理与服务 4 个专业为教材适用专业,编写出版针对 4 个专业的 4 个系列、共 60 多本书的系列教材,以保证本系列教材课程的覆盖面和学校的使用面。

2. 在教材编写内容上,根据高等职业教育的培养目标和教育部对高职高专课程的基本要求和教学大纲,结合目前高职高专学生的知识层次,准确定位和把握教材的内容体系。在理论知识的处理上,以理论精当、够用为度、兼顾学科知识的完整性和科学性;在实践内容的把握上,重视方法应用、技能应用和实际操作、以案例阐述新知识,以思考、讨论、实训和案例分析培养学生的思考能力、应用能力和操作能力。

3. 在教材编写体例上,增设学习目标、知识目标、能力目标和教学实践、章节自测、相关知识和资料链接、教学资源包(包括教案、教学 PPT 课件、案例选读、图片欣赏、考试样题及参考答案)等相关内容,以满足各种教学方式和不同课时的需要。

4. 在 4 个专业系列教材内容的安排上,强调和重视各专业系列教材之间,课堂教学和实训指导之间的相关性、独立性、衔接性与系统性,处理好课程与课程之间、专业与专业之间的相互关系,避免内容的断缺和不必要的重复。

作为目前全国唯一的一套能涵盖旅游高职高专 4 个专业、100 所旅游高职高专院校参与、60 多本专业教材组成的大型系列教材,我们邀请了国内旅游教育界知名学者和企业界有影响的企业家作为本系列教材的顾问和指导,同时我们也邀请了多位在旅游高职高专教育一线从事教学工作的、现任教育部高职高专旅游管理类和餐饮管理与服务类教学指导委员会委员参与本系列教材的编写工作,以确保系列教材的知识性、应用性和权威性。

　　本系列教材的第一批教材即将出版面市,我们想通过此套教材的编写与出版,为我国旅游高职高专教育的教材建设探索一个"既见树木,又见森林"的教材编写和出版模式,并力图使其成为一个优化配套的、被广泛应用的、具有专业针对性和学科应用性的旅游高职高专教育的教材体系。

教育部高职高专旅游管理类教学指导委员会主任委员
华侨大学旅游学院院长、博士生导师
郑向敏　博士、教授
2008 年 2 月

前　言

　　在现代社会,旅游业已经成为中国经济的重要产业,2007年中国旅游业总收入达 1.09 万亿元,首次突破 1 万亿元。全国已有 24 个省市自治区将旅游业作为支柱产业、先导产业或优势产业来发展,旅游业呈现出蓬勃发展的势头。但从微观角度来看,虽然经过了 20 多年的发展,但旅游企业"散、小、弱"的特点仍没有多大改观,管理水平低、效益不佳的状况依然存在,缺乏国际竞争力。所以,提升旅游企业的经营管理水平和竞争实力,仍是中国旅游业发展新阶段亟需解决的问题,本书的编著也力求在这方面能够做出一点努力。

　　随着旅游业的繁荣,旅游教育也同步发展并促进了旅游业的发展,相关专业的教材也比较丰富,如旅游景区管理、旅行社经营管理、旅游饭店管理等方面的教材,但却少有系统性的针对旅游企业管理方面的教材,而针对高职高专旅游企业管理的教材则更少。在实际的教学工作中,各院校使用较多的是企业管理教材,这只强调企业管理的基本原理,往往与旅游企业的特殊性相脱离,显然不能满足培养旅游企业所需的高素质技能应用型人才的需要。本书编者结合多年从事旅游管理相关专业的教学管理经验和深入企业锻炼实践的收获,编写了这本《旅游企业管理》。本书可作为高职高专院校旅游管理与相关专业的教学用书,也可以作为旅游企业管理人员和从业人员的学习、参考资料。本书遵循从原理到方法的

逻辑编写,在基本结构系统科学的前提下,力图体现以下特点:

第一,针对性。本书主要针对旅游管理及相关专业(使用者可将此书作为专业基础课程用书),将管理学的基本原理与旅游企业的特质有机地结合起来,直接服务于人才培养目标的需要,具有更强的针对性。

第二,层次性。旅游管理专业的办学有不同层次,本书则是依据高职高专培养层次,理论内容坚持了"必须、够用"的原则,对企业管理学的原理和方法进行了适当的取舍,突出了职业岗位对相关理论知识的需要。

第三,实践性。高职高专院校培养的是高素质应用型人才,相应的理论知识一定要转化为相应的能力,所以本书各章都设计安排了实践训练环节,把理论知识融入到实践活动当中,贯彻了学生能力和技能培养相结合的教育教学观念。

第四,指导性。本书的体例编排对教师和学生都具有较强的指导性,特别是对教师如何有效地组织和开展课内课外的教学活动提供了思路,使教师在教学内容、教学方法和教学手段上都积极适应高素质应用型人才培养的需要,学生在教材体系的指导下也知道该如何学习理论知识和锻炼实践能力。

第五,时效性。本书在编写过程中,还及时引入了旅游企业管理在实践中的新做法和研究中的新成果。

本书由贵州商业高等专科学校韩军副教授设计和编写大纲,并负责全书的统稿和审阅。全书共10章,第1章、第2章、第4章、第5章、第6章由韩军编写,第3章、第7章由舒晶编写,第8章由范晓玲编写,第9章由黎洪编写,第10章由成志湘编写。

由于我国旅游高等职业教育尚在大力发展中,加之编者阅历经验不足,书中难免有缺憾和不妥之处,敬请各位同行和读者批评指正。

编 者
2008 年 3 月

目　录
CONTENTS

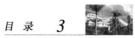

第1章
旅游企业概述

【学习目标】

【知识目标】 掌握旅游企业的定义,认识旅游企业的性质,对旅游企业的主要类型有概括性的了解,形成对旅游企业的整体性印象。

【能力目标】 能够在众多的各类型企业中分辨出旅游企业,并能按照不同的标准对旅游企业进行分类。

【关键概念】

企业　旅游企业　旅游交通　住宿　旅游中间商　旅游吸引物

问题导入:

据国家旅游局近日发布的 2006 年度全国旅行社业务年检情况通报,截至 2006 年底,全国共有旅行社 17 957 家,其中,国际旅行社 1 654 家,国内旅行社 16 303 家。据统计,我国目前有星级酒店 12 751 家,酒店业收入以每年 15% 的速度递增。未来 15 年中国酒店客房总数将达到 900 万间。中国还有 30 家航空公司,经营国内、国际航线。

问题:这些旅行社、酒店和航空公司有什么共同特征?

1.1　旅游企业的定义与性质

1.1.1　旅游企业的定义

旅游活动的产生,是随着社会生产力水平的提高而产生和发展的。当人们对旅游活动的需求发展到了一定阶段的时候,专门为旅游者提供服务的机构便出现了。在市场经济条件下,这种服务的提供方主要是以企业的组织形式存在的,因为其服务对象都是旅游者,因此统称为旅游企业。旅游企业是旅游活动主体与旅游活动客体之间的媒介,需要从旅游和企业两方面的组合来明确其定义。

1)旅游

旅游是在一定的社会经济条件下,人们为了获得休闲娱乐和文化审美享受,或追求个人和组织发展而离开惯常环境,到异国他乡访问和消费性的暂时居留,以及由此而产生的各种现象和关系的总和。

2)企业

企业的产生是社会生产力和生产关系发展到一定阶段的产物,是市场经济条件下的一种经济组织形态。企业是依法设立、以营利为目的、从事生产经营活动并独立核算的经济组织。在资本主义以前的生产经营单位是称不上"企业"的。当技术和生产力发展到一定水平,同时资本额越来越集中,产生了简单协作的要求时,企业的最初形态也就出现了。在工场手工业发展基础上确立的"工厂制度",标志着近代企业制度的建立。在发达的市场经济条件下,生产的社会化程度更高,要求有大量的资本,有复杂而有序的管理系统,有需要解决的市场问题,进而出现了现代企业。

现代企业有不同的类型,分别属于第一产业(如采掘),第二产业(如汽车制造),第三产业(如商业贸易、金融保险、咨询和劳务服务等)。

3)旅游企业

由以上对旅游和企业的定义,可以看出旅游企业是属于以经营和代理服务产品为主的企业,是第三产业的重要组成部分。所以,旅游企业是利用旅游资源和旅游设施,以营利为目的向旅游者提供单项或综合旅游产品、使旅游者得到愉悦体验和美好经历的经济实体。

在现代市场经济条件下,旅游企业在法律和政策允许的范围内,独立自主地开展经营活动,应具备法人资格。法人是具有民事权利能力和民事行为能力,依法独立享有民事权利和承担民事义务的组织。我国民法通则将法人分为两类:一是企业法人;二是机关事业单位和社会团体法人,后者又称为非企业法人。这是根据法人设立的宗旨和所从事的活动的性质进行的分类。企业法人是以营利为目的、独立从事商品生产和经营活动的经济组织。

根据《民法通则》第 37 条规定,法人必须同时具备四个条件,缺一不可。

①依法成立。即法人必须是经国家认可的社会组织。在我国,成立法人主要有两种方式:一是根据法律法规或行政审批而成立。如机关法人的成立。二是经过核准登记而成立。如工商企业、公司等企业法人的成立。

②有必要的财产和经费。法人必须拥有独立的财产,作为其独立参加民事活动的物质基础。独立的财产,是指法人对特定范围内的财产享有所有权或经营管理权,能够按照自己的意志独立支配,同时排斥外界对法人财产的行政干预。

③有自己的名称、组织机构和场所。法人的名称是其区别于其他社会组织的标志符号。名称应当能够表现出法人活动的对象及隶属关系。经过登记的名称,法人享有专用权。法人的组织机构即办理法人一切事务的组织,被称作法人的机关,由自然人组成。法人的场所是指从事生产经营或社会活动的固定地点。

④能够独立承担民事责任。指法人对自己的民事行为所产生的法律后果承担全部法律责任。除法律有特别规定外,法人的组成人员及其他组织不对法人的债务承担责任,同样,法人也不对除自身债务外的其他债务承担民事责任。

1.1.2 旅游企业的性质

旅游企业是为旅游者提供旅游产品和服务的经济组织,既具有作为企业的一般特性,又具有旅游行业的特殊性。

1)作为企业的共性特征

①产品生产过程的相似性。旅游企业向旅游者提供的产品既有有形产品,又有无形产品,但同样需要原料采购、生产加工、销售以及售后服务的过程,产品和服务的设计与生产,同样需要以消费者的需求为基本依据。

②必要的组织保障。旅游企业也是一个分工与协作有机结合的统一体,要综合利用各种企业资源实现组织目标,需要建立起有效运行的管理体系,包括计

划、质量、财务、安全、人事等全方位的管理系统和相关的规章制度。

③人力资源是最重要的资源。与其他类别的企业一样,在旅游企业的各项资源中,人是最为宝贵的资源。人既是企业资源之一,又是其他资源的掌控者。如果人的积极性和主动性得以充分发挥,各种资源的效用就能得到有效发挥,企业的目标就能实现。

④对物质资源和设施的依赖性。根据旅游企业规模大小、业务范围的不同,其所需的物质资源和设施条件有较大的差异,但无论什么规模和类型的旅游企业,都必须具有必需的物质资源条件,即使是单纯提供无形产品的旅游企业也是如此。

2)作为旅游企业的个性特征

与一般的生产、流通等企业相比,由于旅游行业本身所具有的特殊性,使得旅游企业除了具有企业的一般特性之外,还具有自身的个性特征。

(1)对基础设施和环境的依赖性及其发展的适度超前性

三大产业结构的变化是有规律的,也就是指三大产业之间质的关联方式和量的比例关系的变化规律。所谓质的关联方式,就是指三大产业发展的先后次序和相互作用。三大产业发展的一般顺序是:第一产业最先发展,因为首先要解决吃饭问题;第二产业随后发展,因为第二产业是对第一产业初级产品进行加工的加工业,目的是为了获得更多更好的产品;第三产业继之发展,它为第一、第二产业发展服务,同时使人们消费得更舒适。显然,旅游企业是在第一和第二产业发展的基础之上才发展起来的,因此,一个地区的基础设施建设、市政工程配套、资源环境、设备物资配置、旅游者所需各种生活用品的生产和供应,以及水电能源消耗等,对该地区旅游企业的发展具有重要影响。而所谓量的比例关系,就是指第一产业、第二产业和第三产业在国民经济中所占的比重。根据发达国家的经验,第一产业呈下降趋势,第二产业先是上升,在人均 GDP 超过 1 500 美元左右后开始下降,而第三产业一直呈上升趋势。旅游企业作为第三产业中的重要组成部分,具有较强的带动性,可以促进国际经济文化交流,吸收外汇,拉动内需,可以适度超前发展,超前的程度取决于国民经济的承受能力、外汇偿还能力以及客源增长速度等。

(2)经营活动的敏感性

旅游活动的异地性,使得旅游活动本身会受到多种因素的影响,包括政治、经济、文化、外交、汇率、自然灾害、流行疾病等,所以旅游企业经营活动的敏感性很强。例如 2003 年一场突如其来的"非典"几乎使中国的旅游业在一定时期内陷于停顿状态；而 2004 年底的印度洋海啸也严重影响了东南亚及南亚国家的旅游企业。这种敏感性特征，要求旅游企业更多地关注各种危机事件发生的可能性，建立相应的预警机制，不断提高抗风险能力，同时又要对旅游业的发展充满信心。

（3）经营的关联性和竞争性

一方面，旅游企业是以客人的旅行游览活动为主线提供服务的，在客源市场上，旅游企业间的经营有较强的关联性，需要旅游企业间的有效合作，不同的旅游企业在旅游活动的不同环节为客人提供的是不同的服务。如旅行社是客源的组织者，铁路和航空公司等运输企业为旅游者提供交通服务，而饭店则主要为旅游者提供住宿和餐饮服务等。在为旅游者的旅游活动提供服务的过程中，各种类型的旅游企业相互协作，形成一条完整的产业链，旅游企业之间的关联性十分突出。另一方面，由于一定时期旅游客源市场的有限性和旅游企业设施设备的不可储存性，旅游企业间的经营也会形成激烈的竞争关系，尤其是同一地区同类型的旅游企业。这就需要发挥市场调节作用和政府及行业的指导作用，正确处理好关联性与竞争性的关系，促进旅游企业的和谐、健康发展。

（4）对各种文化资源的利用性

从文化的角度分析旅游者的旅游动机主要有两个：一是寻求文化差异，二是寻求文化认同。无论是哪一种动机，都要求从事旅游产品和服务经营的旅游企业要充分挖掘文化因素，使旅游者得到相应的文化享受。例如饭店在经营活动中，推出文化主题的客房、餐饮产品，甚至是文化主题酒店；景区在规划建设中，充分利用当地的民族民间地域文化；还有的就直接将相关文化产品转换成了供旅游者选择和购买的旅游商品，如表演、工艺品等。

1.2　旅游企业的功能与分类

1.2.1　旅游企业的功能

旅游企业除了具备回笼货币、增加国家的税收、提供就业岗位等一般工商业具备的功能外，还具有自身的特有功能。

1)文化娱乐功能

旅游企业的文化娱乐功能,是指旅游企业通过举办各种文化活动、提供康乐设施,以满足客人对娱乐休闲和健康的需求。生活水平的提高使人们对文化、娱乐、康体、休闲的要求越来越高,而旅游企业作为旅游者度假观光、商务人士交往活动的组织者和旅游活动的提供者,通过多样的、高级的文化娱乐活动的提供,既满足了客人的需要,又拓宽了旅游企业的发展,同时这还是一个国家和地区旅游业发展成熟与否的标志。

2)服务示范功能

旅游企业是伴随改革开放的步伐建立和发展起来的,是与国际接轨最早的行业,外事性比较强,服务规范性也比较高,也是服务业中的龙头产业。因此,旅游企业的服务理念和服务方式受到许多相关服务型行业的学习和效仿,如电信业、零售业、银行业、医院等都在向旅游饭店学习服务规范。旅游企业在服务水平和服务质量上的示范带动功能十分明显。

3)关联带动功能

根据产业关联理论划分,旅游产业符合最终需求型产业的特征,与先行产业的关联性较强,旅游业的发展会拉动其先行产业相关部门的发展。因此,旅游企业的健康发展,会带动相关企业和行业的发展,如交通、通讯、特色产品生产、建筑等行业,都会因为旅游业的适度超前发展而获得较快发展。黄果树风景名胜区是贵州最著名的旅游区,资源的知名度高,在20世纪90年代初,因旅游业发展的带动,政府修建了贵州第一条高等级公路直达黄果树景区。2004年,政府再次修建了一条直达黄果树景区的高速公路,使之成为贵州高原第一路。道路的建设又促进了贵州西部经济的全面发展。

4)平衡国际收支功能

旅游企业在平衡国际收支方面的功能也是十分突出的。当一国的国际贸易逆差较大时,旅游企业积极招徕国际入境旅游者,增加本国的外汇收入,减少逆差;当一国的国际贸易顺差较大时,旅游企业通过组织本国居民出国旅游,增加外汇的支出,减少顺差。在国际市场上,德国和日本就是用旅游的方式来平衡国际贸易顺差,两国成为国际旅游市场上的重要客源国。我国的情况也是如此,从20世纪80年代初开始发展旅游业,旅游企业的一个重要职能就是要为国家的经济发展赚取更多的外汇,直到 20 世纪 90 年代末,这一职能都没有放松。而目前,中国已经成为国际外汇储备最多的国家,这使中国抵御外汇风险的能力增强,但较高的外汇储备又使人民币升值,给外贸出口带来较大压力。在这种情况下,旅游企业一方面广泛组织国内旅游活动,扩大内需消费,另一方面又积极开展中国公民出境旅游,平衡国际贸易顺差。

1.2.2　旅游企业的分类

旅游活动包括吃、住、行、游、购、娱等基本要素,旅游企业根据自身拥有的资源状况,为旅游者提供综合的或单项的旅游产品。因此,根据不同的标准,旅游企业可以有以下几种类型的划分。

1)按投资主体划分

根据《中国旅游统计年鉴》的标准,旅游企业可分为国有、集体、私营、联营、有限责任、股份有限、股份合作、外商投资、港澳台投资等多种类型。自 20 世纪 80 年代初以来,旅游企业投资已由过去单一由国家投资转向多元化发展,尤其是沿海地区,外商投资、港澳台商投资、私营等所占比例较大,给旅游企业带来了新的体制和活力,如广东省国有星级酒店比重已低于 50% ,并随其他性质酒店的不断增加还在不断下降。

2)按隶属关系划分

按隶属关系,旅游企业可分为行业内直属企业和行业外从事旅游经营的企业。行业内直属企业主要是国家或地方旅游局直接管理的企业,而行业外从事旅游经营的企业,包括许多行业为进行多元化经营而投资建立的各种旅游企业,如银行、税务、运输、烟草、电力等行业在我国建立了许多隶属于该系统内的旅游企业,这些旅游企业也需要按照旅游行业的规范进行统一管理,如饭店星级评定、景区等级评定等。这种划分,主要是为了旅游业进行统一规划并加强行业管理。

3)按旅游企业的经营规模划分

按旅游企业经营业务项目的多少、营业额、职工人数、固定资产价值等指标,可以将旅游企业划分为大型旅游企业、中型旅游企业及小型旅游企业等,如饭店按照客房数量来划分,一般不超过 300 间的为微小型酒店,客房数在 300 ~ 600 间的为中型酒店,客房数在 600 间以上的为大型酒店。而旅行社则按照注册资本和质量保证金的多少划分为国际社和国内社,国际社注册资本不少于150万元人民币,质量保证金为60万人民币;国内社要求注册资本不少于30万元人民币,质量保证金为10万元人民币。

4)按与旅游活动的密切程度划分

按此划分,旅游企业可分为直接旅游企业、间接旅游企业、旅游配套企业三大类。直接旅游企业是直接和专门经营旅游业务的企业,如旅行社、旅游景区、酒店宾馆、旅游汽车公司等,它们是旅游企业的主体。间接旅游企业是指那些除了为旅游者服务外,同时也为当地其他部门和人员服务的企业,如购物中心、歌舞剧院、公交公司等企业。旅游配套企业是为旅游企业提供配套产品和服务的相关企业,如装饰公司、食品饮料、建筑企业,以及为旅游企业提供设备和供应服务的其他企业等。

1.3　旅游企业的主要类型

旅游是旅游者脱离了自己的日常生活世界而进入了旅游世界的一种体验,这其中需要各种经济实体为旅游者提供产品和服务,也包括在旅游者的日常生活中也需要的服务。但就旅游世界本身的性质和特殊性而言,旅游企业主要有旅游交通、住宿、中间商、观赏娱乐和辅助服务企业等类型。

1.3.1　旅游交通企业

旅游活动就是要借助于一定的交通工具,离开自己的惯常环境,否则就不能称之为旅游,而专门为旅游者提供旅游交通服务的企业就是旅游交通企业。当今世界主要的交通工具有飞机、火车、轮船、汽车等,相应的旅游交通企业包括航空公司、铁路运输公司、航运公司、汽车运输公司或汽车租赁公司等。

目前,发达国家旅游交通主要有两种形式:服务于短途旅行的私人交通工具(大部分是私人轿车)和服务于国际旅行的或者长途旅行的航空飞机,见表1.1。

从表1.1数据可以看出,在发达国家,国际旅游主要以航空交通方式为主,自驾车方式也占有较大比重,日本由于是岛国,几乎全部为航空交通方式。而国内旅游则是自驾车占据绝对优势。

表 1.1   主要发达国家旅游交通方式

国家	国际旅游(%)			国内旅游(%)		
	航空	自驾车	其他	航空	自驾车	其他
美国	58	38	4	18	77	5
日本	99	0	1	4	57	39
英国	51	26	23	2	80	18

（资料来源：美国、日本、英国的 NTO 统计数据。）

中国公民的旅游交通方式与发达国家也基本相似，或呈现相同的发展趋势。出国旅游主要采用航空交通，国内旅游主要以航空和铁路交通为主，短距离的自驾车旅游呈现持续增长的态势。

旅游交通企业在不同的国家和地区，其所处的竞争状态不同，企业规模不同。在美国，几个主要的航空公司规模都很大，它们以利润和收入最大化为目标，由于放松管制，航空业竞争态势是：绝大多数航空公司采用定期航班的形式，航空公司专注于商务游客，市场主要由 8 家主要的航空公司垄断，它们占据了美国 95% 的市场，而且由于它们的产品差别，价格竞争不明显。主要的航空公司如 Delt，UAL，Continental，都是世界最大的航空公司之一，它们不仅在美国国内占据重要地位，在世界航空业也占据着一席之地。

在欧洲，大多数大型航空公司都部分或者完全地受政府所控制，航空公司利润最大化的目标常常受制于政治上的考虑，如提供"社会必需"的航空服务或者开通一些带有"爱国"色彩的航线。20 世纪 90 年代后政府对航空业的管制开始放松，经营包租业务的航空公司，如斯特林航空公司、不列颠航空公司、Aero Lloyd 航空公司等应运而生。经营定期航班业务的航空公司主要经营商务游客所使用的航线；包租航空公司专注于服务观光游客，把游客从北欧人口聚集的客源地，成批成群地运送到目的地。这些航空公司：实施低价格、高客座率的经营策略；通常把航空服务包含在包价旅游产品中；公司所有者通常是旅游经营企业；淡季时，提供一些定期航班服务或者把飞机租给其他公司。

在世界其他国家和地区，许多对于旅游业至关重要的航空公司都是国有航空公司。如果航空公司为政府所有，公司可能会成为国际外交政策或贸易发展的牺牲品，所以其经营目标不可能纯粹以商业利润为目的。然而随着私有化程度的不断提高和竞争的加剧，航空公司不得不提高效率，从而迫使其目标更趋近于利润导向，以适应市场需要。共享飞行编码、联合经营或者与其他公司合并已经成为趋势。20世纪90年代期间,联合航空公司、英国航空公司和荷兰航空公司都在这些方面有大的动作。到现在,全球主要国际航线的客运服务由为数不到20家的航空公司提供。

公路、铁路和海运业经历了政府所有、管制、目标重估、放松管制、私有化、竞争几个阶段。旅游海运与游轮观光明显不同,其重要性也相对小一些(一些航渡服务的海域除外)。由于人口密度高、铁路网发达,铁路运输对于欧洲和日本国内旅游具有重要意义。

大多数铁路运输公司都是本国家和地区铁路服务行业的垄断者,但是他们必须与其他交通方式竞争。在中国,铁路经历了四次大提速,火车乘坐的舒适性也不断改善,部分地区已经实现了铁路公交化;民航业在根据市场行情灵活调整价格,部分热点城市之间(如北京、上海、广州)也在探索航空公交化,各种交通方式之间通过竞争逐步形成合理的旅客运输体系。

1.3.2 住宿企业

住宿企业是在旅游业中出现最早的服务经营单位,从旅游活动的吃、住、行、游、购、娱六大需求要素来看,住是必须的。住宿企业和产品多种多样,从没有任何服务的野外宿营到豪华酒店和巡游巨轮,产品之间的差异突出,企业类型各不相同,从国家所有制的国家公园(它可能不谋求任何经济利益,向社会免费提供产品)到个体户或者家庭旅馆,乃至追求利润最大化的跨国公司。住宿企业的产品一般由以下三个亚产品构成,见图1.1。

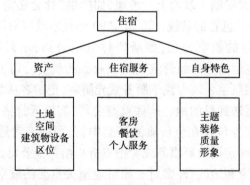

图1.1 住宿产品的构成

这三种亚产品组合的方式控制着某一特定住宿产品的市场定位。假定一家豪华游轮主要载着乘客们经停各地港口,它可能直接与某旅游度假酒店产生竞争,而这其间资产便是唯一的区别。越来越多的住宿提供商认为他们所提供的是相互分离的亚产品。酒店管理集团希尔顿或者凯悦提供的是住宿服务和通过名声及其市场活动所体现的自身特色的各个方面,但是资产却属于不同的企业所有。

住宿企业之间的竞争依赖于所覆盖的地域市场。大多数住宿产品只面对国内市场,有时甚至只面对本土市场。在这种情况下,资产、住宿和其他服务方面的竞争程度依赖于市场规模的大小,而且很有限。同时,价格也反映当地情况。当住宿提供商服务于国际市场时,它们便与其他国家的供应商以及其他大而有效率的供应商形成竞争,并且消费者需求模式可能发生很大的改变。这种结构尤其适合于以下几种情形:跨国酒店集团(如假日、喜来登、华美达和地中海俱乐部);跨国特许经营集团(如最佳西方);专有的、高质量的供应商,它们的价格与风格决定了他们的需求只是针对特定的客户群体(如巴黎豪华饭店、冠达游轮公司);国际分时协会。住宿企业垄断经营的例子很少,因为即使是在集体经济国家中,政府也意识到允许企业展开竞争有利于促进旅游业的发展。

1.3.3 旅游中间商

旅游中间商是组织分配旅行和旅游产品的企业。这些旅游中间商主要是旅行代理商和旅游经营商。

1) 旅行代理商

旅行代理商作为销售代理,为委托人代理销售交通、住宿等服务,把市场的双方连在一起,依靠委托人支付的佣金获得收入,佣金一般包含在服务价格中。

在主要的客源地国家,旅行代理行业呈现完全竞争的市场结构:企业数量众多(美国大约有 25 000 家,英国和德国各约有 5 000 家),提供极为类似的服务,仅以不同的选址或者销售技巧作为竞争优势。有些地区的旅行代理商,通过谈判就佣金的标准比率达成一致,从而有效地形成了一个卡特尔。为了利益的有序分配,卡特尔优势会得到代理人和委托人双方的共同维护。但在以下三种情况,卡特尔的主导地位会被打破:

①委托人向偏爱的代理商或为特别的服务提供追加佣金。这就使得不同代理人之间的佣金标准产生了差异。旅行代理商 A,如果为委托人 Y 代理销售的业绩特别突出,那么将收到比同样代理销售委托人 Y 的产品的代理商 B 更高的佣金价格,因为它确实提供了更好的销售服务。例如,在澳大利亚和新西兰,在1988 年新西兰海岸广为人知的沉船事件之后,他们异常努力地销售 CTC 巡游产品,最后他们的佣金高达 26%。

②代理商将产品在委托人制定的价格基础上打折销售给游客,并用其佣金的一部分补给委托人。在某种意义上,这可以视作履行代理商的一种市场营销成本。从技术上说,它们的佣金率是固定的,但竞争经常使打折成为一件平常的事,这使代理商极为懊恼。因为这减少了他们的收入。这种情况只有在政府执行转手价格不变时才不会发生。

③旅游服务的分销可能完全忽略了旅游代理商作为中间商的身份。旅游服务有很多可供选择的分销方式。在美国就有 8 种主要的分销方式,大多数国内产品的销售并没有经过代理商这个环节,但是当边际效率和选择分销渠道的收益较高时,理性的委托人会使用旅游代理商。

2)旅游经营商

旅游经营商或者旅游批发商,是某一具体旅游产品的真正生产者。包价旅游可以由单个或多个旅游服务组合而成,并直接售卖给游客。很显然,旅游经营商是委托人,而购买他们服务产品的便是游客。旅游经营商的一个共同特征是他们都提供很典型的旅游产品。旅游经营商有很多不同的类别:

①旅游客源地提供航空包价旅游的企业——不管是包租还是定期。

②扩展型巴士观光或其他陆路或海上包价旅游供应商。

③专门提供团队食宿、交通工具租赁服务的批发商。

④旅游目的地的远足旅行经营商,它们通常是海外旅游企业的本地业务代理。

第一种类型的旅游经营商在英国、德国、其他西欧和北欧国家以及日本发展很快。这些国家的工业为有竞争力的旅游经营商提供了支持。这些旅游经销商小的是产品高度差异化的小而专的经销商,大的是拥有很大市场的大型企业,如日本的 Jetour,德国的 TUI,英国的 Thomsons。第三种和第四种类型的竞争性企业随处可见。旅游经营商的作用和目标也各有不同,它们可能会专注于利润最大化,也可能支持国有企业扩大游客人数,或者为政府人员提供交通便利,这时它们可能是亏损的(如铁路客运交通)。

3)中国的旅游中间商

中国的旅游中间商被统称为旅行社。《旅行社管理条例》第三条规定:"本条例所称旅行社,是指经过旅游行政管理部门审批设立的,有营利目的的,从事旅游业务的企业;本条例所称的旅游业务,是指为旅游者代办出境、入境和签证手续,招徕、接待旅游者,为旅游者承办食宿等有偿服务的经营活动。"中国的旅游业发展比较晚,没有形成比较完整的垂直的分工体系,根据《旅行社管理条例》,按照经营的业务范围划分为国际旅行社和国内旅行社,是典型的水平分工。

(1)国际旅行社

国际旅行社是指经营入境旅游业务、出境旅游业务和国内旅游业务的旅行社。国际旅行社的经营范围包括:

招徕外国旅游者到中国,为其安排交通、游览、住宿、饮食、购物、娱乐及提供导游等相关服务;

招徕华侨归国及香港、澳门、台湾同胞到内地旅游,为其安排交通、游览、住宿、饮食、购物、娱乐及提供导游等相关服务;

组织我国境内的居民(包括中华人民共和国公民和长期居住在中国境内的外国人)在国内旅游,为其安排交通、游览、住宿、饮食、购物、娱乐及提供导游等相关服务;

经国家旅游局批准,组织中华人民共和国境内居民到境外旅游,为其安排领队及委托海外旅行社组织接待服务;

经国家旅游局批准,组织中华人民共和国境内居民到规定的与我国接壤国家的边境地区旅游,为其安排领队及委托接待服务;

接受旅游者代购申请,为旅游者代办入境、出境及签证手续;

为旅游者代购、代订国内交通客票,提供行李服务。

(2)国内旅行社

国内旅行社是指专门经营国内旅游业务的旅行社,其经营范围包括:

招徕、组织我国内地旅游者(不包括长期居住在中国境内的外国人)在国内旅游,为其安排交通、游览、住宿、饮食、购物、娱乐及提供导游等相关服务;

接受我国内地旅游者(不包括长期居住在中国境内的外国人)委托,代购、代订国内外交通客票;

接受我国内地旅游者(不包括长期居住在中国境内的外国人)委托,为其办理托运行李、领取行李等业务;

经国家旅游局批准,地处边远地区的国内旅行社可以接待前往该地区的海外旅游者。

1.3.4 旅游观赏娱乐企业和辅助服务企业

1)旅游观赏娱乐企业

在旅游业中,人们通常把旅游交通、住宿业、旅行社视为旅游业的三大支柱。事实上,专门为游客生产和提供观光、娱乐产品的企业,才是旅游业的核心。因为站在狭义的角度理解旅游,是人们为了度假、观光、休闲等需要才外出旅游的,如果一个地区没有相应的吸引物或者没有相应的组织去经营这些吸引物,游客是不会到来的。这类旅游企业主要是在旅游景区和景点提供游客所追求的核心产品,销售门票是最集中的表现形式,门票收入是企业收入中的重要组成部分,旅游吸引物有如下几种分类,见表1.2。

表 1.2　最受欢迎的全球性主题游乐园

排名	投票标题	国家
1	迪斯尼乐园(Disneyland Park)	美国
2	欧洲主题公园(Europa Park)	德国
3	布希公园(Busch Gardens)	美国
4	冒险港(Port Adventure)	西班牙
5	乐天世界(Lotte World)	韩国
6	里瑟本游乐园(Liseberg)	瑞典
7	六旗游乐园(Six Flags Great Adventure)	美国
8	加达云霄乐园(Gardaland)	意大利
9	奥尔顿塔(Alton Towers)	英国
10	蒂沃利公园(Tivoli Gardens)	丹麦

(资料来源:www.top818.net.)

①自然景物。名山、海滨、瀑布、洞穴、森林等,经过旅游企业的适度开发,成为旅游产品,如贵州黄果树景区成立了黄果树旅游集团有限公司,2006年门票收入超过一亿元,综合收入达到8亿元。

②历史遗址与建筑。无论是历史遗址、历史建筑,或是现代建筑,只要能够引起游客的兴趣与好奇,都为企业化的开发经营提供了机遇,如西安兵马俑、长城、故宫、比萨斜塔、上海东方明珠电视塔等。

③社会风情。不同的文化差异给旅游者更多的好奇与刺激感,同样给予了经营商相应的经营开发机会,如贵州依托在明朝朱元璋时期屯兵西南形成的屯堡文化,当地成立了旅游公司招徕游客,使屯堡旅游成为热点,并使当地居民较快脱贫致富。

④事件。如国际性的体育赛事、博览会、国际会议等事件,会吸引来自世界各地的旅游者,使得专门经营和策划相关事件吸引物的旅游企业应运而生。2008 年北京奥运,将会给北京以及中国的旅游业带来极有利的影响。

⑤以营利为目的的人造景物。美国的沃尔特·迪斯尼是最著名的代表,中国深圳的华侨城集团先后开发的锦绣中华、世界之窗、欢乐谷也取得了成功。

2) 提供辅助服务企业

旅游业的关联性很强,相应地出现了为旅游产品供应商服务和为游客服务的企业。这些辅助性的服务,不论是在客源地还是在目的地都需要,这与旅游需求有关,见表1.3。

表 1.3 **旅游辅助服务**

服 务 地	服务于游客	服务于供应商
客源地服务	旅行保险	商业新闻
	旅行贷款	指南和时刻表
	签证和护照	CRS 酒店销售代表
	NTO 信息	分销小册子
	导游服务	NTO/RTO 支持
目的地服务	储蓄服务	旅游培训
	医疗服务	营销支持
	地方信息	专业融资

市场和这些活动的成熟度,因其所在国家和地区的不同而有所不同,很多国家旅游局(NTO)和地州级旅游局(RTO)的活动就是一种政府的垄断行为,其旅游业的目标一般就是游客收入的最大化。国际化供给的一个重要领域是 CRS(Computer Reservation Systems),它建立在航空预订系统基础上,在住宿膳食、汽车租赁等方面采用一体化单一终端接口。像旅行代理商这样的卖家,由于覆盖地域范围很广,因而使用 CRS 价值更大。CRS 行业已被少数寡头集团垄断,他

们的系统覆盖全球,支配整个市场,如 Sabre、Covia/Galileo 和 Gemini/Pars 电脑预订系统。这些系统大部分相互联网,并以最大化市场覆盖率作为企业目标。

相比之下,中国的旅游业起步较晚,在辅助服务方面与发达国家相比还有较大的差距,但同时也为相关企业的发展提供了机遇。

本章小结

本章是全书的开篇,对企业及旅游企业的基本概念进行了阐述,使学生了解旅游企业与其他工商企业相比有本行业的特殊性,并介绍了旅游企业的主要类型,即旅游交通企业、住宿企业、旅游中间商和旅游吸引物及辅助服务提供企业;对各种类型旅游企业的市场和竞争状况进行了简要分析。

实践训练

1.搜集本地旅游企业的主要信息。包括旅游交通、旅游饭店、旅行社、旅游吸引物等的数量,并按营业收入或服务的人次对前十位进行排名。

2.搜集对本地旅游企业近两年来的市场竞争或经营情况的新闻报道、调查报告、论文等资料。

本章自测

1.选择题

(1)法人必须同时具备的条件是(　　)。

　A.依法成立　　　　　　　　　　B.有必要的财产和经费

　C.有自己的名称、组织机构和场所　　D.能够独立承担民事责任

(2)按与旅游活动的密切程度,旅游企业可分为(　　)。

　A.直属旅游企业　　　　　　　　B.直接旅游企业

　C.间接旅游企业　　　　　　　　D.旅游配套企业

(3)按照垂直分工体系,旅游中间商可分为(　　)。

　A.国内旅行社　　　　　　　　　B.国际旅行社

　　C. 旅游经营商　　　　　　　　　D. 旅游代理商

　　2. 判断题,正确的打"√",错误的打"×"。

　　(1)海外旅游公司主要经营出入境旅游业务,但它不是旅行社,所以不受《旅行社管理条例》的约束。　　　　　　　　　　　　　　　　　( )

　　(2)在中国,旅游企业就是指旅行社。　　　　　　　　　　　　( )

　　(3)旅游经营商是某一具体旅游产品的真正生产者。　　　　　　( )

　　3. 简答题

　　(1)旅游企业的主要功能有哪些?

　　(2)与其他类型的企业相比,旅游企业有什么个性特征?

相关链接

表1.4　世界500强中从事旅游及相关行业的企业

排名	公司标志	中文常用名称	总部所在地	主要业务	营业收入/百万美元
180	Disney	沃尔特·迪斯尼	美国	娱乐	31 944.0
188	Die Bahn DB	德国联邦铁路	德国	铁路运输	31 132.4
228	AIR FRANCE KLM	法航—荷航集团	法国	航空公司	26 098.9
260	COMPASS GROUP	金巴斯集团	英国	饮食服务	23 468.7
261	TUI	国际旅游联盟集团	德国	旅游	23 364.9
270	JR 東日本旅客鉄道株式会社	JR 东日本	日本	铁路运输	22 896.9
282	Lufthansa	汉莎集团	德国	航空公司	22 446.9

续表

排名	公司标志	中文常用名称	总部所在地	主要业务	营业收入/百万美元
318		麦当劳	美国	饮食服务	20 460.2
329		威廉希尔	英国	博彩	19 530.6
330		圣达特	美国	不动产、酒店、租车服务	19 471.0
333		日本航空	日本	航空公司	19 425.7
369		联合航空	美国	航空公司	17 379.0
414		达美航空	美国	航空公司	16 191.0
442		英国航空	英国	航空公司	15 188.7
459		索迪斯联合	法国	饮食服务业	14 819.0

（资料来源：http://economy.enorth.com.cn,2006 年。）

第2章

旅游企业管理基础理论

【学习目标】

【知识目标】 在掌握管理的基本概念基础上理解旅游企业管理的含义,掌握管理的基本职能和基本原理,把握古典管理理论、行为科学理论和现代管理理论的主要内容和实质,了解旅游企业活动中常用的一般管理方法。

【能力目标】 能够根据管理基础理论,在旅游企业管理活动中寻找出相应的应用佐证。

【关键概念】

管理 旅游企业管理 古典管理理论 行为科学理论 现代管理理论 管理原理

问题导入：

雷·克罗克在1955年开设了第一家麦当劳餐厅,提供优质的食品种类,并在高质量、价格公道、环境清洁的条件下,快捷地为顾客提供食品。麦当劳现在已成为全世界最知名的品牌之一,名列世界500强企业的318位。每天在40多个国家,有1 800万以上的人在麦当劳餐厅吃饭。在麦当劳金色拱门里的每家餐厅,规定相同的基本菜单和四项标准——质量、服务、清洁和价格。它的产品、配料和烹调程序,以及厨房设计都实行标准化和严格管理。麦当劳取消了第一个在法国的经销商,因为虽然他们有高额利润,但却没有达到快速服务和清洁标准。麦当劳餐厅聘用当地人员经营管理,业主和经理必须要到位于芝加哥附近的汉堡大学学习如何经营麦当劳餐厅和保持质量、服务、清洁和价格四项标准。可以说,哪里有美国游客,哪里就有了麦当劳餐厅,麦当劳取得了巨大的成功。

问题:麦当劳获得成功的关键是什么? 而中国的餐饮业走向世界也是比较早的,但是却没有一家著名的中餐企业,又是为什么?

2.1 旅游企业管理概述

2.1.1 旅游企业管理的概念

1)管理

人类社会自从有了集体化协作劳动,管理就已经存在了。而对于什么是管理,并把管理作为一门学科加以研究,则是在 20 世纪初才出现的。对于管理,众多学者从不同的角度做出了不同的定义。

美国的哈罗德·孔茨和西里尔·奥·唐奈认为,管理就是通过别人使事情做成的一种职能。管理的工作内容就是进行计划、组织、人事、指挥和控制,孔茨强调管理的工作内容。

美国管理学家西蒙认为,管理就是决策。决策贯穿于管理的全过程和管理的所有方面,任何组织都离不开对目标的选择,任何工作都必须经过一系列的比较、评价、决策后才开始。如果决策错误,管理执行得越好,损失就越大。所以,西蒙认为管理就是决策,决策是管理的真谛。

管理学家穆尼认为管理就是领导。因为任何组织中的一切有目的的活动都是在不同层次的领导下进行的,组织活动的有效性取决于领导的水平和有效性。

还有的学者认为管理就是沟通。因为管理的主体是人,管理是如何做人的工作,其中观念整合是先导,所有的管理问题归根到底都是沟通的问题。

显然,由于人们的研究立场、方法和角度不同,对管理的定义也就多种多样。在这里,我们采用美国管理学家斯蒂芬·P·罗宾斯博采众家之长对管理下的定义:

所谓管理,是指通过与其他人的共同努力,既有效率又有效果地把工作做好的过程。在这个定义中,过程、效率、效果这三个关键词值得我们讨论。

(1)管理过程

早在 20 世纪初期,法国工业经济学家亨利·法约尔就已经提出:所有的管理者都必须执行涉及管理过程的五项管理活动,这五项管理活动就是计划、组织、命令、协调和控制。目前最为盛行的管理学教材把管理过程简化为四项,即计划、组织、领导和控制,见图2.1。

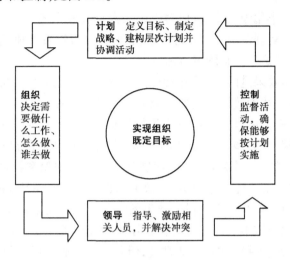

计划 定义目标、制定战略、建构层次计划并协调活动

组织 决定需要做什么工作、怎么做、谁去做

实现组织既定目标

控制 监督活动,确保能够按计划实施

领导 指导、激励相关人员,并解决冲突

图2.1 管理过程活动

计划,首先是对组织目标进行定义;其次是建立一个总体战略以达到这些目标;最后是制订一个易于理解的层级计划来整合并协调组织的各项内容。设定目标为的是把工作落到实处,并能帮助员工关注组织中那些最重要的事情。

组织,就是要对组织结构进行设计,决定要执行哪些任务、谁来完成、任务如何分配、谁向谁汇报、在哪里制定决策等。

领导,就是指挥、协调组织中的员工。当管理者激励员工、指挥其他人的活动、选择有效的沟通渠道来解决员工之间的冲突时,我们认为他正在履行领导的职能。

控制,就是监督、比较、纠错的方式与方法。在目标已确定,计划已制订,机构已安排,员工的聘用、培训及激励等活动都已完成之后,可能还会发生一些差错。为了保证组织所进行的活动能够按照既定的方向进行,管理者必须监督组织的绩效。实际的绩效必须与其以往所设定的目标相比较,如果比较的结果存在明显的偏差,那么管理者就有责任使组织回到正轨上来。

(2)效率和效果

效率和效果所要回答的是"做什么"和"怎么做"的问题。所谓效率是指通过正确地做事,将投入转换为产出。例如,在既定的投入条件下,如果获得了更多的产出,那么我们就说效率得到了提高。同样,用较少的资源投入,获得了相同的产出,这也是提高了效率。既然管理者需要投入的资源如财力、人力、物力都是稀缺的,他们就会关注这些投入的有效使用问题。所以,管理关注的是资源成本最小化的问题。

资源成本最小化固然重要,但对组织来说只有效率还远远不够。管理还要关注既定目标的实现情况。在管理学中,我们称之为效果,即做正确的事。对于一个组织来说,就是达到其既定目标。

尽管效率和效果是两个不同的概念,但是两者密切相关。如果不考虑做事的效率,就很容易达到效果。例如一家酒店不考虑所投入的人工和材料等成本费用,那么酒店完全可以为顾客提供更为优质的服务。同样,一些旅游企业和部门(如航空、铁路、出入境关口等)出于安全等方面的考虑,在旅游客流高峰期采取了更为严格的措施,效果虽好,但却遭到了游客的抱怨和批评。由此我们认为,有效的管理既要关注目标的实现(效果),也要关注实现目标的效率。

组织是否会出现有效率却没有效果的情况呢?答案是肯定的。也就是说,组织会高效率地做错事。许多旅行社以零团费甚至负团费招徕顾客,对导游实行弹性工作制,经营活动的效率非常高,但是却因为服务质量得不到保证,顾客权益受到损害,遭到顾客和社会的批评,旅行社的长远目标是难以实现的。

2)旅游企业管理

(1)旅游企业管理的定义

在我们了解了旅游、企业和管理的概念以后,对于理解什么是旅游企业管理就不再是一件困难的事了。旅游企业管理,就是管理者在了解旅游市场的前提下,遵循一定的理论和原则,运用各种管理方法,对旅游企业所拥有的和可以利用的有形与无形等资源进行有效的配置,做出正确的决策,经过计划、组织、领导、控制等管理过程,以实现旅游企业所期望的经济和社会目标的综合性活动。

(2)旅游企业管理的要素

管理要素是指管理主体为达到管理的预期目标所要操纵的管理客体系统。国外一些管理学者将企业管理的基本要素概括为"7M":

①MEN——人事,包括员工的招聘、培训、考核、奖惩、升降、任免。

②MONEY——资金,包括筹资、预算控制、成本、财务分析、资本营运等。

③METHODS——方法,包括战略经营、计划、决策、质量管理、作业研究、工作设计等。

④MACHINES——机器,包括企业布局、工作环境、工艺装备、设施等。

⑤MATERIAL——物料,包括材料的采购、运输、储存、验收等。

⑥MARKET——市场,包括市场需求的预测、产品决策、价格和销售策略制定等。

⑦MORALE——士气,包括提高工作效率,把员工的热情、兴趣和志向引导到生产和服务工作上,发挥人的积极性和创造性。

旅游企业的管理者在开展管理活动的过程中,同样需要充分利用以上"7M"要素,但是旅游企业的产品特点和市场特征决定了它的特殊性,需要在旅游资源、游客资源和人力资源方面开展更多的管理工作。

旅游资源是非常广泛而又特殊的,关键在于旅游企业有没有能力将资源转换成为可经营销售的旅游产品。生产工业品的企业所利用的资源是固定的,而旅游企业对旅游资源的利用却是不断变化的,例如一些景区在初期是以观赏游览风景为主,后来逐步引入了当地的民族风情表演,再后来又进一步开发出了游客参与程度更高的体验旅游项目。因此,如何发现和利用旅游资源,需要旅游企业具有较好的创造性思维。同时,对旅游资源的开发还必须与保护相结合。

游客资源是旅游产品现实或潜在的消费者。大多数旅游产品的生产、销售和消费是同步进行的,顾客购买旅游产品,就是购买一种体验和经历,旅游企业出售的是某一资源或产品在某一时间段的使用价值。这需要旅游企业要有能力对游客资源进行有效的调控,合理应对旅游消费的季节性特征。所以,旅游企业开展预订和预售就显得十分重要。

人力资源对于旅游企业来说就更为重要了,因为旅游企业属于劳动密集型产业,人们的旅游活动追求的是高层次的精神享受,需要得到亲切、友好的服务。这不仅要求从业人员有专业的服务技能,同时还要有较好的人际沟通能力、优良的个人品质。由于中国的旅游产业还不是十分健全和完善,受传统观念的影响,旅游从业人员特别是导游吃"青春饭"在现实和人们的思想中还存在,所以对人力资源的管理,旅游企业比其他企业面临着更大的挑战。

2.1.2　旅游企业管理的目的

1) 管理目的

管理目的是各项管理活动最终应达到的预期结果,是实现管理过程、规范管理行为的方向标。

这里讲的管理系统,指的是管理部门的综合,通常也称管理主体;被管理系统,指的是管理对象,一般又称管理客体,是管理系统的子系统。而管理系统和被管理系统的总和,就构成管理体系。

管理目的具有以下几个特点：

①综合性。管理目的是管理体系各项管理活动各方面的内在联系及其发展变化要求的综合反映和总体要求。

②可分性。管理目的在规范管理活动、管理行为中，可分解为各管理层次、各专业职能管理、各方面的具体目标和任务。

③阶段性。管理目的的实现存在时间上的有序性，它受各个时期不同的主客观条件的制约而呈现出阶段性。

④客观性。管理目的的实质，是反映社会制度及其基本规律的必然要求，反映管理的客观必然要求，是不以人们的主观愿望为转移的。

2) 旅游企业的管理目的

(1)促进和推动地方旅游经济的发展

一个地区，乃至于一个国家，旅游经济的发达程度是与该地区的旅游企业密切联系的。如果一个地区的旅游企业不断提高自身的管理水平，企业实力就会不断增强，旅游经济的发展水平就会提升。从我国各省、自治区、直辖市的旅游收入和全国百强旅行社的分布可以看出这一点。百强旅行社在一定程度上代表了旅游企业的管理水平，在百强旅行社的前十名中，集中分布在以上海为中心的长江三角洲和北京，这两个地区正是我国旅游业最为发达的地区，除了这两个地区的区位优势外，也与他们的经营管理水平有着极大的关系，见表2.1。

表2.1　2006年全国百强旅行社前十名名单

国际社前 10 强	国内社前 10 强
国旅总社	上海春秋
中青旅	上航假期
康辉旅行社	江苏水乡周庄
上海锦江国旅	江阴华西
中旅总社	常州国旅国内
中信旅游总公司	上海旅行社
重庆海外旅业	上海一日
广东中旅	上海杨浦修养
上海国旅	中旅首都
上航国旅	杭州园林

（2）增收创汇，拉动内需，刺激经济发展

加强旅游企业的管理，提高旅游企业创收和创汇的能力，在我国改革开放初期是十分明显的，对国家经济来说也是十分重要的。因为当时国家经济的发展需要大量的外汇，旅游企业是重要的外汇来源之一。当中国的外汇储备处于世界第一位时，人民币升值，出口贸易受阻，出口导向型经济面临巨大压力，需要扩大国内需求来拉动经济发展，大力发展国内旅游，是刺激内需的有效方式。2000年实行"黄金周"制度以来，效果十分明显。无论是增收创汇，还是拉动内需，其实现的程度和水平是与旅游企业的管理水平分不开的。

（3）提高经济效益

加强旅游企业的管理是提高旅游企业投入产出效益水平的关键。从旅游企业微观的角度看，取得满意的经济效益，实现利润最大化是它的主要目的。虽然有的企业把自己的目标确定为股东利益最大化，或者企业价值最大化，但是最核心的还是企业利润。要实现利润最大化，取得理想的经济效益，管理是关键。例如，中国高端酒店的管理，国际酒店联号占据了较大优势，效益也优于国内自主管理的酒店。在进入21世纪后，部分旅游企业创新管理思路，以档次低、价格低、单体规模低的"三低"为经营管理特色的连锁经济型酒店快速发展，应对市场需求，形成了独特的竞争优势，取得了较好的经济效益。

（4）提高从业人员素质

旅游企业向旅游者提供的核心产品是服务，更多的情形是需要员工与游客面对面地交流，从业人员的心态和职业素养对于游客对旅游服务的满意度起着决定性的作用。所以，旅游企业的管理，还必须担负培养和造就优秀员工队伍的责任，确立提高从业人员素质的目的。世界著名的麦当劳快餐，有超过75%的餐厅经理，50%以上的中高级主管，以及1/3以上的加盟经营者，是由计时员工做起的，他们通过有效的培训成为企业的中坚力量。与之相反的情况是，中国的旅游企业对员工缺乏职业生涯的设计，员工流动率太高，从业人员的素质难以提高，这需要引起高度的重视并加以解决。

（5）保护和传播文化

文化是旅游的灵魂，所谓"山不在高，有仙则名；水不在深，有龙则灵"。旅游产品设计要抓住关键的文化因素，使旅游者在享用物质产品的基础上获得精神文化的满足。无论是景区建设、旅行社的线路设计、导游服务，还是航空车船服务、饭店服务，都要让旅游者获得物质和精神上的享受，并以精神享受为主。旅游企业开发旅游中的文化因素时，还承担了对当地传统文化、特色文化的挖掘和保护的职责。旅游企业在提供旅游产品时,也在传播着文化,传承着文明。如果文化遭到了破坏,旅游企业也就失去了生存和发展的根基,所以,旅游企业有必要将保护和传播文化作为自己的一个管理目的。贵州黄果树旅游集团公司在将景区建成为了 5A 级景区后,专门成立了黄果树旅游文化建设与发展研究所,使黄果树旅游走上可持续发展的道路。

2.1.3　旅游企业管理的性质

管理具有二重性,是指管理作为合理组织生产力的自然属性和在一定的生产关系下所体现的社会属性。具体讲,管理二重性是由生产力的发展引起和决定的、反映生产力属性的管理,是共同努力、分工协作需要的管理,体现了不同社会制度下管理的共同属性即自然属性;受一定生产管理影响和制约的、反映生产关系的管理,是维护和调整生产资料占有阶级的经济利益需要的管理,规定着管理的阶级实质和目的,具有阶级社会各自特殊属性即社会属性。因此,管理既要适应生产力运动的规律,也要适应生产关系运动规律。

旅游企业管理的基本性质也具有与生产力、社会化大生产相关的自然属性和与生产关系、社会制度相关的社会属性。

1)旅游企业管理的自然属性

(1)系统相关性

从需求角度分析,旅游者购买的旅游产品是一种经历,旅游企业之间要按照旅游者需求的吃、住、行、游、购、娱六大基本要素形成一个完整的供应链体系,相互之间要衔接和配套,一荣俱荣,一损俱损。各旅游企业内部,也是一个有机整体,共同完成对客服务。例如,酒店销售部招徕了一个旅游团,就需要酒店的前厅部、客房部、餐饮部以及综合娱乐部门的通力合作,接待好这一批客人,任何一个环节没有做好工作,都会使客人对整个酒店的服务感到不满,这要求所有的部门和人员都要有强烈的整体和团队意识。

(2)业务量的季节性

除了商务和公务旅游受季节的影响相对较小外,其他类型的旅游都有比较明显的季节性。旅游者除了受收入条件和旅游动机的影响外,还受闲暇时间的制约。在带薪假期制度还没有充分实现的情况下,节假日往往成为出游的高峰。所以,旅游企业应具备调控需求变化、应对需求高峰的能力。

(3)对文化因素的重视性

旅游活动是人们在基本需求得到满足之后,为了追求更高层次的身心健康和文化精神需求而产生的。旅游产品从本质上讲是精神文化产品,旅游企业的管理者,就必须具备利用各种文化因素开发旅游产品的能力,这样的能力越强,旅游企业管理带来的效益也就越好,中外旅游企业皆是如此。许多地方政府发展旅游业,旅游企业开发和经营旅游产品,打的都是文化牌。例如浙江省推出了"山水江南,人文浙江"的旅游形象,宋城集团则以南宋文化为主题,打造了宋城这一有形的旅游载体,取得了很好的效果。对文化因素的利用,体现在环境设计、产品设计、活动项目设计、形象设计等诸多方面。

2)旅游企业管理的社会属性

(1)政府的指导性

由于多数旅游资源都是国家所有,旅游企业利用这些资源必须要在相关政策规定下执行国家计划。一方面,旅游企业的产品难以获得专利保护,一项产品和服务的出现,很快就会遭到模仿,分流自己的客源;另一方面,某一旅游企业为自己开展宣传促销,也会使其他旅游企业获得搭便车机会。所以在许多地方旅游业的发展都不同程度地采取了政府主导的开发模式。

(2)管理目标的社会性

旅游企业作为旅游市场中的经营实体,经济效益目标是最重要的。但是随着社会的发展,经济效益目标已经不能是唯一的目标了。旅游企业是经济人,也是社会人,在获取经济利益的同时也必须承担社会责任。所以旅游企业还要将国家利益、社会公众的利益、消费者利益和环境生态效益等纳入自己的管理目标范畴,促进构建和谐社会。

全球经济一体化和市场经济国家范围的扩大,在管理的社会属性上也有逐步趋同的趋势,但是各国在意识形态、传统文化和道德观念上的差异较大,在一些本质问题上的态度是完全不同的。例如,"黄"和"赌"在许多资本主义国家是合法的,甚至成为一些国家和地区旅游业发展的支柱,但在我国是绝对禁止、坚决打击的。

2.1.4 旅游企业管理的基本职能

所谓管理职能,是指实施科学有效管理应有的基本程序与功能。由于学者对管理职能的界定范围宽窄不同,而且已划分的各管理职能彼此之间并无严格的次序和界限,互相关联交叉表达,所以对管理职能的划分认识不一。本书把计划、组织、领导、控制作为管理的四项基本职能。

1)计划职能

计划作为管理的一项基本职能,是指为未来的组织活动确定目标,并为实现这一目标预先决定为什么做、做什么以及如何去做的这么一个工作过程。管理工作,形象地讲,是"明确要去的彼岸,搭设桥梁,过桥,到达目的地。"这一工作过程中,计划是第一步。无计划的管理,或计划不周的管理,组织的活动会出现盲目性。计划是管理的首要职能。

计划工作一般包括下述相互联系的三个方面内容,即确定目标、预测和决策。

计划工作一开始是确定目标。通过确定目标,明确组织活动所要达到的目的和结果。当然,在计划工作开始前或开始时,这种目标也可能不十分具体、明确。计划的最初工作过程其首要任务是明确目标,其后的预测分析和决策方案的择定都是围绕目标进行的。应该指出的是,许多时候确定目标,本身也是一个完整的计划工作过程,是计划工作首要环节的一个终点。因为,明确的目标不是单凭主观愿望就可以确定的,而是要以相应的预测分析工作做基础而择定的。

目标确定以后,就要围绕实现目标的组织活动做出评估分析,并以预测分析形成的结果信息作为决策的依据。预测是以分析对象的过去来推测它的未来。

决策的核心意思是指人们从为实现一定目标而制定的两个或两个以上的方案中,选择一个"令人满意"的方案以作为未来行动的指南的活动过程。很多时候,决策之前,只是对计划所要处理的问题本身进行研究,即提出问题,分析问题,尚未有解决问题的确定方案。计划工作没有开展到决策这一环节,就没有合乎理性的实施方案的行动。决策是计划工作的核心。

2)组织职能

制订出切实可行的计划之后,就要进入计划的实施这一工作阶段。在每一计划的实施过程中,都要做大量的组织工作。不同的计划有着不同的计划内容和要求,相应的组织工作量和要发挥的组织职能在内容上就多有差别。围绕计划实施的起保证作用的组织职能内容,一般来说有以下几个方面:

①明确必须进行的活动,由组织内的哪些层次和部门来承担,有些时候还需要借助组织外部的力量,设置新的机构、岗位。

②确定各个层次和部门的职责范围,并根据它们履行职责的需要授予应有

的权限。

③将符合工作要求的人员配备到有关岗位上。

④明确各成员单位之间的分工协作关系。

⑤调配组织活动所需的其他资源,实现所要开展的工作、人员和机构在时间和空间上的有效结合。

⑥根据组织外部调整或变革。组织职能的核心作用是要确保形成一个有机的组织结构,使整个组织协调地运转,为完成工作任务提供组织上的保证和依托。

计划的实施要有其他人的合作。实质上,组织工作是从人类对合作的需要中产生出来的。合作之所以能有更高的生产率和较低的成本,在多数情况下就是由于有了采取某种组织的结构。组织结构和组织工作的其他状况,决定着组织的工作效率和活力,决定着计划、决策实施活动的成败。

3)领导职能

好的计划和组织工作只是为完成计划工作提供了一个可靠的基础,它们并不一定能自动地保证计划目标的实现。组织任务的完成和计划目标的实现,需要组织成员的协作。虽然组织成员间的协作是最主要的创造性力量,但领导是实现协作的必要条件。因为在协作中人们由于在知识、经验、工作职责、信息来源、看问题的角度和方法、所处的环境等方面存在着诸多差异,对工作中的问题会有不同的看法和采取不同处理办法,因而产生表现各异的矛盾和冲突。这就需要管理者"指导人们的行为,沟通人们之间的信息,增强相互的理解,统一人们的行为,激励每个成员自觉地为实现组织目标而共同努力"。所以,我们说,当管理者激励部下,指导他们的活动,解决他们之间的矛盾,引导他们完成好某项任务时,他就是正在进行领导。

现代的管理者,在他们领导行为中较重视激励因素的运用。在资本主义企业发展历史上,在相当长的时间里,管理者受下述这种人性观的支配,即只要给予金钱,职工就会老老实实地工作。持这种管理见解的管理者,他的领导只靠命令就足够了,他的管理过程实际上就是计划——组织——控制。激励因素之所以在管理中受到重视与运用,是因为管理者发现:在组织活动中的人们,不仅仅是"经济人",且同时也是"社会人"、"自我实现人",他们的行为不只受到"物的、生物的、社会的要因制约⋯⋯而且也是以心理要素为基础。"

4) 控制职能

控制就是根据计划所确定的要求来检查计划的实际执行情况,发现偏差或新的情况,分析其中的原因,进而采取相应的调整措施,以确保计划的实现。一般来说,控制属保证性职能,其目的是要使活动的开展及成效符合原先确定的计划要求。但有时也会导致计划内容的调整、具体执行者的变动或其他方面的变革。

信息反馈在控制职能运用中具有十分重要的意义。信息反馈失灵,人们就无法根据“活动结果应当是什么”的计划信息去衡量实际的活动成效,从而也就无法发现偏差,更谈不上纠正偏差。

作为一种为保证活动的产出与计划的一致而产生的管理职能——控制职能,包括下列四个运作步骤:确定控制标准,即识别控制所需要的计划要求信息;衡量实际绩效,即收集控制所需要的计划实施信息;进行差异分析,即对计划要求信息与计划实施信息作比较分析;采取纠偏措施或其他调整措施。

2.1.5 旅游企业管理的主要内容

旅游企业管理是一个复杂的体系,涉及多方面的内容,主要有:

1) 资产管理

经营管理一家旅游企业,就是要利用企业所能控制的有形和无形资产在使顾客满意的前提下去谋取利润。那么,管理者就要知道这些资产经营的设施、设备的标准和服务要求,设施设备的采购、安全、维护、更新的要求,以及无形资产的价值及其利用等。

2) 计划管理

旅游企业的计划管理,就是管理者规划在未来一段时间内做什么,谁去做和如何去做。在旅游企业管理中,要么是事先主动地进行计划管理,要么是事后被动地进行问题管理及危机管理。

3) 组织管理

旅游企业必然是一个团体和组织,一个旅游企业就是一批人像一个人那样承担责任和任务的法人组织。组织管理就对旅游企业这一组织所承担的任务在全体人员之间的分工合作上进行管理。旅游企业的组织管理涉及企业组织机构的设置、岗位设置,以及各机构、岗位的责任、权力、相互关系的规章制度的制定等。

4)人力资源管理

旅游企业的人力资源管理工作,包括确定每一个部门和岗位所需要的员工数量,挑选录用员工,将合适的员工分配到合适的岗位上去,培训员工,对员工进行日常管理。其中包括对员工的工资管理、评估考核和奖惩、晋升、辞退等。

5)督导管理

督导管理也可以叫做指挥与指导管理。指挥就是管理者借助指示、命令等手段对下属的工作任务进行分工安排,以实现计划目标,这具有高度的权威性。指导就是指管理者示范给下属看如何去完成好任务。

6)沟通管理

沟通就是指信息传递与反馈的双向交流。旅游企业的管理者要进行有效的指挥与指导,所需要做的最重要的事情之一就是处理信息,并在此基础上单独地或与别人合作地做出决策和制订计划。如果不了解旅游者的深层需要和不了解员工的技术能力与积极性状况,就很难管好企业的日常工作。通过沟通,还可以争取到上级的更多的支持,同级更多的默契合作,下级更多的理解帮助,以及社会更多的同情与欢迎。

7)控制管理

控制管理是指管理者事先设立各种工作标准,然后用这些工作标准来指导员工的工作和检查工作结果。如果发现符合工作标准,予以肯定和赞扬,再进一步考虑是否需要提高标准;如果发现不符合工作标准,先分析原因,看看是标准本身脱离实际而存在问题,还是员工的作业行为有问题。如果是前者,就需要修订标准,如果是后者,就需要分不同情况对员工进行培训、奖惩甚至撤换。

8)协调管理

在旅游企业的日常工作中,员工与员工之间,员工与管理者之间,宾客与员工之间,经常会产生意见不一致甚至冲突的现象。协调管理就是指管理者及时发现和分析各种冲突的性质、类型,并选择正确的方法来及时加以解决。

9) 预算与财务管理

预算与财务管理并不仅仅是财务部门要做的工作,因为管理活动只要涉及用人、用物,就涉及用钱,每一个管理者即使没有直接支配钱的权利,至少都拥有支配人和物的权利,都直接与间接地和资金的收支预算及管理有关,都必须参与收支的预算与财务管理。预算就是指每一个管理者对计划工作所产生的收入与支出,以及最终损益的估算。每一项工作都需要有预算,这样就可以做到更好地减少支出,增加利润。财务管理就是通过旅游企业的财务报表,对实际财务收支状况与预算的收支标准进行比较分析,由负责收支的各级管理者发现存在的问题,找出问题的原因和解决的办法,来对收支进行有效的控制。

10) 动力管理

动力管理亦即激励管理,是指管理者要创造出使他的下属愿意不断尽他的全力去工作的态度与行为。

11) 经营管理

旅游企业的经营管理包括投资与经营形式的选择,对旅游产品、价格、销售渠道、促销方式和广告、公共关系与公共宣传的系统管理,应做到始终使企业有大量顾客,再满足顾客需要的同时,获得长期的满意的利润。

2.2 旅游企业管理的基础理论

管理理论的产生和发展,直接来源于人类的生产实践。18世纪英国工业革命之后,企业开始大量涌现,一些学者如英国的亚当·斯密等对劳动分工和专业化等问题进行了理论研究,开创了企业管理的先例。20世纪以来,随着资本主义经济的发展,西方管理学家先后提出了古典管理理论、行为科学理论、现代管理理论和其他一些管理理论和方法。旅游企业管理正是以这样一些科学的管理理论为基础,结合旅游业的实际和特点逐步形成自己的管理特色。学习和掌握这些管理理论和方法是旅游企业管理者管理成功的基础。

2.2.1 古典管理理论

现代管理的起源应归功于某些理论家和实践家的贡献,他们奠定了管理学的理论基础,因此我们将他们对管理学的贡献归类为古典管理理论。对古典管理理论贡献最大的是泰勒和法约尔,他们的管理理论分别被称为科学管理理论和一般管理理论。科学管理理论着眼于从改进工人的生产效率角度出发;而一般管理理论则从整个组织的角度出发,探究怎样使组织更有效。

1) 科学管理理论

1911 年,弗雷德里克·温斯洛·泰勒(Frederick Winslow Taylor)所著的《科学管理原理》出版。这本书对科学管理理论进行了详尽阐述。而所谓的科学管理,即指应用科学方法确定从事某项工作的最佳方法。该书出版前后泰勒所做的研究贡献也成就了他"科学管理之父"的名望。泰勒是钢铁公司的机械工程师,他认为工人劳动效率极低,出活率只有 1/3,他花了 20 年时间潜心研究每一项工作可以采取的"最佳方法"。

泰勒定义了管理的四原则,他认为遵循这些原则会给工人和管理者之间带来双赢的结果:工人会获得更多的报酬,而管理者也会获得更多的收益。这四条原则是:

①为每一位工人的工作要素建立一个科学方法,用以代表过去的经验方法。

②科学地挑选工人,并对他们进行培训、教育和开发。

③与工人之间进行诚心友好的合作,以确保所有的工作都能按照已建立的科学原则去做。

④管理者与工人之间在工作和职责划分上几乎是平等的,管理者要把那些自己比工人更能胜任的工作都揽过来。

在这四条原则的指导下,泰勒科学管理理论的主要内容有以下几个方面:

(1)标准化原理

标准化原理主要是指作业方法和工具的标准化。通过对作业工程的动作和时间研究,清除不必要的动作,加快速度,制定出规范化的作业规程和方法。另一方面,工具的标准化有利于减轻劳动强度,完成工作定额。

(2)工作定额原理

在标准化的作业规程和方法基础上,对全体员工进行培训,制定出合理的工作定额。合理的工作定额,就是既要保证完成一定的工作量,符合管理者的期望,又要限定在工人能够长期承受的限度之内,不损害其健康。

(3)差别计件工资制

对同一工作设置不同的工资率,对那些用较短时间完成工作且质量较好的

工人按较高的工资率计算工资,而对工时长、质量差的边缘工则按较低的工资率计算工资。

(4)实行职能分工

实施标准作业,应明确区分计划职能与作业职能。计划职能是管理者的工作,专门研究标准作业法和劳动定额,设立专门机构进行研究、计划、调查、控制和对操作者进行训练、指导。而作业职能是按标准作业法实施标准,作业者只需服从计划职能部门的领导与指挥,执行上级命令,明确做什么和怎么做。

(5)例外原则

所谓例外原则,就是企业的高级管理人员,将日常事务拟就规范化的处理程序,然后授权给下属管理人去处理,而自己则主要去处理那些没有规范的例外工作,但保留监督和检查下级管理者工作的权利。

泰勒科学管理的核心是谋求最高的工作效率,主张用科学方法研究和解决问题,以标准化代替经验,强调合作,发挥每个人的最高效率。泰勒科学管理理论至今仍然被视为经典,在旅游企业里被广泛运用。

2)一般管理理论

(1)法约尔的组织管理理论

亨利·法约尔(Henri Fayol,1841—1925),时任法国一家冶矿公司总经理,1916 年发表《工业管理与一般管理》一书,较完整地提出了他的企业组织管理理论。他提出了任何企业都有经营的六种职能活动,即技术活动、商业活动、财务活动、安全活动、会计活动和管理活动。他强调管理是政府甚至家庭中都要涉及的有关人的一种共同活动。他提出了管理的 14 条原则:分工与协作,权力与责任,纪律,统一指挥,统一领导,个人利益服从整体利益,报酬合理,集权与分权,等级链,秩序,平等,人员稳定,首创精神,合作精神。

(2)韦伯的行政组织理论

马克斯·韦伯(Max Weber)是一名德国社会学家,在 19 世纪早期的论著中,建立了一种职权结构理论。韦伯所描述的理想组织模式被称为科层制,代表了现实世界中可供选择的一种组织重构模式,他的理论已成为今天许多大型组织的设计雏形。韦伯的理想型科层制的组织有以下特征:

①劳动分工。工作应当分解成为若干简单、常规性的和明确定义的任务。

②职权层级。职务与职位应当依层级来组织,每个下级应当接受上级的控制和监督。

③正式选拔。所有组织成员都要经过培训、教育或正规考试取得的技术资格进行选拔。

④正式规章制度。为了确保一贯性并规范全体雇员的活动,管理者必须倚重正式的组织规则。

⑤非个性化。规则和控制的实施具有统一性,避免掺杂个人感情以及受到个人偏好的影响。

⑥职业导向。管理者是专职人员而不是他所辖单位的所有者,他们领取固定的工资并寻求自身在组织中的职业发展。

2.2.2 行为科学理论

古典管理理论把人看成是"经济人",即人们从事活动只是出于经济目的,企业主追求最大利润,工人要获得最高工资,这样在企业主和工人之间经常发生矛盾。古典管理理论在这种对人的基本架设前提下,强调用严格的科学办法来进行管理,提高效率,以解决矛盾。但是古典管理理论的一个共同特点是忽略了人的因素,把工人看成是机器的配件,会说话的工具。行为科学,简单地说就是对企业中职工产生的行为,以及产生这些行为的原因进行分析研究的科学。行为科学研究可以分为人际关系学说和行为科学两个层次。

1) 人际关系学说

倡导人际关系运动的学者是人力资源学派中的一个重要群体,凭借其追求管理实践中更富有人性的坚定信念,在管理思想史中占有重要的一席。该群体中的成员一致相信雇员满意是十分重要的,也就是说,一个满意度较高的工人一定会成为一个高产出的工人。倡导该运动的代表人物有:梅奥(Elton Mayo)、赫茨伯格(Herzberg)、戴尔·卡内基(Dale Carnegie)、亚伯拉罕·马斯洛(Abraham Maslow)和道格拉斯·麦格雷戈(Douglas Mccregor)。

(1) 梅奥的人际关系学说

梅奥以其在美国西方电器公司历时 8 年的霍桑实验结果为依据,形成了行为科学的早期理论,即人际关系学说。在他的《工业文明的人类问题》和《工业文明的社会问题》等著作中,提出了以下几个人际关系学说的原理:

①工人是"社会人",是复杂的社会系统的成员。

②企业中除了正式组织之外,还存在着"非正式组织"。

③新型的领导能力在于通过对职工满足度的提高而激励职工的"士气"。

（2）卡内基的成功学说

戴尔·卡内基常常为管理学界所忽视，但是他的思想和教学方法却对管理实践产生了巨大的影响。在20世纪30~50年代，数以百万计的读者读过他所写的《怎样赢得朋友并影响他人》一书。此外，在此期间，成千上万的经理以及管理爱好者参加了他的管理讲座和研讨班。卡内基的书和课程的主题都是些什么呢？实质上，他认为成功之路在于：

①通过对他人的努力进行诚恳表扬使他人感受到被重视。

②建立良好的第一印象。

③通过让他人讲话、对其表示同情、不对某个人说"你说错了"等方式，使人们接受你的思维方式。

④赞赏他人的优点并给予持不同意见者以机会来维护他们的面子，通过这种方式来改变人们的观念。

2）行为科学

（1）有关人的需要、动机和激励问题

①马斯洛的需求层次理论。美国心理学家亚伯拉罕·马斯洛是一位人道主义心理学家，他曾提出了人类需要的五层次理论，它们依次是：生理需要、安全需要、社交需要、自尊需要和自我实现的需要。从激励的角度来看，马斯洛认为，需要层次中只有较低层次的需要得到满足之后，下一层次的需要才会被激发；一旦某种需要被充分满足，它就不再对行为产生激励作用。

②赫茨伯格的激励——保健因素理论。美国心理学家赫茨伯格通过调查试验，把企业中的有关因素分为激励因素和保健因素。保健因素是属于工作环境或工作关系方面的因素，这些因素不能直接起到激励员工的作用，但能预防员工产生不满。激励因素是属于工作本身或工作内容的因素，能对员工产生满意作用，是人类行为的真正源泉。

（2）企业管理中的"人性"问题

最著名的就是道格拉斯·麦格雷戈关于人性的两种明确的假设——X理论和Y理论。X理论主要表达一种人性的消极观，它假设人都是缺乏上进心的，不喜欢工作，总想回避责任，并且必须在严格的监督下才能有效地开展工作；而Y理论的观点却恰恰相反，它假设人们能够进行自我管理，勇于承担责任，并把工作看作是像休息和娱乐一样自然的事。麦格雷戈相信Y理论的假设最符合工人人性的特质，应该用于指导管理实践。

（3）企业中的非正式组织以及人与人的关系问题

①卢因的"团体力学理论"。卢因（Kurt Lewin），美国心理学家，提出的"团体力学理论"主要研究团体活动的内在机制，论述了作为非正式组织的群体要求、目标、内聚力、规范、结构、领导方式、参与者、行为分类、规模、对变动的反应等。

②布雷德福的"敏感性训练"。通过受训者在团体学习环境中的相互影响，提高受训者对自己的感情和情绪、自己在组织中所扮演的角色、自己同别人的相互影响关系的敏感性，即时改变个人和团体的行为，达到提高工作效率和满足个人需要的目的。

（4）企业中的领导方式问题

①领导方式连续统一体理论。美国的坦南鲍姆（Pobert Tannenbaum）和施米特（Warreu H Schmidt）在他们的"领导方式连续统一体理论"中认为，在企业的领导方式中，从专权式的、以上司为中心的领导方式到极为民主的、以职工为中心的领导方式之间，存在着多种多样的领导方式，是一个连续的统一体。至于到底应选择哪一种领导方式，不能一概而论，只有考虑经理、职工、形势、长期战略等方面的因素，才能在这个连续统一体中选择一个当时当地最合适的领导方式。

②管理方格法。美国的布莱克（Robert R. Blake）和穆顿（Jane S. Mouton）在《新管理方格》等著作中，就企业中的领导方式趋于极端的问题（即或者是科学管理，或者是人群关系；或者以生产为中心，或者以职工为中心；或者采取 X 理论，或者采取 Y 理论），提出了各种不同的综合的领导方式。他们以对生产的关心为横轴，对职工的关心为纵轴，每根轴线分为 9 小格，共分成 81 个小方格，代表各种不同结合的领导方式。其中，在主格图代表的各种领导方式中，存在着五种典型模式，即：(9.1)为代表"任务式"；(1.9)为代表"俱乐部式"；(5.5)为代表"中间式"；(1.1)为代表"不称职式"；(9.9)为代表"团队式"，见图2.2。

布莱克和穆顿认为，(9.9)型领导方式，即把对生产的高度关心同对职工的高度关心结合起来的领导方式是效率最高的。不过，要求各种类型职务的领导者都是(9.9)型，那是困难的。但是他们认为，企业的领导者应客观地分析企业内外的各种情况，分析自己的领导方式处于格图中哪一位置上，逐步将其转化为(9.9)型，以求得最佳的效率。为此，他们提出了一个"六点方案"管理发展计划，来达到训练和转化的目的。

高 ↑ 对 职 工 的 关 心 ↓ 低	9	1.9								9.9
	8									
	7									
	6									
	5					5.5				
	4									
	3									
	2									
	1	1.1								9.1
		1	2	3	4	5	6	7	8	9

低←对生产的关心→高

图2.2　管理方式

2.2.3　现代管理理论

（1）管理过程学派

1961年12月,哈罗德·孔茨教授发表了一篇论文,在文中详细地阐述了管理研究的各种学派——职能、强调量化以及人际关系学派,并得出结论认为存在着"管理理论的丛林"。孔茨先是承认每一学派都对管理理论有一定贡献,然后他进一步指出:许多管理学派不过是一种管理工具而已,他认为过程方法最初是由亨利·法约尔提出的,这些活动——计划、组织、领导和控制——被看作是一个连续的循环过程。

虽然孔茨的文章引起了不断的争论,大多数管理学教师和实践者都紧抱住各自的观点不放,但孔茨无疑建立了一个里程碑式的标志。如今,大多数管理学教科书都采用过程方法这一事实,也证明了过程方法已越来越成为一种可行的综合性理论框架。

（2）系统管理学派

从20世纪60年代中期开始的10年中,一种认为组织应当按照系统框架来分析的思路获得了很多人的认同。系统学派中的方法是将系统定义为一组相互联系和相互制约的构件,这些构件按一定方式组成了一个统一整体。社会是系统——计算机、汽车、组织、动物群,以及人体都是系统。

系统可以分为两种基本类型:封闭式系统和开放式系统。封闭式系统不受环境影响,也不与环境发生交互作用。相反,开放式系统则认识到系统与环境间的动态相互作用。今天,当我们谈到组织是一个系统时,我们指的是开放式系统,即我们承认组织与环境之间处在持续不断的相互作用之中。

一个组织(以及组织管理)是一个环境互动同时又相互依赖的系统。在管理学术语中,我们称这种关系主体为组织的利害相关者。利害相关者指的是那些受组织决策影响的群体,包括:政府机构、工会、竞争组织、员工、供应商、顾客和代理商、地方社区领导人或某些公共利益团体。管理者的任务就是组织的生命线,如果企业开发出的新产品不能得到顾客的认同和喜爱,那么将导致失败。如果失之于预测顾客需要而导致收入减少,用于支付工资、税费、购买新设备或是赔偿贷款的财务资源也将会随之减少。系统学派充分认识到了这种关系的存在,管理者必须了解这些关系和可能的约束。

系统学派同时还承认组织不是孤立运行的。组织的生存常常依赖于它与外部环境之间成功的相互作用。这些环境包括:经济状况、全球市场、政治活动、技术进步以及社会习惯,对其中任何因素长时期的忽视都会对组织造成不利的影响。

那么系统学派与管理者究竟有多大的关联?关联似乎是显然的,尤其是因为管理者的工作必须协调和综合各种工作活动以便使相互关联、相互依赖的各部分组成的系统能够达到组织目标。虽然系统学派并未对管理者的工作提供明确的描述,但它的内容却比过程学派更为详细与丰富。此外,系统学派认为管理者的工作应该将组织与其环境相联系,这样可以使组织对那些关键的利害相关者更为敏感并更能做出反应,如顾客、供应商、政府机构以及所在社区等。

(3)权变理论学派

如同生活本身一样,管理并非建构在一些简单的原则基础上。保险公司知道每个人发生健康问题的概率是不一样的。一些因素像年龄、性别、酗酒、抽烟等都是影响身体健康的权变因素。类似地,你不能武断地说学生通过远程教育的学习效果就一定比教授当面授课的学习效果要差。大量的研究表明,一些权变因素,像课堂内容、个人学习方法等会对学习效果产生影响。

权变学派有时称为"情境学派",其倡导的方法近年来被用来取代简单的管理原则,并综合许多管理理论。对于管理研究来说,权变方法具有较强的逻辑性。因为组织在规模、目标、任务等方面是各不相同的,所以,倘若真的发现某种通用的原则,反倒会令人吃惊。换句话说,管理甲骨文公司的软件设计工程师不同于管理诺德史顿百货公司的售货员,甚至不同于管理甲骨文公司的营销职员。当然,说"全都取决于"是一回事,说究竟取决于"什么"是另一回事。因此,权变学派的拥护者,包括大多数管理研究者和实践者一直在试图辨别那些起决定作用的变量。

2.3 旅游企业管理基本原理

2.3.1 系统原理

1)系统的概念

系统是指诸个相联系的要素按一定的集合结构所构成的具有特定功能的有机整体。这个定义的内涵有:要素、联系、结构、功能、环境。

（1）要素

要素是指构成系统的基本成分。要素与系统的关系是部分与整体的关系。要素与系统多具有相对的含义。一个系统相对于高于它的一级系统,它是要素,从而就有了子系统的见解;而一个要素相对于低于它的一级要素,它又是系统。因此,讨论要素时要注意指明它是哪一种系统的要素。

（2）联系

联系是要素与要素、要素与系统、系统与环境之间发生相互作用的必然现象,它是系统呈整体性的根源。系统论中比较注重的是耦合联系。由于耦合的作用,系统中任何一个要素的变化都会影响其他要素的变化。系统联系既反映着多因素、多变量的复杂关系,又反映着多次、诸多过程的相互作用的特点,而且随着系统的发展变化,这种关系会更加复杂多变。

（3）结构

结构是指系统诸要素关联结合方式、排列形式和比例关系。它表示着系统的存在方式,并规定了各个要素在系统中的地位与作用。在要素确定的情况下,系统的结构往往通过决定各要素之间的联系进而影响到系统整体的性质与功能。系统的不同特性不仅取决于系统的不同组成要素,也取决于不同的结构方式。

（4）功能

功能是指系统所具有的活动能力与外部环境相互联系、相互作用过程所产生的效能。它体现一个系统与外部环境之间的物质、能量、信息的输入输出关系和生命力。系统的功能与我们上面提到的系统的结构密切相关,还与下面将提及的系统的环境有关。系统的功能主要体现系统有序运动的整体效应。如同要素的胡乱集合不能形成良好的结构一样,运作过程的混乱无序也不能生成一定的功能。

(5)环境

环境是指系统与边界之外发生联系、存在相互作用的客观事物或其总和。环境是系统产生、存在、变化与发展的必要条件。系统的环境是处于经常变化之中的。环境的变化会通过对系统的输入与系统对外输出的影响而影响系统的结构、运行及功能。因此,系统必须依赖、适应环境而存在与发展。系统对环境有一定的改造作用。

2)运用系统原理应树立的基本思想

(1)整体性思想

每个系统都是由若干要素(子系统)构成的有机整体。系统与要素之间存在着辩证统一关系,既表现在系统与要素之间相互依赖、相互作用,也表现在系统整体的功能并非是其诸多组成要素功能的简单相加。因此,在管理活动中,一是思考问题尽可能全面一些。要多方位、多变量、多因素、多角度地思考问题,既对主要矛盾或其矛盾主要方面进行分析,也不放过对主要矛盾的次要方面或次要矛盾进行分析。二是统筹兼顾地解决问题。当对某个问题进行处理时,要考虑它对其他方面可能引起的相关反应,并预先采取对策;出台的各种措施要配套,不能顾此失彼,也不能"头痛医头、脚疼医脚"。三是要有全局观念。作为下级管理者,要认识到从局部看有利的事情,从整体上看并不一定有利。当自己部门的局部利益与组织的整体利益发生冲突时,要服从大局,按局部利益服从整体利益的原则办事。作为上级管理者要明确的是:强调组织的整体利益但不可以忽视,或是随意"牺牲"下级单位或人员的利益,因为组织整体利益、目标的实现是以下属各部门(或环节、层次、个人)的自身功能充分发挥为基础的。

(2)层次性思想

任何较复杂的系统都具有一定的层次结构,中低一级的要素是它所属的高一级系统的有机组成部分。处于不同层次的要素或子系统在系统中所处的地位和所起的作用是不同的。系统的运动能否有效,效率高低,很大程度上取决于能否分清层次。管理的层次性思想的主要内容有:一是正确处理管理幅度与管理层次的关系,所设置的层次要与管理的需要相适应;二是要把具有不同能力者相应安排在不同层次上,使其各尽所能;三是层次间应各有明确的任务和职责、权利范围,不能越俎代庖,各层有它们自己应做的事,各层做各层的事,这才是有效的管理;四是遵循例外管理的原则。例外管理要建立在分级管理的基础上。

(3)目的性思想

在系统的发展过程中,目的的确定具有重要意义。系统的目的性与整体性是紧密联系在一起的。若干要素的集合同是为了实现一定的目的。没有目的就没有要素的集合。为有效实现组织及其活动目的,一是要明确在管理工作中目标具有决定其运行方向、有效性的意义。二是根据组织系统的目的与功能,确立机构与选择人员,明确与建立与活动有关的部门与人员的联系。三是力求全面地、协调地实现一个组织系统或一个组织活动可能达成的、不止一个的目的;在条件不具备、工作运行受阻等情况下,要首先保证实现主要目的或中心目的。四是要把组织目的具体化、定量化,制定出组织系统或它的一定活动的总目标及其分目标,实行目标管理,把实现目标作为管理活动的出发点和归宿。

(4)环境适应性思想

任何系统都存在于一定的环境之中,都要和环境有现实的联系。环境对系统自下而上的发展发生直接的影响。环境对系统的影响可能是有利的、起促进作用的,也可能是不利的、起限制作用的。作为管理者来讲,树立系统管理的环境适应性思想,就应努力做到:一是掌握组织活动的环境信息。掌握环境信息,具体环境信息是重点,潜在环境信息是难点。二是根据掌握的环境变化信息,调节组织的行为。组织系统对环境的反作用可通过对环境的选择与对环境的改造这两种形式来加以实现。作为管理者既要看到组织活动能动地作用于环境的可能,又要注意到它的作用的局限性,才能在一定的组织环境中有好的作为。

系统分析方法在管理中的运用可具体到一个组织系统、一个管理活动这两个侧面。

对一个组织系统进行系统分析的工作步骤是:

①了解系统的要素。②分析系统的结构。③研究系统的联系。④弄清系统的历史。⑤把握系统的功能。⑥研究系统的发展。

对一个管理活动进行系统分析的工作步骤是:

①明确问题。②确立目标。③拟定出若干可行方案作为对比的对象。④综合抉择方案。

3)系统管理的特点

系统观点和系统分析可以用于各种资源的管理。把组织作为一个系统来安

排和经营时,就叫做系统管理。系统管理主要有四个特点:

①它是以目标为中心,始终强调组织运行或活动开展的总体绩效。②它是以整个组织为中心,决策时强调整个组织系统的最优化(满意),而不是强调个别所属部门或所合成某一活动的最优化(满意)。③它是以责任为中心,每个管理者都被分配一定的任务,衡量其投入与产出。④它是以人为中心,每个工作人员都被安排有挑战性的工作,并根据其工作成绩来付给报酬。

2.3.2　人本原理

1)人本原理的概念

管理的人本原理是指各项管理活动都应以调动人的积极性、主观能动性和创造性为根本,要设法满足人的物质需要与文化素质、精神追求较为全面发展。这项原理首先强调的是:在管理活动的开展过程中要重视人的作用,从人出发,以人为本,通过调动人的积极性、主观能动性和创造性来提高管理效率和效益。人本原理是管理实践与管理理论不断发展的认识结果。

2)人本原理的实质

坚持人本原理,是现代管理发展的必然趋势和客观要求。管理的主体是人,管理的客体也是人。坚持人本原理,也是树立正确的管理指导思想,实施科学、有效管理的一个前提。人本原理讲求、解决的核心问题是积极性问题。

员工的积极性从需要、动机的萌发,到思想表白和行为表现,是一个动态的发展过程。这个发展过程总的看来,也是有生命周期的,一般要经过启动、上升、稳定和消失这四个阶段。某一具体的积极性的生命周期的状态,既与积极性启动、发展的主观原因——如心理、思想基础有关,又与积极性启动、发展的客观原因,如目标对员工吸引力大小、实现目标后员工所能获得物质利益多少有关。积极性生命周期具有双因性。维持员工持续、高昂的工作积极性,则应从分析积极性形成、发展的基础因素入手,设法把短暂的、潜在的积极性调动成为持久的、现实的积极性。

对于调动员工的积极性,正确的管理,就是激发性因素,而欠科学、出现失误的管理,就是制约性因素。有些员工积极性、激发性因素的出现,是管理得当的结果,有些则不然。对于员工的积极性来说,总存在着激发性与制约性这两大类因素。当激发因素起主导作用时,积极性的发挥程度就高,反之,当制约因素占优势时,积极性的调动工作就难做,员工的工作热情、干劲就会受到削弱、抑制。

调动员工的积极性,就是努力开发、激活激发因素,用这类因素去抑制、削减制约因素的不利影响,从而达到充分调动员工积极性的目的。

3)运用人本原理应明确的认识

讨论人本原理的目的是要把人本原理的思想和相应的管理对策渗透到组织的具体活动中去,让人本管理思想统帅组织工作,使组织员工的积极性得到极大的激发,从而使组织发展获得来自他们的强有力支撑。人本管理的核心思想是调动组织中人的积极性,其体现是重视人、了解人、服务人、发展人、凝聚人和用好人。遵循人本原理还有必要进一步明确下列认识:

①人具有"复杂人"的社会角色。即人在同一时间内会有多种需要和动机,人不单纯是"经济人",也不可能单纯是"社会人"或"自我实现人",人是包括可能还不止这三个人性假设在内的、有着复杂的需要和动机的人。

②作为管理主、客体的人之间具有相关性,其目标是可以协调的。设法满足员工多层次的需要,特别是满足员工自我实现的需要,是管理者进行主、客体目标协调时应确立的基本思想。

③员工是人而不只是资源。人力资源开发不应有单纯的功利性观点,组织中人的全面发展和完善是人本原理运用所追求的理想境界和终极目标。

④人的心理、动机、能力和行为是可以影响、改变、塑造的。这种影响、改变、塑造可来自管理者本身、组织系统和社会环境。组织,还有它的管理者对员工心理、动机、能力和行为的影响、改变、塑造既可通过为员工创造优良的工作、生活条件,使员工从德、能、勤诸方面具备完成其工作任务的能力素养,也要对员工所从事的工作本身及其所需德、能、勤的适应性进行控制。

⑤对于组织外部来讲,要确立满足顾客、社会的需要的工作着眼点。

⑥以人为本的管理实践牵涉到组织中各个层次、各个部门、各个环节的所有管理者。

⑦人本管理的具体形式既是以人为本管理思想得以贯彻、发展的结果,客观上也有利于人本管理思想因素在组织中的生长。思想教育、企业文化建设、工作轮换、工作扩大化和工作丰富化、目标管理、信息沟通、人力资源评估、共同决策、自治管理小组、心理平衡方法、社会推动等都是人本管理的具体形式。人本管理形式可多样化。

2.3.3 权变原理

1) 权变原理的概念

权变管理理论以系统观点为基础,将组织视为由若干子系统有机组成的开放系统,管理中要根据组织所处的内外环境随机应变,不存在一成不变、普遍适用、一劳永逸的最好的管理理论与方法,管理的成效取决于组织与其环境之间的适应性。

2) 权变原理的主要内容

管理的权变原理,是指在组织活动环境和条件不断发展变化的前提下,管理应因人、事、时、地而权宜应变,采取与具体情况相适应的管理对策以达到组织目标的一项管理原理。灵活适应、注意反馈、弹性观点、适度管理是管理的权变原理的几个主要内容。

①灵活应变。灵活应变是权变原理的核心内容。权变原理要求每一管理者从认识上明确管理的环境、对象、目的都可以发展变化,不能用一成不变的眼光看待它们。权变,乃权宜应变之意。管理之"变",是结合变化了的情况,对原有的管理意识与行为活动进行再审视,看看有否需要否定、变革之处。

②注意反馈。管理上要做到以变应变的一个前提是应对管理环境、管理对象,还有管理者本身的信息的预先收集和及时反馈。满足权变管理所需的信息量的拥有,应重视对信息来源的开发并明确信息反馈的一些基本要求。

③弹性观点。管理涉及众多关联的因素,管理只在识别这些因素以及这些因素的相互关系及其发展变化上,存在着或多或少的局限性,在此认识基础上产生的管理对策不可避免地带有一定程度的不确定性。为了获得较佳的管理效果,就须留有调节的弹性,以便情况发生时,能够采取相应的调整对策或补救措施。遇事多准备几种备用方案、考虑事情周到一些、准备机动资源,等等,这些都是管理上具有弹性的表现。

④适度管理。度在哲学上的意义,是指"一定事物保持自己的质的稳定性的数量界限。度是质与量的统一。在这种界限内,量的增减不会改变事物的质。但是量变积累的结果,总要超出这种界限,于是发生质变,破坏原来的度而建立新的度,一事物就转化为他事物。掌握事物的度,既要注意决定事物质量的数量界限,又不能把事物的度绝对化。"把度与管理有机地结合起来,遵循管理活动涉及的有关因素的特点和规律,使管理达到有效或最佳效果的状态,就是我们所

讲的适度管理。适度管理,是管理工作科学化、有效性的重要途径,可以防止管理失误。管理上所指的适度,不是单纯适应管理者的度,也不是单纯适应被管理者的度,也不能一味强调适应环境的度。适度管理,是要有适合管理者、被管理者和管理环境这三者综合的度。

适度管理应该注意遵循下列一些基本原则:保持适中、追求最佳的原则;主观的度与客观的度相统一的原则;系统的度与要素的度相统一的原则;审时度势、随机制宜的原则;对管理的度作全过程控制的原则;辩证适度的原则。

把权变思想作为一个原理在理论上加以确立首先归功于权变理论学派的努力。这个学派不仅提出权变管理指导性思想,而且还提出了在管理中如何应用的具体方法。

2.3.4 效益原理

1)效益原理的概念

科学技术是第一生产力,这一思想已形成共识,并深入人心。作为"软科学"和"软技术"的管理科学与管理技术,是科学技术的有机组成部分,从这个推论的意义上说,管理当然也是一种生产力。管理还不是一种一般的生产力要素。在生产力的诸要素中,管理居于首要位置。没有管理,就没有现实的生产力。

一项管理活动的开展,都有一定的目的追求。有的管理是为了取得尽可能大的单位时间劳动产出,有的管理则是为了缩小组织成员间心理上的距离,融洽相互之间的感情,有的管理又可能是为创造更多的利润。因此,管理活动所追求的,就与平常人们经常用到的这三个记号有关:效率、效果、效益。效率说明的是投入与产出的关系。效果指人们或组织通过某种行为、力量、手段、方式或因素而产生的结果。效果与效率有联系又有区别。联系的一面,是指在目标正确的情况下,两者成正比关系,效率的提高,就会出现高效能。区别的一面,效果涉及的是管理的结果,而效率涉及的是活动的方式。仅有效率,而没使活动实现预定目标,这样的管理,没有抓住工作的关键所在。效益泛指效果和收益,或是说某种活动所要产生的有益效果及其所达到的程度。效益实现的基础是效果。效益有经济效益、社会效益等之分。

效益原理所指的效益和下面所讨论的效益主题,是指包括效率、效果和效益这三者在内的广义效益概念。有的管理是要出效率,有的管理则是为产生某种工作效果服务的,更多的管理则可能指向效益水平的提高。

2）效益的基本评价标准

管理是某一集体活动或某一组织提高成效（绩效）的需要。提出管理的效益原理，遵循下列原则。

①管理的目标是追求高效益。②组织或其活动的效益首先要通过提高管理水平去达成。③从事管理工作要不断考虑其有效性问题。④影响管理效益的因素可从诸多角度进行分析。⑤管理对效益的追求应是全方位的。

美国管理学者德鲁克指出："不论职位高低，凡是管理者，就必须力求有效。"管理者唯有对组织真正有所贡献，才算有效。美国学者普莱士在其《组织的有效性》一书中从企业组织的角度提出了五条评判原则：

①以最小的投入换取最大的有用效果产出。②企业员工士气高。③企业经营方针和具体政策的一致性，上下左右的协调性，领导者言行一致性。④企业迅速适应外界变化的能力。⑤企业与社会的关系。

而另一美国学者维赛尔则提出了有效管理的十条标志：

①能使人振奋。②能使人建立一种自尊心。③放手让下属去工作。④重视对下属的正确引导。⑤正确评价下属的过失。⑥富有创新精神。⑦给予好的报酬。⑧鼓励工作上的试验。⑨善于倾听别人的意见。⑩在组织中鼓励人才的出现。

德鲁克在他的《有效的管理者》一书则提出三个方面评价有效管理的认识。一是直接的成果。它是指管理者通过直接生产品的销售或者提供服务而获得的效果和效益。直接成果首先要考虑的是目标绩效。二是价值的实现。这是比对直接的成果追求体现出更高水平或更深层次的管理。组织文化、经营哲学、组织形象塑造、开发并向市场推出民众欢迎的产品、服务特色等，就是大价值意义上的管理追求。三是未来的发展。管理上对未来的发展追求，可能暂时放弃比较容易取得的目前效益收获，而着眼于战略性、长远性的、可持续的发展。正如德鲁克所说的："一个组织必须今天准备明天的接棒人……下一代人，应能以这一代辛苦经营成果为起点。因此，下一代的人是站在他们前辈的肩头，再开创新的高峰，以作为再下一代的基础。"着眼于未来发展的管理，"人们就会以依赖的眼光和态度趋之。百年老店（行、院、厂等）之所以经久不衰的秘诀，就在于潜心做好未来发展之准备的功夫上。"

对于一个优秀的管理者来说，其管理工作方方面面并不一再表现为有效性，在管理工作中难免会有这样、那样的失误。一个管理者首先应在管理的主要工作上尽可能做到有效。对于管理者来说，无效管理与有效管理是可以相互转化的。以往某些活动的有效管理是一定环境、条件下的产物,如果不注意对现今管理活动特性的把握,不注意对目前所要正确处理的管理问题制约因素的较完整和深入把握,抱着过去的有效管理做法不放,就可能犯经验主义的错误。要注意总结经验教训,不断地用心学习研究,无效管理或低效管理也可能变为有效管理。

2.4   旅游企业管理基本方法

2.4.1   一般方法

1)管理中的定性与定量分析方法

许多管理活动的开展是为了解决问题的需要。解决问题要从对问题的分析入手。管理分析中应用的诸多方法都可以从定性与定量角度加以归类。这两种或是说这两种结合起来应用的管理分析方法,在实际工作应用得极其普遍,对它们的选择与应用的效果如何又直接影响管理分析的质量。

(1)定性与定量分析方法并存运用的原因

管理中人们对分析对象的认识,是从把握该分析对象的质的依存性开始的。这种质的依存性是从管理者认识分析对象内在规律依存性开始。这种质的依存性是管理者认识分析对象内在规律性的起点。然而,任何质的依存性、规律性都表现为一定的量。量的分析是质的分析的延伸,而且在量的分析的基础上,又可以加深对质的认识。所以,要把握管理分析对象在内在规律,就必须在把握该分析对象质的规律性的基础上,深入研究它的量的规定性,即在定性分析的基础上进行定量分析。这两种分析方法的运用不可偏废。

管理中所讲的定性,是指文字描述分析对象的性质;定量,是指以数量表示所分析的事物将来可能发展的范围与性能,可能产生何种数值程度的影响。运用数量知识和方法,对管理现象及其发展趋势,以及与之相联系的各种因素进行计算、测量、推导、预见等,是定量分析方法。基本情况加判断,粗略统计加估计是定性分析方法。管理者的经验判断虽在两种方法中都有应用,但在前者不居主导地位,其分析结论主要是借助于现代数量知识和方法而得出;后者则不同,它更多地依赖分析者的经验和直觉,以经验判断为主。

（2）定量分析方法的特点与局限性

定量分析方法的主要特点有：

①抽象化。管理者在对分析对象进行数值推测时，可暂时把其具体性质和内容避开，运用经过抽象、概约了的数理概念、定理、公式、模型来描述和推导该分析对象的数量关系。

②相对严密性和精确性。因为定量分析方法是利用推理的形式来表示量的关系，由已知的量或"假定"的数量来求出未知的量的关系，也因为借助数量方法进行量的分析，不仅能阐明分析对象之间较简单的联系，而且能够用它来阐明分析对象较为复杂的辩证联系。

③普遍性。管理中大多数现象及其演变形式，都具有一定的数量关系，或通过一定的数量形式来表达，因此，定量分析方法原则上可应用于管理的大多数领域。

强调定量分析方法的作用，绝不是否定定性分析的重要性。进行定量分析，可使管理工作进一步科学化，却不能完全替代定性分析方法的作用；同时，还应该看到定量分析有它运用上的局限性。具体表现在以下几个方面。

①影响任何一个管理活动的因素都是复杂的，但在运用定量分析方法时，为了求解和理解上的方便，不可能对分析对象所涉及的每一情况及其变化情况全都详细描述，通常是缩减许多客观存在的变量数目。

②管理实践中多是运用线性模型或变通的线性模型来求解，实际上影响管理活动的各个变量之间的关系大多是非线性的。这样定量分析得出的结果也只能是近似的。

③进行定量分析，有时不可避免地要作一些假设，以此作出的分析所反映的管理活动的精确度难免有一定的局限。

2）行政方法

（1）行政方法的含义与必要性

行政方法是指管理主体依托行政系统和层次，运用职位权力，通过命令、指示、决议、规章制度等手段，直接组织、指挥和调节下属工作的管理方法。管理是要以一定的权威和服从作保证的。行政方法对于任何一种管理活动来说，都是必要的。而在其位，才能谋其政，行政方法的实质是通过履行职位的权力进行管理。

（2）行政方法的特点

①权威性。行政方法是依靠管理机关和管理者个人的权威起作用，作为管

理者不能仅仅凭借职位权力,还要努力提高个人的品质和才能增强管理权威。

②强制性。上级颁布的指示、制度、条例、规定标准、办法等对下级具有不同程度的强制性,强制性保证上级的意图得到下级的贯彻执行。

③垂直性。行政方法是凭组织中的上级的权威和下级的服从来实施管理,决定了这种方法只能在垂直隶属的管理关系上发挥作用。自上而下下达指示、命令、通知,自下而上请示、报告。

④具体性。行政方法比较具体,上级管理者可根据管理所处理的问题、管理的对象和管理的实际环境等具体情况,灵活地选择行政方法的具体形式以达到一定的管理目的和要求。

(3)行政方法的正确运用

增强行政方法运用上的科学性和合理性,应注意满足以下几点要求:

①尊重客观规律,减少和避免主观唯心主义。

②充分发扬民主,坚持从群众中来到群众中去的工作作风,减少和避免因官僚问题导致的管理失误。

③不可单纯运用行政方法从事管理,应依据管理对象的性质和特点,把行政方法与其他方法结合起来使用。

④努力提高业务素质,提高运用这种"人治"管理方法的管理技巧。

3)经济方法

(1)经济方法的实质

经济方法是指根据客观经济规律的要求,运用经济手段来调节有关方面的经济利益关系,以达成管理目标实现的方法。经济手段主要有价值、税收、信贷、利润、工资、奖金、罚款等。经济方法的核心是经济利益问题。用经济利益作为内在动力与外在压力,推动被管理系统去做什么,怎么做,最大限度地调动他们的积极性、主动性、创造性和责任感,这就是管理的经济方法的实质。

(2)经济方法的特点

①利益性。对经济利益的追求是人们进行各种社会实践的主要推动力,这是经济方法最根本的特性。

②间接性。经济方法是通过经济利益进而影响组织和个人的行为,而不是直接干预和控制组织和个人的行为。

③灵活性。经济方法的灵活性主要表现在两个方面,一是针对不同的管理对象采取不同的管理手段;二是对于同一管理对象,区别不同情况,可择取不同

的经济手段进行经济关系的调控。

（3）正确运用经济方法应注意的问题

运用经济手段，要努力把握客观实际，综合运用各种经济手段，并注意与其他管理方法结合使用，科学确定经济方法应用的范围和力度。

4）法律方法

（1）法律方法的特点

法律方法是国家及其所属的各级机构、各个管理系统以法律规范以及具有法律规范性质的条例、规则等，通过司法、仲裁工作，规范和监督社会组织及其成员的行为，以促进社会发展的管理方法。

（2）法律方法的作用

运用法律方法能对组织和个人的行为起指导、约束、调整的作用。法律方法是管理活动的必需方法。作为管理者，要善于懂法、用法，就必须了解法律方法的主要作用，其作用主要体现在：

①使管理工作纳入规范化、制度化的轨道。管理法制化，组织和个人的活动行为有法可依，有章可循，这样就可促使管理系统"自组织"地进行运转，既有利于管理上投入的节约，又可提高管理效率。运用法律方法可保证组织系统必要的管理秩序。

②调节社会关系。法律规范是具有普遍约束力的一般性行为规范，所以，法律方法最宜用来调节具有共性的、一般意义上的社会关系。

③影响人们思想。法律方法的运用，不仅可产生规范行为的作用，而且具有影响思想的作用。

5）教育方法

（1）教育方法的特性

教育方法是通过在对被管理者的思想和行为了解和分析的基础上进行启发觉悟、说服教育，让其明白道理，提高认识，调动工作热情，自觉地按管理者的愿望和要求行动起来的一种主要解决思想认识问题的管理方法。

教育方法的特性主要表现在：

①启发性。这种方法主要通过宣传、诱导、启发等方式来提高人们的思想觉悟和认识，促使人们自觉地与一定的管理要求保持思想认识上的趋同、一致，引导生成、出现管理者所企盼的行为。它的效果的取得不是靠权力强制、物质刺激

取得的。

②长期性。多数思想认识问题不是一朝一夕就能解决的,思想观念的确立更是需要一个较长的教育工作过程,这两个方面的工作也不会是一劳永逸的。教育要做到深入、细致,还要经常化。

③灵活性。使用该方法没有统一的模式。教育方法形式多样,可不拘一格,不守常规,因己、因人、因事、因地、因时而灵活采用,形式的选择、运用讲求的是目的的达成,要力求做到教育内容上的合法性、合理性与教育形式上的合情性、艺术性的高度结合。

(2)教育方法的主要形式

大众传播、组织传授、"灌输"、诱导、讨论、对话、说理、批评与自我批评、谈心、家访、工作竞赛、典型示范、感化教育、形象教育、对象教育、预防教育、养成教育等。

2.4.2 管理艺术

所谓管理艺术,是管理者在管理工作中根据自己的知识、经验、智慧和直觉随机应变、恰当有效地处理问题的技巧与能力。它不单纯取决于管理者对所从事工作的热爱,而是管理者的素质、能力在方法技巧上的体现,是他们的学识、智慧、才干、胆略、经验的综合反映。管理艺术有如下主要特点:

1)随机性

这是管理艺术的最重要的特征。管理工作的头绪多、事情杂、范围广,情境条件有诸多不同。因人、因事、因时、因地而异,凭经验直觉地发现问题、梳理问题和解决问题,就是我们所讲的随机性的含义。管理艺术的随机性充分体现了管理者处理问题尤其是非常规管理问题所具有的圆通、应变能力。有效的管理艺术,是有机地将原则性与随机性统一起来,在原则的基础上随机,在随机灵活处理问题时不丧失和背离原则。

2)经验性

经验性不是相对于知识性而言的,而是相对理论性而言的。管理经验的丰富与否与所从事的工作的时间长短有关,也与管理者能否善于总结、提炼、吸取有关,留心者得道也。管理经验不是管理艺术,管理艺术是由管理经验提炼、升华而成的。管理者生活和工作经历越丰富,可资用于一定管理实践借鉴的经验就越多,管理有方、管理"奇迹"出现的频率就越高。那些具有某些方面高超、绝妙的管理艺术的管理者,都有着丰富的工作生活经历、经验。

3) 主观能动性

管理艺术的管理者以他个人的素质为基础创造性地解决问题的结果,与此同时也形成了他个人的管理风格。管理者的管理艺术运用要达成好的效果,这要求他:一是必须建立在对人的思想活动规律、情感活动规律与行为活动规律深刻了解的基础上。无从"知",就难以行,更谈不上入管理艺术之道。二是不因循守旧,不墨守成规,力求思维灵捷,思维面广,风格独特,富有想象力和创造性。

4) 情感性

管理作为一种社会实践,同样要有注入感情的因素。人际关系学说之所以能弥补古典管理理论的不足,其中有一个重要的结论,即提出了新型领导能力的见解。这种领导能力要求能够区分事实与感情,能够在理性的逻辑与非逻辑的感情之间取得平衡。管理要依法、依理,还要依情。体现管理艺术的管理作为中,都是管理者丰富感情的投入。管理者以情动人,产生强大的感染人、吸引人的魅力,而被管理者从中引起感情的共鸣。艺术性地进行管理,往往能使被管理者由衷地接受、服从与配合。

管理是科学还是艺术,还一直是人们争论的话题。管理工作,如同医学、作曲、工程设计、会计工作甚至棒球运动等实践活动一样,是一门艺术。管理是"技巧",即依据实际情况而行事。运用条理有序的管理学知识,管理人员会把管理工作完成得更好。而也正是这种知识构成了科学。因此,管理实践是一门艺术,而指导这种实践活动的有条理的知识,可以称之为一门科学。在这一点上,科学和艺术不是相互排斥而是相互补充的。

就像生理学和生物学等学科的发展一样,艺术也应当发展。不错,指导管理的科学理论相当粗糙,不够精确。这是因为管理人员要处理的许多变量是极其复杂的。可是现有的管理知识肯定能够改进管理工作。医生如果不掌握科学,几乎跟巫医一样。高级管理人员如果不具备管理科学知识也只能是碰运气、凭直觉或照老经验行事而已。

本章小结

　　本章首先分析介绍了管理的各种定义,并在综合了各种定义的基础上采用了美国管理学家斯蒂芬·P·罗宾斯对管理所做的定义,同时结合旅游企业的特点总结了旅游企业管理目的的特点。其次是分析了旅游企业管理同其他组织的管理一样具有的计划、组织、领导和控制这四个基本职能。然后对管理的系统原理、人本原理、效益原理和权变原理进行了阐述。最后介绍了一般管理方法和管理艺术。

实践训练

　　搜集一家旅游企业(景区、旅行社、饭店等)的员工手册或其他管理规章制度,分析其体现了哪些基本的管理思想、管理原理和管理方法。

本章自测

　　1.选择题
　　(1)被称为"科学管理之父"的是(　　　　)。
　　　　A.法约尔　　　　　　　　　　B.泰勒
　　　　C.梅奥　　　　　　　　　　　D.孔茨
　　(2)管理的二重性指的是(　　　　)。
　　　　A.管理的自然属性　　　　　　B.管理的社会属性
　　　　C.管理的科学性　　　　　　　D.管理的广泛性
　　(3)管理的权变原理的主要内容有(　　　　)等几项。
　　　　A.灵活适应　　　　　　　　　B.注意反馈
　　　　C.弹性观点　　　　　　　　　D.适度管理
　　(4)管理的基本职能有(　　　　)。
　　　　A.计划　　　　　　　　　　　B.组织
　　　　C.领导　　　　　　　　　　　D.控制

2. 判断题,正确的打"√",错误的打"×"。

(1)人本原理讲求、解决的核心问题是经济利益问题。　　　　(　　)

(2)权变原理就是指管理者的权力要经常变化,不能一成不变。(　　)

(3)效益原理所指的效益,是指包括效率、效果和效益这三者在内的广义效益概念。　　　　　　　　　　　　　　　　　　　　　　　(　　)

3. 简答题

(1)简述旅游企业管理的自然属性和社会属性。

(2)运用人本原理应树立哪些正确的认识?

相关链接

霍桑实验

20世纪20年代,位于美国芝加哥城郊外的西方电器公司的霍桑工厂,是一家制造电话机的专用工厂,它设备完善、福利优越,具有良好的娱乐设施、医疗制度和养老金制度。但是工人仍然愤愤不平,生产效率也很不理想。为此,1924年美国科学院组织了一个包括各方面专家在内的研究小组,对该厂的工作条件和生产效率的关系,进行考察和实验,就此拉开了著名的霍桑实验的序幕。

霍桑实验是指1924年至1936年在美国西方电气公司所属霍桑工厂进行的一连串实验。

这次著名的研究活动可以分为两个大的阶段:

第一阶段是从1924年11月至1927年5月,主要是在美国国家科学委员会赞助下进行。

第二阶段是从1927年至1932年,主要是在美国哈佛大学教授梅奥的主持下进行的。

整个实验前后共分四个阶段。

(1)照明实验(1924年11月—1927年4月):劳动绩效与照明无关。

这项实验在霍桑工厂前后共进行了两年半的时间。实验是在挑选来的两组绕线工人中间进行的,一组是实验组,另一组是参照组。在实验过程中实验组不断地增加照明的强度,例如,将实验组的照明度从14、26、46、76烛光逐渐递增,而参照组的照明度始终保持不变。研究者企图想通过实验知道照明强度的变化对生产的影响,但是实验的结果是两组的产量都在不断提高。后来,他们又采取了相反的措施,逐渐降低实验组的照明强度,还把两名实验组的女工安排在单独的房间里劳动,使照明度一再降低,从 0.3 降到 0.06 烛光,几乎和月亮光差不多的程度,这时候,也只有在这时候,产量才开始下降。

研究人员在这次实验结束时的报告说:"这次实验的结果是两组的产量均大大增加,而且增加量几乎相等,两个组的效率也几乎没有多大差异,纵然有某些微小差异,也属在许可误差范围之内。因此,仍然不能确定改善照明对于工作积极性的影响。"照明度影响生产的假设被否定了。

研究人员还从工作报酬(集体工资和个人计件工资)、休息时间、工作日和工作周的长短等方面进行了实验,实验结果表明,这些条件的变化与生产效率之间并不存在明确的因果关系。研究人员感到毫无意义,并纷纷退出实验小组。霍桑实验陷入了困境。1927 年,梅奥率领的哈佛实验小组连同电器公司的人员成立了一个新的研究小组,开始了霍桑实验里程中更为艰辛的跋涉。霍桑实验的第二阶段从此开始。

(2)福利实验(1927—1932):人际关系是比福利措施更重要的因素。

这项实验又称实验室实验,实验共进行了几次,其中有一次是在继电器装置实验室进行的。

梅奥等人挑选了 5 名装配工和 1 名画线工,让他们在同其他工人隔离的控制条件下工作。实验过程中逐步增加一些福利措施,如缩短工作日、安排工间休息、调节工场温度、免费供应茶点等,结果产量提高了。两个月后,他们取消了这些福利措施,发现产量不仅没有下降,反而继续上升,可见增加福利措施对生产效率并无直接影响。原因究竟是什么?研究人员进一步调查了解后发现,原来是实验时管理人员对工人态度较和蔼,工人之间的关系比较融洽,工人能在友好、轻松的气氛中工作,从而激发了劳动热情。他们由此得出结论,在调动积极性、提高产量方面,人际关系是比福利措施更重要的因素。

(3)访谈实验(1928—1931):工作绩效与在组织中的身份和地位、人际关系有关。

这项实验又称谈话实验。在两年多的时间里,梅奥等人组织了大规模的态度调查,在职工中谈话人数达两万人次以上。在访问的过程中,访问者起初提出的问题,大都是一些"直接问题",例如工厂的督导工作及工作环境等方面的问题。虽然访问者事先声明,将严格保守秘密,请工人放心,可是受访者在回答问题时,仍然遮遮掩掩,存有戒心,怕厂方知道,自己受到报复,谈话总是陈腔客套,无关痛痒。后来改用了"非直接问题",让受访者自行选择适当的话题,这样职工在谈话中,反而无所顾忌了。结果在这次大规模的访问中,搜集了有关工人态度的大量资料,经过研究分析,了解到工人的工作绩效与他们在组织中的身份和地位以及与其他同事的关系有密切联系。

同时,这次大规模的实验,还收到了一个意想不到的效果,就是在这次谈话实验以后,工厂的产量出现了大幅度的提高。经研究者的分析认为,这是由于工人长期以来对工厂的各项管理方法有许多不满意,但无处发泄,这次实验,工人无话不谈,发泄了心中的怨气,由此而感到高兴,因而使产量大幅度上升。

(4)观察研究(1931—1932):"非正式群体"。

为了观察社会因素对工人行为的影响,研究人员进行了霍桑实验的最后一项实验,即继电器绕线组观察室实验。这项实验又称为群体实验。试验者为了系统地观察在群体中人们之间的相互影响,在车间里挑选了14名男工,其中有9名绕线工、3名焊接工和2名检验员,在一个专门的单独房间里工作。

实验开始,研究者向工人说明:他们可以尽量卖力工作,报酬实行个人计件工资制。研究者原以为,这套奖励办法会使职工努力工作。但是结果出人意料,产量只保持在中等水平上,工人绝不愿因超额而成为"快手"或因完不成定额而成为"慢手"。当达到定额产量时,他们就自动地松懈下来,因而小组的产量总是维持在一定的水平上。原因何在?研究小组经过考察发现,组内存在一种默契,由此形成制约着每个人的生产任务完成情况的压力。当有人超过定额产量时,旁人就给他暗示:谁要是有意超过定额,便会受到冷遇、讽刺和打击,小组的压力就会指向他。那么工人为什么要自限产量?进一步调查发现,之所以维持中等水平产量,是担心产量提高了,管理当局会提高定额标准,改变现行奖励制度或裁减人员,使部分工人失业或会使干得慢的伙伴受到惩罚。这一实验表明,工人为了维护班组内部的团结,可以抵御物质利益的引诱。梅奥由此提出"非正式群体"的概念,认为在正式组织中存在着自发形成的非正式群体,这种群体有自己的特殊规范,对人们的行为起着调节和控制作用。

霍桑实验的重大贡献在于:①它不同意泰勒把人只看成"会说话的机器"或人的活动只是受金钱的驱使,霍桑实验认为人是"社会人"。②它发现并证实了"非正式组织"的存在,这种"非正式组织"有其特殊的行为规范、感情倾向,控制着每个成员的行为,甚至影响整个正式组织的活动。③提出了著名的人际关系学说理论。霍桑实验所取得的一系列成果,经梅奥归纳、总结、整理,于1933年正式发表,即《工业文明中人的问题》。

(资料来源:http://www.chinavalue.net.)

第3章
旅游企业计划管理

【学习目标】

【知识目标】 掌握旅游企业计划的定义,熟悉旅游企业计划的类型,了解旅游企业计划指标体系和旅游企业计划体系。

【能力目标】 能够制订旅游企业某项具体经营或管理活动的计划书。

【关键概念】

计划 计划管理 计划工作 计划指标 计划体系 计划的制订 计划制订的方法及评估

问题导入:

对于旅游企业而言,计划工作是企业管理必不可少的工作之一。由于旅游企业经营活动有其自身的独特性。因此旅游企业计划管理必须根据旅游企业经营方针和自身条件的要求,在科学预测的基础上确定旅游企业计划期内经营管理的任务、目标并制定出实现措施,以取得旅游企业最佳效益。

某旅游景区开发建设基本完成,符合接待游人的各项要求。但是由于是新景区,知名度较低。再有两个月黄金周就要到了,景区希望利用这个黄金周来增加游客数量,提高知名度,并取得一定的经济效益。

问题:如果你是这个景区的主要负责人,为了实现上述目标,你需要做的工作是什么?

3.1 旅游企业计划管理概述

我国目前正处于社会、经济、技术快速发展变化的时期。这种快速发展变化既带来了机会,也带来了风险。计划工作的目的就是在利用计划功能的同时尽可能将风险降到最低。

3.1.1 旅游企业计划的定义

1)计划的含义

计划是管理的首要职能,计划有广义和狭义之分:狭义的计划是指制订计划,也就是根据实际情况,通过科学的预测,权衡客观的需求和主观的可能,提出在未来一段时期内要达到的具体目标,以及实现目标的途径。旅游企业计划是指旅游企业以市场调查为依据,通过科学的预测,权衡客观的需求和主观的可能,提出在未来一段时期内旅游企业要达到的具体目标,以及实现目标的途径。广义的计划是一个更为宽泛的概念,它包括编制计划、执行计划和检查计划三个紧密相连的过程。

①编制计划。这是计划工作的首要环节。旅游企业在编制计划时,要进行科学的调查和预测,了解事物的历史、现状和未来,使企业的外部环境、内部条件和经营目标相互适应,编制一个切合实际、积极稳妥的计划。

②执行计划。就是旅游企业根据已经制订的计划,进行科学组织、合理安排,充分挖掘企业内部、外部潜力,有效地使用人力、物力和财力等各种资源,实现企业的组织目标。

③检查计划。就是跟踪计划的实施过程,了解计划执行的现状,并进行客观的记录和统计,找出现状和计划之间的偏差以及这些偏差产生的原因,及时采取纠正措施,使旅游企业的经营活动按原定的计划实施。

计划工作是指旅游企业根据实际情况,预测未来、设立目标、制定政策、选择方案的连续程序,以期能够经济地使用现有的资源,有效地把握未来的发展,以获得最大的组织成效。

2)计划工作的内容

计划工作的内容常用"5W1H"来表示

①做什么（What to do）。要明确旅游企业的战略、目标以及行动计划的具体任务和要求，明确一个时期的中心任务和工作重点。例如，企业在未来5年要达到什么样的战略目标？企业年度计划的任务主要是确定经营哪些产品？数量多少？合理安排经营投入和产出的数量及进度，在保证按期、按质和按量完成的前提下，使得旅游企业的能力得到尽可能充分的利用。

②为什么做（Why to do it）。即明确计划工作的宗旨、目标，并论证其可行性。只有把"要我做"变为"我要做"，才能充分发挥下属的主动性和创造性，实现预期的目标。

③何时做（When to do it）。规定计划中各项工作的开始和完成时间，以便进行有效的控制并对能力及资源进行平衡。

④何地做（Where to do it）。规定计划的实施地点或场所，了解计划实施的环境条件和限制条件，以便合理地安排计划实施的空间。

⑤谁去做（Who to do it）。计划不仅要明确规定目标、任务、地点和进度，还应规定由哪个部门、哪个人负责。例如，开发一种新产品，要经过产品设计、小批试销和正式经销几个阶段。在计划中要明确规定每个阶段由哪个部门、哪个人负主要责任，哪些部门协助，各阶段的接口处由哪些部门和哪些人员参加鉴定和审核等。

⑥怎么做（How to do it）。制定实现计划的措施以及相应的政策和规则，对资源进行合理配置，对各种派生计划进行综合平衡等。

实际上，一个完整的计划还应包括控制标准和考核指标的制定，也就是告诉实施计划的部门和人员，做成什么样，达到什么标准才算完成计划。

3）计划工作的性质

计划工作的性质可以概括为四个主要方面，即目的性、首位性、普遍性和效率性。

（1）目的性

任何组织或个人制订计划都是为了有效地达到某种目标。在计划工作的最初阶段，制定具体、明确的目标是其首要任务，其后的所有工作都是围绕目标进行的。计划工作要使今后的行动集中于目标，要预测并确定哪些行动有利于达到目标，哪些行动不利于达到目标或与目标无关，从而指导今后的行动朝着目标的方向迈进。可以说，没有计划的行动或多或少是一种盲目的行动。

（2）首位性

计划工作在管理职能中处于首要地位。把计划工作摆在首位的原因：一是从管理过程的角度来看,计划工作要先于其他管理职能,而且在某些场合下,计划职能是唯一需要完成的管理工作。计划工作的最终结果可能导致一种结论,即没有必要采取进一步的行动。二是管理过程中的其他职能都是为了支持、保证目标的实现。

（3）普遍性

虽然计划工作的特点和范围因管理者职权的大小而有所不同,但它却是各级管理人员的一个共同职能。无论是高层主管,还是基层管理人员都要从事计划工作。当然,高层管理人员主要负责制订战略性的计划,而那些具体的作业计划由下级完成。

（4）效率性

计划工作要追求效率。所谓计划的效率,是指实现目标所获得的利益与执行计划过程中所有消耗之和的比率。换句话说,计划效率是指制订计划与执行计划时所有的产出与所有的投入之比。如果一个计划能够达到目标,但它需要的代价太大,这个计划的效率就很低,因此不是一份好的计划。在制订计划时,要时时考虑计划的效率,不但要考虑经济方面的利益和耗损,还要考虑非经济方面的利益和耗损。

4）计划工作的重要性

计划工作的重要性主要体现在以下几个方面。

（1）指明方向,协调活动

未来的不确定性和环境的变化使管理活动犹如在大海上航行,应明确现在的位置和处境,时刻把注意力集中在正确的航向上。良好的计划可以明确组织目标,通过科学的计划体系使组织各部门的工作能统一协调、有条不紊地展开,使主管人员能超脱于日常事务,集中精力关注于对未来的不确定性和变化的把握上。

（2）预测变化,减少冲击

计划是面向未来的,而未来是处于变化之中的,无论是旅游企业生存的环境还是旅游企业自身都具有一定的不确定性。而计划工作可以通过科学的预测,尽可能地变“意料之外的变化”为“意料之内的变化”,同时制定相应的补救措施,并在需要的时候对计划做出必要的修正,变被动为主动,变不利为有利,减少变化带来的冲击。

(3)减少重复和浪费

计划工作的一项重要任务就是使未来的组织活动均衡发展。预先对此进行认真的研究，能够消除不必要的重复活动所带来的浪费，能够避免在今后的活动中由于缺乏依据而进行轻率判断所造成的损失。计划工作还有助于用最短的时间完成工作，减少迟滞和等待的时间，减少盲目性所造成的损失，促使各项工作能够均衡、稳定地发展。

(4)有利于有效地进行控制

计划的实现需要控制活动给以保证，而计划则是控制的基础，控制中几乎所有的标准都源于计划。如果没有既定的目标和规划作为衡量活动的尺度，管理人员就无法检查评价目标的实现情况，也就无法实施控制。计划职能与控制职能具有不可分割性。

3.1.2 旅游企业计划的类型

按照不同的分类标准可以把旅游企业计划分为不同的类型，常见的分类方法有以下几种。

1)按计划的时间跨度分类

按计划的时间跨度分为长期计划(规划)、中期计划(规划)和短期计划。

①长期计划(规划)，一般为五年以上的总体规划和设想。这是一个综合性的发展纲要，反映旅游企业发展的总方向、增长水平，绘制了旅游企业长期发展的蓝图。长期计划为人们树立了一个奋斗目标，使人们的眼光不被限制在眼前，同时可以避免发展的盲目性。长期计划具有领航员的作用，是确定旅游企业发展趋势和目标的工具。

②中期计划(规划)，一年以上五年以内的规划称为中期计划(规划)。它来自于长期规划，但比长期规划更加详细，是长期规划的进一步具体化。同时中期计划也是短期计划的依据，其主要目的是协调长期规划和短期计划之间的关系。旅游企业中期计划(规划)要根据社会经济的发展水平和要求，具体确定旅游企业发展水平、规模和速度，确定旅游企业的改进，新产品、新项目的建立，旅游人才的培养等，并制订实施计划(规划)的重大措施。

③短期计划，时间在一年或一年以内的计划。在旅游企业的计划体系中，短期计划是最接近实施的计划。短期计划对中期计划(规划)起着反馈作用，它的执行情况可以为修订中期计划(规划)提供依据。短期计划的内容更加具体，要

求根据新情况解决中期计划(规划)不能解决的新问题。

长、中、短期计划(规划)虽然各不相同,但又是相互联系、缺一不可的。它们相互衔接起来,组成一个完整的计划体系,保证各种计划的协调一致性和连续性。

2)按计划的层次分类

按计划的层次分为战略计划和行为计划。

(1)战略计划

战略计划是确定旅游企业未来发展方向的计划,时间跨度较长,内容比较综合,影响比较大。一般具有以下特征:一是突出旅游企业本身的资源和技术与外界环境相结合,要将现实机会的利用与潜在危险的预防相结合;二是整个计划过程由组织的最高层直接领导和控制;三是具有长期性;四是着重于总体的概括性的谋划。战略计划涉及的内容包括四个基本方面:一是战略范围,规定旅游企业的活动领域及达到的目标;二是资源部署,阐明旅游企业的资源及其配置方案;三是由旅游企业的战略范围和资源配置所带来的竞争优势;四是最佳协同作用,即在规定的战略范围内,使资源配置和竞争优势达到最佳的协调,发挥最佳的协同作用。

(2)行为计划

行为计划是根据战略计划制订的执行性计划,用来指导管理者逐步而又系统地实施战略计划规定的任务,计划的内容比较具体,计划的时间跨度较短,影响程度不及战略性计划深远。它包括策略计划和单项计划两个部分。策略计划是实现战略计划的手段,一般由中层管理人员制订,时间跨度较短也较为具体。单项计划是针对某一特定行动的方案。

3)按计划的范围分类

按计划的范围分为国家旅游业发展规划、区域性的旅游业规划和旅游企业发展计划。

①国家旅游业发展规划是国民经济规划的组成部分。国家旅游业发展规划要对全国的旅游事业做统筹安排,如旅游业接待力的增长,投资规模及项目,全国的总接待数量,外汇收取额及在各地区间的分配等。国家旅游业规划由国家旅游局负责编制。

②区域性旅游发展规划是区域经济发展规划的一个组成部分。是在国家旅

游业发展规划的统一指导下,考虑区域经济的发展状况,筹划本地区旅游业的发展规模和速度,确定本地区旅游资源的开发和旅游设施的建设等。区域性旅游发展规划由地方旅游局或旅游公司负责编制。

③旅游企业计划,是旅游企业根据自身和市场的变化,编制和安排本企业生产经营活动的计划。它确定企业及其所属各部门、各单位生产经营活动的目标及内容,是企业生产经营活动的依据。依据计划,企业可以合理分配人、财、物、信息等资源,有效协调旅游企业内外各方面的关系,从而取得良好的效益。国家和地方性的旅游发展规划的实现最终都要落实到旅游企业计划的实现上来。

3.1.3　旅游企业计划体系及指标体系

1)指标及指标体系

旅游企业实行计划管理首先要有计划,而企业计划的框架是计划指标。计划指标、指标说明、完成指标的途径构成企业计划的主要内容。计划指标就是旅游企业在计划期内用数值来表示的经营、接待、供应、效益等方面要达到的目标和水平。旅游企业计划指标要有概念、明确的指标名称、指标数量、规范化的计量单位。计划指标确定后才能着手制订计划。

旅游企业的计划指标应根据企业计划管理的需要形成系列,每一项计划指标都反映了企业某一方面的目标和情况,在管理中有其独特的作用。但每一项指标都有其各自的局限性,都不可能综合反映企业的经营业务情况,因此制订企业的计划指标要根据管理的需要和企业的实际情况形成必要的一系列指标。这些指标相互联系、相互补充,组成旅游企业计划指标体系。只有一个完整的指标体系,才能正确而全面地反映企业的经营业务情况。如以营业收入为例,营业收入只反映了企业收入的情况,并未反映效益情况,但加上成本、费用、利润、税金指标后,就能较客观地反映出企业经济效益情况。而若要全面反映经济效益情况,还须加上资金占用、固定资产情况如客房数、餐位数等指标。如还要反映在这些情况下的社会效益,则还要加服务质量指标。可见要真正反映企业经营水平、经营业务情况,就应借助于一系列互相联系的指标,即旅游企业计划指标体系。管理人员正是从这一系列指标中了解企业经营业务情况,对业务情况作出评估,并对未来作出判断。

企业指标体系有横向联系的指标,如接待人数、营业额、能耗、费用等;也有纵向联系的指标,这主要是不同层次的各项指标,每一层次的指标又是上一级指标的组成部分。这一系列的指标形成了一个完整的系统。

企业计划管理不可能把所有具体指标都统管起来,但必须确定并完成关系到企业全局的主要计划指标。企业的体制、规模、管理风格等不同,对计划指标的要求也不完全一样。以旅游饭店为例,根据国家旅游局有关指标的规定和我国饭店管理中的实际需要,旅游饭店计划指标主要有以下一些方面:

(1)客房或床位数

客房或床位数是表示饭店接待能力的最基本的指标,是其他各项指标的基础。客房或床位数指标对具体饭店来说,往往只取其一项,或客房数,或床位数。这是根据各饭店不同的销售方式而定的。同时,饭店还要核定不同等级的客房或床位数。

(2)客房或床位出租率

客房或床位出租率是表示饭店接待能力利用状况的指标。其公式为:

$$客房或床位出租率 = \frac{实际出租客房或床位总数}{可供出租客房或床位总数}$$

其中可供出租总数是由饭店核定的,实际出租客房或床位总数对计划期来说是个预测数,对报告期来说是实际的统计数。

客房或床位出租率直接影响到饭店的经济效益,因此饭店对这一指标要时时注意,要每天、每月、每个业务季、每年都进行统计,以此来有效地掌握客房出租情况,及时了解饭店业务运转状况的信息,为饭店经营提供市场情况。

(3)接待人数

饭店经营的直接成果是饭店的接待人数。接待人数有两个指标:一个是住宿人数,也即通常所说的人次数,一名宾客不管在饭店连续住宿几天都只算一个人次数;另一个是人天数(也称人过夜数)。一个宾客在饭店住宿一天称一个人天数。饭店要考核的指标是人天总数。根据我国饭店行业规定,宾客住一宿后如果占用客房至当天午后12时以后,那么加算半个人天数,如果占用客房至当天午后18点以后,则加算一个人天数。在这种情况下,如果宾客不再过夜而离店,该客房在当晚又可出租,那么一个客房在一天里实际上实现了一个以上的人天数。这种情形称作套用客房,在指标统计时要照实计算在内。

(4)营业收入

营业收入是以货币表现的饭店在营业中提供的服务和商品的交换价值的总和。饭店营业收入是反映饭店经营效果的价值指标。这一指标要求用两方面的测算来确定:一是以报告年的指标为基础,计划年增长若干百分点的办法测定;一是由饭店各种营业收入汇合而成,即先测算出各部门各种营业收入,再把这些营业收入汇总,测定饭店营业收入。饭店在测定营业收入指标时,还要测定营业收入中外汇收入指标。

饭店收入中除了营业收入外还有营业外收入。营业外收入是饭店提供非经营性劳务和商品的收入,如设备物品折价处理、罚金收入等。饭店营业外收入一般不应列入指标内。饭店的营业收入和营业外收入合起来称作饭店总收入。

(5)饭店营业成本和费用

饭店营业成本指饭店在营业过程中所发生的各种支出的总和。由于对饭店认识上的原因和实际核算的需要,饭店把营业过程中所发生的各种开支分为两大部分,一部分直接成本称为营业成本,一部分间接成本称为费用。饭店在确定营业收入的前提下,必须确定营业成本和费用指标。

饭店在确定营业成本和费用指标时,也要求由两方面的测算来确定:一是以报告年的营业成本率和费用率为基础,根据计划年的相关因素测算出计划年的营业成本和费用;一是先测算出各部门的营业成本和费用,把各部门的成本和费用汇总后,再加入饭店及各部门的企业管理费,形成饭店总的营业成本和费用指标。

有的饭店在确定该项指标时,把该指标列为营业成本、费用、企业管理费三项分指标,这样就比较清楚合理。

(6)利润和税金

利润是考核饭店经营活动质量的一个综合性指标,它较集中地反映了饭店的经济效益。税金是饭店劳动者创造的提供给社会支配的那部分劳动价值。税金表现了饭店对国家贡献的大小和所承担的社会经济责任。

饭店核定利润指标,主要要核定各经营部门的部门利润指标,各部门经营利润的汇总形成饭店利润指标。在核定各部门利润指标时,还要核定各部门的毛利率、毛利额、利润率、利润额。利润率又包括营业额利润率和资金利润率指标。饭店在核定利润指标时,也要以报告年的利润率和利润额为基数,测定计划年的利润率和利润额。

饭店核定税金指标,要根据国家规定饭店应课的税种税率,根据饭店其他与税金有关的各项经济指标进行测算。只有在核定税金指标以后,才能确定饭店的利润、税后利润指标。

(7)人均消费额

饭店人均消费额是指宾客在饭店一个人次数的平均消费总额:

$$人均消费额 = \frac{饭店营业收入总额}{接待人次数}$$

饭店人均消费额对饭店增加收益具有重要意义,饭店应努力提高人均消费额。由于物价指数的提高和消费水平的提高,饭店也应不断提高人均消费额。因此,饭店还要确定计划期比报告期人均消费额的增长率。

(8)职工人数、工资总额、劳动生产率

饭店职工人数对饭店的服务质量、新价值的创造、劳动效率、费用支出都具有重要意义。职工人数是指由饭店支付工资的人员数,包括固定工、合同工、临时职工、计划外用工等。饭店应对各部门的职工人数进行计划核定。

饭店工资总额表现了饭店活劳动消耗的水平。工资总额指饭店在一定时间内(通常按月、年计)以货币形式支付给全体职工的劳动报酬总额,包括计时工资、计件工资、基本工资、职务工资、各种奖金、各种津贴、加班工资等。以上报酬及其他根据国家法令政策规定支付的工资和津贴,不论是由工资科目开支的还是工资科目以外其他各项经费科目开支的,均应计入工资总额内。

饭店的劳动生产率指全员的劳动生产率。劳动生产率反映了饭店劳动效率的状况。这一指标除了劳动生产率外,还包括饭店人均创汇和人均创利。

$$饭店劳动生产率 = \frac{计划期营业收入总额}{饭店职工人数}$$

$$饭店人均创利 = \frac{计划期利润总额}{饭店职工人数}$$

$$饭店人均创汇 = \frac{计划期创汇总额}{饭店职工人数}$$

(9)基建改造投资额

基建改造投资额是指饭店在计划期进行基本建设或对固定资产进行更新改造所需投资的金额。这一指标要根据饭店决策确定的基建项目或改造项目来确定投资额、资金来源、资金使用计划以及效益分析与预测等。

(10)饭店服务质量

保证和提高服务质量是饭店的中心工作。服务质量管理要有目标和措施,这就要制订服务质量计划。饭店各部门所提供的服务是不同的,饭店服务质量又是由各部门的服务质量来体现的,因此,饭店服务质量指标应由各部门根据自身的业务特点而自行制订,饭店只从总体上提出质量标准、质量提高和质量控制的总目标,提出全饭店围绕服务质量要进行的几项主要工作,提出改进和控制服务质量的全局性措施。

(11)还贷付息

在饭店计划中,要提出计划年饭店能用于还贷付息的资金来源、资金量、还贷付息投向等指标,目的是按期还清有关债务,减轻债务负担。

饭店在制订计划时,以这十一项指标为主要指标构成计划框架。我们说主要指标,不是指全部指标。各饭店根据本身的情况还可以有一些其他指标,如流动资金占用、职工福利等。指标与指标之间都有内在的联系。指标体系要能统驭整个饭店计划。

2)计划体系

制订计划是旅游企业计划工作的主要内容。旅游企业的计划种类较多,用途各异,为了便于管理,同时使计划真正起到指导作用,旅游企业主要要制订长期计划、年度综合计划、接待业务计划,以这些计划组成旅游企业的计划体系。以下仍以旅游饭店为例说明旅游企业的计划体系。

(1)长期计划

长期计划是饭店在较长时间如三年、五年、七年内,有关发展方向、规模、设备、人员、经济、技术等各方面建设发展的长远纲领性计划。长期计划规定饭店较长时间的发展方向和所应达到的目标,长期计划的制订是对远景的一个决策过程。饭店在通过对旅游市场的深入了解,掌握可靠的数据,对国内外饭店发展和科技发展水平有正确估计的情况下,把饭店在规划期内的决策具体化为长期计划。长期计划的核心还是饭店目标,而这些目标又不可能在短时间里达到,那么就以长期计划的形式指出目标和要达到目标的途径。饭店长期计划的内容主要有:

①饭店目标计划。指从总体上确定整个饭店的未来目标,其中包括各项主要计划指标所要达到的水平,如饭店等级、水平、标准、规模、经营、方向和内容,以及饭店对市场的预测和占有情况,饭店各项经济效益指标增长情况等。

②饭店建设与投资计划。提出饭店在规划期内对固定资产建设的总体规划。饭店要确定各种固定资产建设的目标和方向、饭店扩建改建项目,确定对现有固定资产的更新改造,新设备的设置,职工福利设施建设等。饭店要计划所有这些项目的投资额、资金来源、投资决策(投资总额在项目间的分配、分期投资额)、投资效益测算、跨年度工程进度安排。长期计划除了规划本饭店内部的建设与投资外,在有条件的情况下,还要规划对外的投资与建设,如对本饭店集团企业的投资,与其他行业部门联合开发经营的投资等。

③饭店经营管理计划。饭店在规划期经营管理要达到水平的计划,如管理体制改革,组织的调整和新模式,管理人员的配备和业务文化素质的培养,管理手段的更新,中外方管理的更替和交换等。从经营方式上考虑,或发展集团经

营,或参加集团经营,或单独经营等都需要进行规划。

④饭店规模计划。规划饭店发展的规模和接待能力,确定饭店接待能力的扩大及其所需的设施、建筑、土地等。确定饭店经营业务种类和范围的扩大,如发展饭店的服务项目和业务部门,或组织管理公司对外管理,或发展饭店联号,或组织饭店集团公司等。不管哪种形式,都是饭店在整体接待能力或部分接待能力上规模的扩大。

⑤干部职工培训计划。对饭店管理人员和服务员来源及素质要求的规划。例如,确定人员来自社会招工、职业学校及大专院校分配等文化层次计划,确定在职人员素质所要达到的目标以及为达到此目标所需要的培训层次、内容、对象和时间安排。

⑥生活及福利计划。这是指随着饭店的发展,对职工生活福利水平的计划,如职工工资增长、职工生活福利逐年所应达到水平的计划,一般着重在经常性福利。职工集体福利的基点和逐年规划,职工本人及家庭的福利设施及一般水平规划,通常着重于大的方面,如职工住房、煤气、集体宿舍、幼托及孕产保健等福利基金规划。

长期计划根据饭店不同还可包括其他一些计划。长期计划规划期较长,对未来计划指标来说,存在着很多不确定、不可预见的影响因素,因而在制订长期计划时,既要使规划指标明确,规划具体,同时各项指标可定得粗略一点,不必太细,并要留有充分的余地。

(2)年度综合计划

饭店年度综合计划是具体规定计划期全年度和年度内各时期饭店以营业为中心在各个方面的目标和任务的计划。年度综合计划是饭店在计划期行动的纲领和依据,是饭店中最重要的计划。从时间上说,年度综合计划纵贯全年度;从内容上说,年度综合计划要包括全饭店及其各部门各种业务的目标、任务、经营方式等。年度综合计划从结构上来讲可以分为两大部分:一部分是饭店的综合部分,提出饭店的目标和任务,确定饭店所有计划指标和附加指标,并对指标的分解作总括的说明,同时对涉及全饭店的有关业务作出计划。这一部分由于它的综合性,称为饭店接待总计划;第二部分是组成饭店综合计划的部门分类计划部分。它指出了各业务和职能部门为达到饭店目标,各自在本业务范围内执行的目标和任务,提出本部门在计划期的各项指标和业务内容。部门分类计划的基本方面有:

①市场营销计划。饭店客源来源、饭店产品组合、饭店市场推销都要有决策和计划。市场营销计划要对市场有全面客观的描述和分析,充分估计到市场变

化的有利因素和不利因素,提出市场变化的依据。从市场实际出发,规划饭店产品的结构、档次、产品组合方式等;规划饭店接待人数和客源结构,确定客源来源,市场占有率;规划客户的发展,提出市场推销的主要方向、市场推销策略。在有些饭店还要提出如何利用饭店集团的有利条件,如信息和网络等。

②前厅接待部计划。前厅部根据年度接待总计划,确定全年接待总人数,各业务季月的接待人数;计划全年客源组织形式,确定预订人数、团体宾客人数、零散宾客人数,自联宾客来源和方式;测算房务及与房务有关的营业收入;对其他部分如电话总机、闭路电视、行李组也要确定相应的计划;提出服务质量计划。

③客房部计划。客房部根据年度接待总计划,具体核定本部门的接待能力,接待人数,以及这些指标在时间上的分配和部门内各业务单元的分配。为达到目标,要制定客房部的经营决策,如客房部新增的服务项目、设备设施的添置和更新改造、客房种类结构、房内用品及服务员服务用品的决策。计划要规定客房劳动组织形式,人员安排和编制定员,各种劳动定额,业务组织形式,人员培训等。要对所属的洗衣房、公共卫生组及其他单位制订相应的计划。客房部还要在计划中提出服务质量计划、物资消耗计划及设备设施维护保养计划。

④餐饮部计划。餐饮部根据年度接待总计划,确定餐饮部的营业额、营业额构成,如宴会、零点、团体、客房用餐、酒吧、咖啡室等部门的收入在营业额中的比例。为达到计划目标,餐饮部要确定经营决策,如餐厅设置、菜单制定、投料单及价格、各类菜食饮料的毛利率。在计划中要确定餐饮部流动资金占用及来源,饮食品及原料的存储和采购量,厨师技术力量的配备和培训计划,服务形式的基本设计,餐饮设备设施的配置与更新,物料能源消耗测算,成本控制计划以及服务质量计划。

⑤商品部计划。商品部根据年度接待总计划,确定本部门营业额和毛利率。商品部在制订计划时,要对市场进行调查并作出预测,对计划期市场趋势、商品销售形势、政策等作出客观而详细的分析,从而确定商品经营的内容、方式,各类商品和各柜组的经营方针和经营策略。商品部要核定流动资金占用和周转、各柜组流动资金分配及效益指标,确定商品采购计划,提出商品部与其他部门、其他单位的联营或可能的合作形式。确定优质服务、售后服务等方式和控制方法。有经营批发业务的商品部,则要对批发业务和零售业务分别制订计划。

⑥劳动工资计划。劳动工资计划主要是对饭店的人员及劳动报酬制订目标作出决策。劳动和工资都是活劳动的消费,对饭店成本和经济效益有重要影响,所以要制订较细的计划,并予实施。劳动工资计划要根据饭店总计划和国家有关政策,确定饭店正常运转所需人数,饭店职工(各类正式在册职工)人数,职工

分类,职工构成比例,招用临时工计划,部门所需职工人数的核定,招聘技术工种和特殊工种人数,需增加或裁减人员数。计划还要确定人员素质标准和劳动组织的基本形式,确定招收、培训、见习、上岗等具体人数和时间,确定对在职人员的培训、考核、定级、定职称的计划,核定饭店全员劳动生产率、创利率和创汇率。同时,也要对计划期职工离退休、劳动保护、保险、职工文化学习制订具体计划。

工资计划要确定饭店工资总额和平均工资额,职工工资的构成和分配形式,计划期因职工人数变动及工资标准调整所发生的工资总额的变化。工资计划要核定饭店奖金、津贴和其他工资的支付额度,同时,要分析计划期工资状况和变动状况。

⑦设备建设和维修计划。设备建设和维修计划是对饭店设备进行投资建设、保养维修的计划。该计划要制订设备的需用量,需添设备的种类、数量、资金来源,制订设备更新改造和报废淘汰计划。

该计划对饭店设备现状要作出分析和评估,对设备归口保养、设备保养控制作出规定,根据设备的预修制度,确定日常修理方式、工作量、计划修理的周期和方法,并根据不同类型设备确定修理的时间和方法,提出计划修理期间设备使用的替代方案、经费预算和力量安排。

⑧物资计划。物资供应计划是为饭店各部门完成接待和供应任务而提供各种物资的计划。物资供应计划要确定饭店各部门各种主要物资的种类及基本要求(如规格、质地、特性等),计划期各类物资的需用量、物资储备量、进货渠道、物资的采购批量。该计划还要确定物资保管的体制和方法、仓库管理方法、资金占用量和来源、物资供应方法。该计划还要核定各部门各类物资的消耗量。物资计划应由财务部会同各使用物资的部门进行测算,核定后再予制订。

⑨财务计划。财务计划是根据饭店和部门的决策,为保证这些决策的实施而在财务上作出规划与之相适应。财务计划包括固定资产、流动资金、专用基金、利税、财务收支等计划。财务计划要规定饭店资金的一些主要方面,如固定资产折旧费、大修理费的摊提和使用、流动资金需用量和流动资金周转速度、收入总额、利润总额、收入和利润的分配、利润率、各种专用基金的收入与支出、成本与费用计划。饭店财务计划应和饭店的经济责任制、饭店的经济指标测算与分析等内容结合起来。

⑩基建及改造计划。此计划仅适用有土建或装修项目的饭店。该计划有两部分内容:一部分是基建或改造项目的内容、规模、投资、委托的设计和土建单位;另一部分是基建或改造的进度安排,基建或改造需要其他部门配合的范围要求等。由于基建和改造计划内容较多,专业性强,有时还要和其他有关部门相协

调配合,所以有的饭店也把该计划单独立为一个专门计划而不放在年度综合计划里。

年度综合计划主要由上面这些部分组成。饭店年度综合计划由于内容复杂具体,时间跨度上纵贯全年,因而具有全面性,对饭店实际业务活动的开展起到协调、制约作用。年度综合计划是饭店对年度内的决策,同时也是根据这一决策而产生的各部门的决策,因而该计划带有权威性和严肃性。该计划制订要慎重,一经制订,就要落实,进行控制,以保证计划的顺利完成。

(3)饭店接待业务计划

饭店年度综合计划规定了饭店在计划年度内的目标和任务。这些目标和任务是在年度的各个不同时期分阶段逐步地由各部门完成的。为了保证年度综合计划的完成,作为年度综合计划的进一步具体化和补充,一般上星级的涉外饭店还要制订接待业务计划。接待业务计划分为两类:

①月计划。月计划是以月为时间范围,依时序而制订的接待业务计划。这一计划根据年度综合计划和各个月预订客源及接待任务的预测情况,具体规定了每个月的计划指标和各部门的日常接待业务活动,例如,在月内对各项计划指标的规定,对月内各项业务活动的规定。饭店制订月计划对业务作全面性的安排,各部门都要制订相应的月计划与之衔接。部门月计划是先由前台部门制订出前台的月计划,围绕前台的月计划,再由后台各部门制订各自相应的计划,如物资采购供应计划、劳动工资计划、财务收支计划、工程设备和维修计划及工程后勤供应计划等。

由于饭店接待有各种类型的淡旺季,每个月的业务量、业务内容、客源经济状况都会有所不同,所以各个月计划也不完全相同。月计划应逐月制订,并详细具体。

②重大任务接待计划。重大任务接待计划是指饭店针对某一项重大任务而专门制订的接待计划。这一计划主要是根据接待对象的重要性和特点,对接待的标准和具体内容作出规定。该计划的特点是时效短、重点突出。所谓重要任务或是指来宾的特殊身份,或是指来宾接待要求高,或是指来宾团体的规模较大等。

重大任务接待计划要确定对象、规格、接待目标,拟订接待内容和规格标准,分配各部门的基本任务和具体任务,确定接待的各个细节。该计划还要安排时间表,如接到正式通知时间、准备时间、接待开始时间、接待结束时间。对各种任务和具体事项要落实到部门,有的则要落实到人。重大任务接待计划一般列入月计划之中,但不列详细内容。在月计划制订后,再逐个单独地制订重大任务接待计划。

饭店的长期计划、年度综合计划和接待业务计划，组成了饭店的计划体系。这些计划在或长或短的时间里，在各种业务方面指导和控制着饭店本身的发展和饭店业务的运转。

3.2 旅游企业计划的制订

3.2.1 旅游企业制订计划的特点

1）目的性

任何组织和个人制订计划都是为了有效地达到某种目标。目标是计划工作的核心，没有目标的计划是盲目的。计划工作旨在促使组织目标的实现。确切地说，计划能对组织行为的执行产生积极的指导作用，科学的计划可以使组织有限的资源得到合理的配置，可以减少浪费，提高效率，规范组织人员行为，提高成员工作的目的性，确保组织沿着既定的目标前进。

2）主导性

计划处于管理职能的首要地位。首先，管理的组织、控制、领导等职能是为了支持、保证目标的实现，这些只有在计划确定了目标之后才能进行。其次，有些情况，计划职能是唯一需要完成的管理工作。在计划调研阶段，如果认为某项活动没有继续进行的价值，也就不存在随后的组织、领导、控制等管理职能了。此外，计划工作影响和贯穿于组织工作、人员配备、指挥和领导、控制工作中。主管人员通过制订计划，可以进一步明确需要什么样的组织关系和人员素质，按照什么方针去领导下属工作人员，以及采取什么样的控制。

3）普遍性

组织的任何管理人员都需要进行计划，一个严密的组织和部门是不允许无计划的活动；而且计划工作是各级主管的一个基本职能，任何部门的管理人员或多或少都有制订计划的权利和责任。区别在于，高层管理人员负责制订战略性计划，中低层管理人员负责制订战术性计划或生产作业计划。同时，所有组织成员的活动都受计划的影响和约束。这些具有不同广度和深度的计划有机地结合

在一起,便形成了一个多层次计划系统。因此,计划具有普遍性。

4)经济性

也就是说计划工作要讲究效率。计划的效率是以它对组织目标所作的贡献,扣除为制订和执行计划所需要的费用和其他预计不到的损失之后的总额来测定的。简单地讲,就是投入与产出之间的比例。

计划的效率不仅是指在人力、物力、财力这些有形物上,它还包括诸如个人、团体和社会的满意程度这一类无形的评价标准。例如,某个计划是鼓舞人心的,但在计划的实施中,方法不当,结果引起了不满情绪,使计划的效率降低。

实现目标有许多途径,我们必须从中选择尽可能好的方法,以最低的费用取得预期的成果,保持较高的效率,避免不必要的损失。计划工作强调协调、强调节约,其重大安排都经过经济和技术的可行性分析,可以使付出的代价尽可能合算。

5)创造性

计划工作总是针对需要解决的新问题和可能发生的新变化、新机会而做出决定的,计划工作不确定因素较多,因而它是一个创造性的管理过程。

6)前瞻性

计划与未来有关,它不是过去的总结,也不是现状的描述,而是要面向未来,考虑未来的机遇和可能遇到的问题,指导组织未来的活动,为实现未来的目标做出安排。

3.2.2　旅游企业制订计划的目标

旅游企业计划管理是推动相关部门综合协调发展,促进企业稳步发展的有力杠杆,是减少旅游企业发展过程中的盲目性、提高经济效益的根本保证,也是推动企业提高管理水平的重要措施。通过旅游企业的计划管理应达到以下目标:

1)明确企业目标

根据对未来的机遇和风险的估量以及对自身优势和劣势的分析,确定本企业计划期的目标及其轻重缓急,提出要解决的问题,明确企业的任务以及期望得到的结果。

2) 预测环境的变化

研究企业在未来将面临的环境,分析环境对组织发展的有利和不利影响,在计划中预做准备,以保持企业对环境的适应性。

3) 制定实现目标的方案,协调企业内部各项活动

发现和拟订实现旅游企业目标的各种可行性方案,对各种方案进行综合评价,选择其中一个付诸实施。在方案实施中,协调各部门、各环节的活动,实现各方面动态平衡。

4) 合理分配资源

根据目标要求和资源约束,按目标的重要程度和先后次序,用现代计划技术和方法最合理有效地分配和安排组织的现有资源,保证重点需要,发挥资源的最大效用,经济有效地实现旅游企业的发展目标。

5) 提高经济效益

计划管理以提高经济效益为中心,将经济效益贯穿旅游企业经营活动的始终。在科学预测的基础上,通过明确目标,协调经营活动,分配资源和综合平衡,用一定的投入取得最大限度的产出,提高旅游企业的经济效益和社会效益。

3.2.3 旅游企业计划管理的原则和程序

1) 旅游企业计划管理的功能

(1) 明确旅游企业发展的目标

在科学分析与预测的基础上,通过制订规划(或计划)明确在未来一定期间内要达到的目标及为了达到目标应采取的措施,使旅游企业员工都能清楚自己的工作方向和任务,明确奋斗的目标。

(2) 降低旅游企业经营风险

在当今信息时代,社会在变革、技术在革命、人们的价值观念也在不断地变化。而旅游业是一个比较脆弱的行业,影响其发展的因素众多,经营管理风险较大。计划正是在预测的基础上对旅游企业的未来发展作出安排。尽管预测不可能很精确,而且未来仍有许多不确定性,但计划可以对一些不确定性因素作出预

测,采取必要的措施加以防范,减少一些不确定性因素对旅游业的影响,降低旅游企业的经营管理风险。

(3)促进旅游企业协调发展

旅游业是一个综合性的产业,涉及众多行业和部门,它的发展需要各行业和各部门的配合。要求各行业和各部门的活动,既围绕整体目标,又相互衔接,互相协调。假如没有计划,各部门只考虑自己的发展而不顾及整体利益,整个旅游业也就成了一盘散沙。

(4)为旅游企业控制管理提供标准

通过计划工作建立起了目标体系,各目标以指标形式明确地表示出来,这些指标为旅游企业发展的控制提供了标准和衡量尺度。通过这些标准和衡量尺度来检查经营管理目标的完成情况,发现偏差并及时开展控制工作。适时调整计划以适应已经变化的实际情况,最终实现旅游业发展的目标。

2)旅游企业制订计划原则

制订计划要遵循以下基本原则:

(1)客观原则

即尊重客观规律,实事求是。一方面,旅游计划要建立在周密调查、科学预测的基础上,尽量减少主观臆断因素。不仅要正确地制订计划,还要制订正确的计划。应该做好调查工作,从客观实际出发,依据当地的市场环境、资源条件制订科学合理的计划,这是制订有效计划的保证。所以制订计划不能照抄照搬,计划应该因时而异、因地而异。另外,客观原则还包含着制订计划要具有可行性的含义。可行性的目标是指经过努力可以达到的目标。过高的目标无法实现,会挫伤从业人员的积极性;而过低的目标可以轻易达到,达不到激励效果。两者都起不到计划应有的作用。

(2)统筹原则

即统筹兼顾,综合平衡。旅游业本身是一个小系统,它不仅是社会这个大系统的一个个体。而且其内部又包含着若干更小的系统。所以旅游企业计划管理要从全局出发,充分协调各子系统的关系,力求综合考虑各种因素,做到综合平衡。具体来说,要兼顾旅游业与其他行业的协调,特别是旅游发展与社会生态发展的协调、旅游热点热线与冷点冷线的协调、各类型旅游区的协调及各个旅游项目的协调。我们要达到的平衡是一种动态的、综合的平衡,并非静态的、个体的平衡,要保证计划能在新的基础上适应客观环境的要求,得到更好的发展。

（3）弹性原则

即旅游企业计划要灵活机动、动态发展。根据权变理论，计划工作必须适应外部及内部条件的不断变化。计划是对未来的设计，而未来充满不确定性，因此计划要保持一定的弹性，一要留有余地，做好应变的准备；二要保证计划能在执行过程中不断修改完善，具有自我修改完善机制。但应注意的一点是，计划的弹性原则并非是指计划可以朝令夕改，那样会使组织内部部门和人员无所适从，破坏计划的严肃性，不利于计划的执行。所以制订计划时要兼顾计划的灵活性和稳定性。

（4）民主原则

即制订和执行计划时要集思广益，充分集中企业员工的建议、意见和方法，做到全员参与。坚持民主原则既是保证所制订计划科学合理的重要手段，又可以通过全员参与，调动经营管理人员执行计划的积极性，使大家了解并支持计划，保证计划的顺利实施。

3）计划管理的程序

计划管理工作包括计划的制订、执行和控制3个步骤。

（1）制订周密计划

①明确目标。广泛收集相关的信息资料，对旅游业过去的情况、现有的条件和未来发展趋势进行分析，在此基础上做出科学的预测，确定旅游企业发展的目标，并制定达到预定目标的措施。目标要尽可能数量化，以便度量和控制。

②制定可行性方案。实现某一目标的方案有很多个，正所谓"条条大道通罗马"。管理实践表明，如果达到某一目标的方案只有一个，那么这个方案就很可能是不科学的。所以要充分发挥创造力、大胆创新、开阔思路、群策群力、集思广益，尽量找出实现目标的各种可行性方案。

③选择方案。制定各种可行性方案之后，根据一定的评价标准对各种方案进行价值判断，找出它们各自的利与弊、优与劣、长处与不足，然后经过反复比较和综合评价权衡选择出最优方案，编制成计划草案。

④形成正式计划。编制成计划草案后，充分考虑各种影响因素，适当进行修改和调整，形成正式计划。

（2）组织计划执行，全面完成计划

制订计划之后，下一步的工作就是如何执行计划，这是计划管理的关键一环。要通过计划管理使计划转变为旅游业全体从业人员的具体行动；要采取强有力的经济手段、法律手段和行政手段确保旅游企业计划的实施。常用的方法有：

①抓好计划指标的层层分解和落实。将大的指标层层分解为小指标，从总计划演化出众多的具体措施，落实到具体的岗位和个人，与岗位责任制联系，使每一项计划指标都有专门的机构和专门的人员负责执行。

②广泛推行合同制，用合同促进计划的执行。即通过签订合同的方式确定部门和员工各自的权利和责任，明确其在计划中所承担的义务，协调相互之间的关系。合同具有法律上的约束力，通过合同制的方式进行旅游计划管理，有利于使计划落到实处，实现责、权、利的统一，调动各级组织的积极性，确保旅游发展计划的实现。

（3）计划管理的控制

①全面监督旅游计划的执行。运用旅游业管理的监督职能，全面监督旅游计划的执行，也同编制旅游计划一样，是旅游计划管理的关键一环。监督职能，一方面表现为及时监督计划实施的进程，了解计划在每一阶段、每一环节的执行情况；另一方面表现为对计划执行情况进行检查，如日常检查、定期检查、全面检查、专题检查等，发现问题及时解决。检查应抓住重点，抓住核心环节，如政策问题、进程问题、协调问题等。否则，就会使检查太多、太滥，反而影响计划的执行。

②计划的修改和补充。维护计划的严肃性、确保计划的执行与计划的修改和补充并不矛盾。要本着实事求是的精神，根据变化了的情况和计划执行的反馈信息，对计划进行必要的补充与修改。

3.2.4　旅游企业计划制订的方法和效果评估

计划工作效率的高低和质量的好坏，在很大程度上取决于计划管理的方法。现代计划管理方法为制订切实可行的计划提供了手段，使计划的质量和效率有了大幅度提高。常用的计划方法有滚动计划法和应变计划法。

1）滚动计划法

滚动计划法是用近细远粗的办法制订计划，具体来说就是把整个计划期分为若干执行期，近期计划内容制订得详细具体，远期计划内容制订得粗略笼统。根据近期计划执行了一定时期后的实际情况及外部环境和内部有关因素的变化，对以后各期计划进行修正和调整，并对后一个计划期作出明确具体的部署。这样逐期向前移动能使长、中、短期计划相互衔接，有机结合，前后保持一致，提高计划的应变性和灵活性,使计划切合实际,具有预见性和延续性。

滚动计划的计划期可长可短,可用于五年以上的长期规划,按年滚动,即每年都对原五年计划进行修改和补充,形成新的五年计划,使计划逐年滚动,逐年调整,不断接近实际。也可用于年度计划,按月滚动。即每月都对原年度计划进行修改和补充,形成新的年度计划。

2)应变计划法

应变计划法就是指当客观情况发生重大变化使正常计划失去作用时,被付诸实施的适应这种外部环境变化的备用计划。运用应变计划法就是停止原来的计划,用应变计划加以替代。采用应变计划可以在客观条件发生变化时,使调整工作比较主动,从而减少损失,保证获得一定的经济效益。编制应变计划与编制正常计划一样,也要具有完备的内容,即要指出为什么启用应变计划(Why),什么时候(When)可以启用应变计划,事变发生后应该做什么(What),谁来做(Who),在哪里做(Where),怎样做和做到什么程度(How)等。一般来讲,它是正常计划目标的缩小或放大。编制应变计划,一是要分析和确定可能影响正常计划顺利实施的主要因素,二是要考虑如何与正常计划保持一定的衔接。

3)计划效果评估

计划效果的评估必须连续不断地进行。

(1)计划实施效果评估的内容

计划实施效果评估的内容主要包括以下4个方面:

①管理目标检验。评价总体目标是否明确,围绕这个目标的各种具体目标是否详尽具体,检验目标是否变为现实,或者在多大程度上变成了现实。

②管理计划检验。分析管理计划的可行性、计划的实际情况等。检验管理计划中哪些符合实际,哪些脱离实际,哪些是必要的,哪些是多余的。

③计划实施的经济效益和社会效益检验。如果管理工作不能给组织带来较好的经济效益,甚至损害其经济效益,就不能算是成功的。良好的社会效益是衡量和评价组织形象必不可少的部分,组织形象如何,不仅在于它创造了较好的经济效益,而且还在于它实现了好的社会效益。

④管理计划实施情况检验。检查措施是否得力,方法是否有效,过程是否顺利。检查人力、物力、财力和时间的使用、分配是否合理。据此可以反映出组织的计划管理水平、劳动效率等。

（2）计划实施效果评价的途径

①方案执行后的效果验证。通过比较计划实施的起始状态和现实状态，评价旅游组织（或企业）的效益提高的程度。

②方案执行后的各界反响。一是自我评估。每做完一项计划实施工作，总结一下做得怎么样，是否达到了预期效果，有哪些欠缺，这些欠缺造成了哪些损失。二是专家评估。由各学科、各领域的专家会同管理人员组成专门评议组，对计划实施的成果进行评估，接受咨询，予以论证。专家的评价有较强的客观性、权威性，请专家评估的目的是为了获得"旁观者"对组织机构推行的计划及活动的公正评价。三是舆论评估。根据大众传播媒介的传播情况，如根据传播的数量、质量、时机、传播媒介的影响力、新闻资料等的使用方法来进行评估。一般来说，报道的次数越多，篇幅越大，出现频率越高，引起公众关注和兴趣的程度就越高。四是公众评估。根据组织内部员工的亲身感受，以及广大外部公众如消费者、经营伙伴、社会公众的信息反馈来评估。

（3）计划实施效果评估的方法

计划实施效果评估的方法主要有：个人观察反馈法、舆论调查法、内部及外部监察法、民意调查和形象比较研究。

本章小结

旅游企业计划是指旅游企业以市场调查为依据，通过科学的预测，权衡客观的需求和主观的可能，提出在未来一段时期内旅游企业要达到的具体目标，以及实现目标的途径。计划指标、指标说明、完成指标的途径构成企业计划的主要内容。计划指标就是旅游企业在计划期内用数值来表示的经营、接待、供应、效益等方面要达到的目标和水平。旅游企业计划指标要有概念明确的指标名称、指标数量、规范化的计量单位。计划指标确定后才能着手制订计划。

实践训练

选取你所熟悉的企业，运用滚动计划法根据远粗近细的原则为其编制五年计划、年度计划、季度计划及月计划。

本章自测

1. 选择题

(1)计划是旅游企业管理的(   )。

    A. 首要职能   B. 综合职能   C. 次要职能   D. 核心职能

(2)旅游企业计划的框架是(   )。

    A. 计划体系   B. 指标数量   C. 利润指标   D. 计划指标

(3)关于旅游企业计划管理的功能,以下表述不正确的是(   )。

    A. 实现旅游企业发展的目标   B. 降低旅游企业经营风险

    C. 促进旅游企业协调发展   D. 为旅游企业控制管理提供标准

2. 判断题,正确的打"√",错误的打"×"。

(1)计划管理以提高经济效益为中心,将经济效益贯穿旅游企业经营活动的始终。   (   )

(2)计划管理工作包括计划的制订、控制和评估3个步骤。   (   )

(3)指标是计划工作的核心,没有指标的计划是盲目的。   (   )

(4)旅游业中的计划,按其范围可分为国家旅游业发展规划、区域性的旅游业规划和旅游企业发展计划。   (   )

3. 简答题

(1)什么是旅游企业计划?包含有哪些主要计划及计划指标?

(2)举例说明旅游企业计划的主要类型。

(3)旅游企业制订计划的特点及目标是什么?

(4)编制旅游企业计划管理的原则和程序是什么?

(5)简述旅游企业计划制订的方法和效果评估。

相关链接

目标管理带来了"实惠"

西安某饭店连年亏损,即将面临倒闭。通过分析讨论,饭店管理层认为推行目标管理是最佳选择。按照目标管理的原则,该饭店把目标管理分为3个阶段进行。

1.目标制订阶段

1)饭店总目标的制订

饭店通过对国内外市场的调查,结合长远规划的要求,并根据企业的具体生产能力,提出了2005年三提高、三突破的总方针。所谓三提高,就是提高经济效益、提高管理水平和提高竞争能力;三突破是指在客人满意度、创汇和增收节支方面要有较大的突破。在此基础上,该饭店把总方针具体化、数量化,初步制订出总目标方案。

2)部门目标的制订

企业总目标由总经理向全饭店宣布后,全饭店就对总目标进行层层分解,层层落实。各部门的分目标由各部门和上一级共同商定,先确定项目,再制订各项目的指标标准。各部门的目标分为必考目标和参考目标两种。必考目标包括饭店明确下达目标和部门主要的经济技术指标;参考目标包括部门的日常工作目标或主要协作项目。目标完成标准由各部门以目标卡片的形式填报总经理办公室,通过协调和讨论最后报总经理办公室批准。

3)目标的进一步分解和落实。部门的目标确定以后,接下来的工作就是目标的进一步分解和落实到每个员工。

2.目标实施阶段

该饭店在目标实施过程中,主要抓了以下3项工作:

1)自我检查、自我控制和自我管理

目标卡片经主管副总批准后,一份存饭店档案,一份由制订单位自存。由于每一个部门、每一个人都有了具体的、定量的明确目标,所以在目标实施过程中,人们会自觉地、努力地实现这些目标,并对照目标进行自我检查、自我控制和自我管理。

2)加强经济考核

虽然该饭店目标管理的循环周期为一年。但为了进一步落实经济责任制,及时纠正目标实施过程中与原目标之间的偏差,该饭店打破了目标管理的一个循环周期只能考核一次、评定一次的束缚,坚持每一季度考核一次并进行年终总评定。

3)重视信息反馈工作

为了随时了解目标实施过程中的动态情况,以便采取措施、及时协调,使目标能顺利实现,该饭店十分重视目标实施过程中的信息反馈工作,并采用了两种信息反馈方法:①通过填写工作质量联系单来及时反映工作质量和服务协作方面的情况。尤其当两个部门发生工作纠纷时,饭店管理部门就能从工作质量联系单中及时了解情况,经过深入调查,尽快加以解决,这样就大大提高了工作效率,减少了部门之间不协调的现象。②通过修正目标方案来调整目标。

该饭店在目标实施过程中由于狠抓了以上3项工作,因此,不仅大大加强了对目标实施动态的了解,更重要的是加强了各部门的责任心和主动性,从而使全饭店各部门从过去等待问题找上门的被动局面,转变为积极寻找并解决问题的主动局面。

3.目标成果评定阶段

目标管理实际上就是根据成果来进行管理的,故成果评定阶段显得十分重要。该饭店采用了自我评价与上级主管部门评价相结合的做法,即在下一个季度第一个月的10日之前,每一部门必须把一份季度工作目标完成情况表报送饭店目标管理委员会。在这份报表上,要求每一部门自己对上一季度的工作做出恰如其分的评价。饭店目标管理委员会核实后,给予恰当的评分。如必考目标为30分,参考目标为15分。每一项目标超过指标3%加1分,以后每增加3%再加1分。参考目标有一项未完成而不影响其他部门目标完成的,扣参考项目中的3分,影响其他部门目标完成的则扣分增加到5分。加1分相当于增加该部门基本奖金的1%,减1分则扣该部门奖金的1%。如果有一项必考目标未完成则扣至少10%的奖金。

实践表明,实施目标管理改善了企业经营管理,挖掘了企业内部潜力,增强了企业的应变能力,提高了企业素质。目标管理实施一年后,该饭店成功地扭亏为盈,取得了良好的经济效益,收入比实施前翻了一番。

（资料来源:张红,席岳婷.旅游业管理[M].北京:科学出版社.）

第4章
旅游企业组织管理

【学习目标】

【知识目标】 掌握旅游企业组织结构设置的基本原则和旅游企业组织结构的基本类型,以及使旅游企业组织有效运转所必需的组织管理制度。

【能力目标】 能够根据旅游企业的性质和规模设计相应的组织机构,能够草拟简单的组合管理的基本制度。

【关键概念】

直线制 直线职能制 事业部制 矩阵制 总经理负责制 经济责任制 岗位责任制

问题导入:

小夏学的是旅游管理专业,毕业后从事导游工作。经过5年的工作积累,小夏有了一定的积蓄,他便萌生了自己创办一家旅行社的念头。他的想法得到了亲友的支持,并得到相应的资金赞助。在办理了一系列手续之后,小夏的旅行社准备开业了。但是,小夏面临一系列问题:旅行社要设置哪些岗位? 招聘多少人? 都把他们安排在哪些岗位上? 如何对他们进行有效的管理?

小夏所面临的问题,实际上就是旅游企业的组织管理问题。

旅游企业组织管理,就是对旅游企业所承担的任务在全体成员之间的分工合作的管理,目的是将旅游企业所承担的任务完成好。

问题:小夏的旅行社要设置哪些岗位? 旅行社要招聘多少人? 都把他们安排在哪些岗位上? 如何对他们进行有效的管理?

4.1 旅游企业组织结构设置

组织是管理的基本职能之一。旅游企业一旦决定了企业的计划目标或战略目标,就应该建立一种最有利于目标实现的组织结构。建立正确的组织结构和工作环境,对旅游企业来说是至关重要的。

4.1.1 有生命和效率的旅游企业组织标准

有生命和效率的旅游企业组织标准取决于两个方面,一是组织要拥有能吸引顾客和员工的个性特征,二是组织方式要能够促进管理。

1) 旅游企业要拥有能吸引顾客和员工的个性特征

一些旅游企业之所以能够长期存在,是因为它们拥有能吸引顾客和员工的个性特征,这也是它们保持蓬勃生命力的源泉。旅游企业如果拥有这种个性特征,是与企业的管理者相独立的,也就是说,旅游企业的个性特征要与某个或者某一群管理者的个性特征相分离,即使是某些强有力的管理者会使企业给人留下更深刻的印象。值得一提的是,有许多旅游企业因为企业领导者的各种变故,企业组织也受到较大的波动,甚至倒闭。

旅游企业的个性特征,可分为外部和内部两个方面。外部的个性特征,是指顾客对旅游企业的感觉印象,来源于旅游企业在产品、服务、价格、广告和公共关系方面所作的定位努力。内部的个性特征,是指旅游企业自己把自己看成是什么和员工把企业看成是什么,如希尔顿酒店的使命书上把自己看成是使顾客、股东和员工均谋其利的企业,重视员工利益、产品质量、利润实绩和重视责任、合作与不断改进的品格。

虽然旅游企业是具有独立人格的法人,与全体人员相区别,但是旅游企业的个性,是全体人员目前和历史上的行为的综合。

2) 组织方式要能够促进旅游企业管理

旅游企业作为一个组织,是由一定数量的人组成的一个群体,管理就需要用好的组织方式使企业的成员养成和发展一种良好的习惯,这些组织方式包括工作规范、作业程序、奖惩制度等。习惯有好和坏之分,好的习惯管理者就要强化,坏的习惯就要改正。员工的积极流动、奖励与惩罚是改变行为的有力武器。有

效的组织方式具有以下特点:

①能创造出使每一个人独立和主动工作的环境。如给每个人一份工作计划和作业规程,使他始终知道自己该做什么和如何去做。

②管理者要将主要工作精力投入到创新工作中而不是重复的日常事务。

③奖励、强化积极行为,惩罚、消除消极行为。

④积累工作经验。

4.1.2 旅游企业组织结构设置的原则

1)适应经营任务需要的原则

不同旅游企业经营业务的数量大小、目标市场等都有较大的差异,组织机构和岗位的设置要以自身业务发展的需要出发,不能照搬照抄。比如国际旅行社和国内旅行社的部门设置就不一样,经济型酒店不必设置宴会厅、健身房,甚至餐厅都可以不设置,但是四星级和五星级酒店就需要比较全面的设施。

2)适合管理能力和管理环境需要的原则

当上层管理者的管理能力(包括知识、经验、信息沟通等)强,面临的环境相同或相似,可采取集中决策的组织机构。相反,上层管理者的管理能力弱,下属分支机构又分散在不同的环境时(包括语言、法律制度、社会风俗、技术水平等),可采取分散决策的组织机构。实际上,集中决策与分散决策的组织机构都各有优缺点,所以这对于比较大的旅游集团公司在组织机构设置时,如何合理地选择集权与分权是十分重要的。

3)权责一致的原则

职责是指职务的责任、义务,职权是指为完成其责任所应具有的权力。只有职责没有权力,管理者不可能承担起应有的责任;相反,只有权力没有责任,就会造成滥用权力、瞎指挥等恶果。所以,组织机构的设置要求做到权责一致,逐级分权,分层负责,权责分明,以增加工作效率,激发主动精神。

4)命令统一与协调的原则

一个好的旅游企业,命令的发布权只授予一个人,每一位员工应该只有一个上司。命令统一原则在具体实行过程中,要注意各级管理机构在业务行政上都必须实行领导人负责制。具体地说,就是下级领导对上级领导负责,副职对正职负责,一般管理人员对本部门的直接领导负责,以避免多头指挥和无人负责的现象。为保持旅游企业的有效运转,各级管理部门都不应该越级指挥。

5) 管理层次与管理幅度原则

管理幅度就是一名上级领导者所能直接、有效地领导下级的人数是有限的,因为一个人的能力和精力是有限的。从这个意义上说,一个旅游企业管理层次的多少,主要是由组织拥有的人数决定的。一名旅游企业的管理者,能够领导多少管理者,还取决于上下级工作能力、工作复杂性、工作标准化与程序化程度、信息沟通方式和工作班次、外部环境的改变速度等多种因素。

6) 工作专业化分工原则

工作专业化使不同的员工持有的不同技能得到有效的利用。在大多数组织中,有些任务要求高度熟练的技能,而另一些则可由未经训练的人来完成。如果每个人都要从事制造过程中每一个步骤的活动,他们就必须同时具备从事最容易的工作和最困难的工作所必需的技能。但事实却是,除了从事需要最高技能的、最复杂的任务之外,员工们大都在低于其技能水平状态下工作。正像你很少看到一位外科医生在做完心脏手术之后还要去缝合病人一样,做完心脏手术之后的一些缝合性工作,通常是由那些旨在提高学习技能的实习医生来完成。工作专业化的早期拥护者将其视为提高生产效率的一个不尽的源泉。在 20 世纪和更早的时候,这一结论毫无疑问是正确的。当时由于专业化没有得到普遍推广,因此应用它通常总能产生更高的生产率。但物极必反,在某一点上,由于工作专业化产生的人性不经济性(它通过无聊、疲劳、压力、低生产率、劣质品、常旷工和高离职流动率等表现出来)会超过专业化的经济优势。

4.1.3　旅游企业组织结构的基本类型

1) 直线制组织结构

早期的管理学者主张每个下属应当而且只能向一个上级主管负责。一位向两个或更多个老板报告的职员将要处理相互冲突的要求或轻重缓急问题。很少有违反指挥链原则的情况出现,早期管理学者一贯明确地为每个人指派他所应从事的具体工作和所要对其负责的上司。当组织相对简单时,指挥链概念是合乎逻辑的。它在当今许多情况下仍是一个合理的忠告,而且有许多组织严格地遵循这一原则。在一些小旅游企业,直线制结构比较普遍,见图 4.1。

图 4.1　某小旅行社的直线制组织结构图

直线制组织结构的特点是：组织中的各种职位是按垂直系统直线排列的，上级直接领导下级，上级命令层层下达，上级几乎没有助手。下级按上级命令办事，并向直接领导汇报。它要求主要领导必须是万能博士。这种组织结构的优点是比较简单，指挥统一，上下级关系和权责明确，便于监督，联系简捷，决定迅速。缺点是要求总经理要有多种知识和才能，能亲自处理各种任务，在企业规模扩大、经营业务复杂、技术要求较高的情况，个人的能力就无法应对。

2) 直线职能制组织结构

直线职能制组织结构由两类部门组成，一类是职能部门，一类是业务部门。职能部门不直接参与旅游服务接待工作，主要包括财务、人力资源、公共关系等部门。业务部门只直接负责旅游服务接待工作的部门，如酒店的前厅、客房、餐饮部，旅行社的计调部等，见图 4.2。

直线职能制组织结构的特点是：领导指挥统一；职能部门对下一级部门在行政上没有领导关系，但在业务上却负有指导的权力和责任；各级组织在行政上保持相对的独立性。

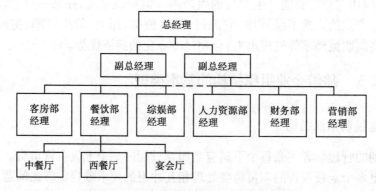

图 4.2　某酒店的直线职能制组织结构图

3) 事业部制组织结构

事业部是现代企业规模不断扩大和经营国际化的产物，当前国内和国际上较大的旅游企业比较多的采取了这种组织结构形式,也叫分权事业部制。分权事业部制的管理原则是"集中政策,分散管理;集中决策,分散经营",即在集中指导下进行分权管理。在这种制度下,旅游企业按地区(或业务)分别成立若干事业部,即拥有独立自主经营权的子公司。这些子公司具有三个基本要素,即相对独立的客源市场,相对独立的经营利润,相对独立的经营自主权。否则,就不能算是事业部,见图4.3。

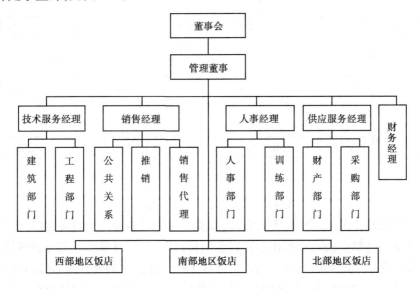

图4.3　某连锁饭店的组织结构图

分权事业部制是在管理体制上由集权向分权转化的一种改革。其优点是:

①这种结构使最高管理部门可以摆脱日常行政事务,成为坚强有力的决策机构,同时,各事业部自成系统、独立经营、独立核算,可以发挥灵活性和主动性。

②各事业部之间可以有比较、有竞争,促进企业的发展。

③在直线职能制里,旅游企业食、住、行、游、购、娱的供应与销售关系要通过最高管理部门协调,而在分权事业部制中,旅游商品的供应与销售可以由子公司直接联系,供求关系能很快得到反馈。

④这种结构是培养和训练管理人才的较好的组织形式。

分权事业部制的缺点就是活动和资源出现重复设置。

4)矩阵式组织结构

矩阵式组织结构把职能分工的好处和产品部门化所带来的集中和责任明确

的好处结合起来。图4.4就描述了一个航空公司的矩阵式组织结构：

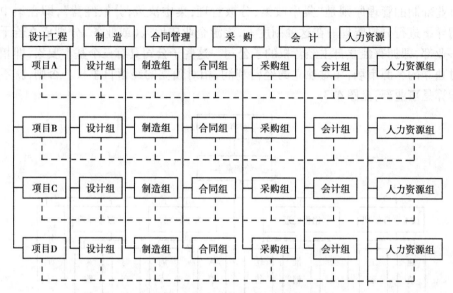

图4.4　某航空公司的矩阵组织

　　图的顶端是工程、会计、人力资源、制造等一些耳熟能详的职能部门,沿垂直方向却是一些航空公司近期正在开发的项目,每一个项目都由一位经理领导,这位经理依靠从职能部门抽调来的人员开展工作。通过把垂直方向的部门加到传统的水平方向的职能部门这种方式,使职能要素与产品部门有效结合在一起,从而形成了矩阵结构。

　　矩阵式结构的一个独有特征是,员工至少有两个上司:职能部门经理和产品/项目经理。项目经理对其项目小组中的职能人员拥有领导权,但是职权是由两位经理分享的。通常,项目经理对项目小组成员拥有与项目目标有关的职权,但是其他诸如职位提升、薪酬建议、年终评议等决策依旧属于职能经理的职责。为了更有效地工作,项目和职能经理应经常相互沟通,协调各自对员工提出的共同要求。

　　矩阵式结构的优点是:在促进多重的、复杂的并需要相互支持的项目合作的同时,仍保留将职能专家聚在一起工作是获得的经济性。主要缺点是它带来了混乱,并导致权力斗争。

　　企业内部组织机构的设置,可以依据职能、产品、顾客、地区和流程划分,而旅游企业甚至可以同时利用多种划分要素进行部门的设置。以下就是北京某国际旅行社的组织结构设置情况,它同时依据地区、顾客、产品对部门进行了划分,见图4.5。

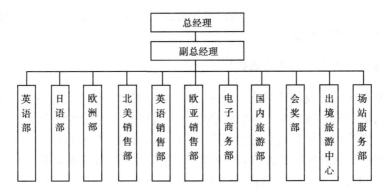

图4.5 某国际旅行社的部门设置图

4.2 旅游企业组织管理的规章制度

　　旅游企业是一个有机的整体,其组织结构和组织形式变化多样,组织工作也纷繁复杂,要保证旅游企业的正常运行,并实现预期目标,就必须有一套非常周密而严谨的组织管理制度,实施旅游企业的制度化管理。组织管理制度使得旅游企业的各部门、各岗位以及成员的工作和行为都有章可循,它是旅游企业向旅游者提供标准化、规范化产品和服务的重要保障。通过旅游企业的制度管理,可以统一组织的行动和意识,从而实现组织的目标。

4.2.1 规章制度在旅游企业组织管理中的作用

1)统一组织成员的意识和工作行为

　　旅游企业组织管理制度能对员工的工作行为产生有效的控制和约束作用。常言道:"没有规矩,不成方圆",旅游工作的复杂性和员工提供服务产品的无形性决定了旅游企业组织管理的困难性,唯有通过严格的规范化管理,方能最大限度地保证旅游产品和服务的质量。管理制度为旅游企业工作人员制定了有章可循的标准和规范,从员工的外部形象到内在素质,从工作规范到个人行为,都做了具体而明确的规定,使员工在工作过程中有了具体的行动指南,能够积极向规范化和标准化的方向努力,从而使其所表现出的工作行为和提供的服务产品越来越好。同时,在这种长期的规范化的工作环境中,组织制度将逐渐内化成个人行为的自我约束机制,工作人员的旅游服务意识会不断加强,工作的积极性和服务的质量也会不断提高。

2)保证旅游企业的正常运转

旅游企业的有效运转离不开全体人员的共同努力,员工是企业组织存在并充满活力的关键。旅游企业组织管理制度通过明文规定的组织规章制度形式,对组织各环节和岗位及成员进行权利、职责和义务的划分,对各部门的工作任务、作业程序、服务标准等做出具体的要求,并用文字的方式确定下来,从而使旅游企业内的所有人员都明白自己的工作任务,知道自己的权利、责任和义务,形成约束,防止旅游企业在经营活动过程中出现与组织目标偏离的现象。旅游企业组织管理制度的这种统一性、方向性以及在具体组织工作中所表现出的规范性和强制性,是旅游企业日常经营管理活动正常运转的重要保障。

3)保证旅游服务和产品的质量

旅游产品和服务具有无形性的特点,使从业人员在具体的对客服务过程中往往会有不自觉的随意性表现,这种随意性对旅游产品的质量会造成一定的影响,顾客不满意、旅游投诉等事件的发生往往是由于员工工作中的疏忽造成的。旅游企业组织管理制度则通过规范化的管理和服务标准化的设置约束员工的随意行为,并为员工工作的每一个细节都制定严格的标准和规范,从而能够保证为旅游者提供服务和产品的质量,减少不稳定性,真正增强企业的竞争实力。

4)推动旅游企业的不断完善和发展

旅游企业组织制度是全体成员的行动指南和行为准则,具有较强的适应性,反映旅游企业的运行规律,在一定程度上也能反映一个旅游企业的经营管理水平。随着旅游业竞争的不断加剧,旅游企业的组织制度也必须进行改革、调整和建设,对不适应旅游企业发展的规章制度要重新制定,使其能始终与旅游企业自身经营环境相适应,从而不断推动自身的发展。

4.2.2 旅游企业组织管理中主要的规章制度

1)总经理负责制

总经理负责制是适应旅游企业现代化管理的一种集权领导制度,总经理是旅游企业的法人代表,拥有旅游企业行政的最高决策权力,负责旅游企业的计划制订并组织具体实施。总经理承担旅游企业全部业务的经营管理职责,对旅游企业的发展负有全面责任。

总经理对旅游企业的主要职责包括:

①在国家政策法律法规所允许的范围内主持旅游企业的经营活动,制定旅游企业的经营发展战略,主持召开大型的旅游企业发展方向性问题的重要会议,认真执行董事会对旅游企业发展战略的指令,并充分调动旅游企业所有资源,为实现旅游企业战略目标而不懈努力。正确处理并协调好国家政策、旅游企业发展与员工之间的利益关系。

②对旅游企业负有经营决策权,制订旅游企业的发展计划并组织具体实施。建设旅游企业组织结构,制定旅游企业组织管理制度,全面指挥旅游企业各职能部门和业务部门的经营运作,能任意调派使用旅游企业的资金、设备、设施、物资等资源以实现组织目标,同时对旅游企业全部资产负有责任。

③负责旅游企业管理人员的使用、任命、调配,以及人力资源的开发。负责旅游企业的各项接待任务,严格履行经济合同。对旅游企业提供的产品和服务质量负全权责任,保证旅游企业服务质量达到应有的水平。

④掌握旅游企业所有的财务大权,对旅游企业的资金分配、投资、成本费用等有决策权和管理权;对工资、福利等均有决策权。

⑤负责旅游企业文化建设,保障旅游企业职代会和工会的权利,支持旅游企业各组织的活动,不断改善旅游企业员工的劳动作业条件,维护旅游企业良好的工作环境及和谐的工作氛围。

总经理的主要职责与其所拥有的权力是相匹配的,各项职责之所以能够履行,需要以总经理的权力作为保证。与职责相对应,旅游企业总经理所拥有的权力主要包括旅游企业的制定决策权、经营管理权、财务监督权、人事分配权、奖惩权等。总经理负有的职责只有当与其拥有的权力良好配合时,旅游企业总经理负责制才能发挥出最好的作用,为旅游企业创造一流的效益。

2) 旅游企业经济责任制

旅游企业的经济责任制是旅游企业组织的另一项基本经济制度,其核心内容是将旅游企业组织的经营管理目标进行逐层分解,落实到旅游企业的各部门、各岗位和具体的个人,按照责、权、利相一致的原则,将个人创造的效益与旅游企业整体效益相联系,并以此为基础进行劳动分配,个人创造了多少劳动价值就能分配应有的劳动所得。实行经济责任制,就是将旅游企业的经济责任以合同的形式固定下来的一种经营管理制度。

旅游企业经济责任制包括的主要内容有：

①制定旅游企业决策。明确旅游企业组织的总体经营目标。

②落实经济责任。将旅游企业组织的经营目标层层下放到旅游企业的各部门、各岗位和个人。通常实行定量化的管理,将旅游企业的经营目标进行分解,以指标的形式下放,利于考核和成果的评定。

③考核。考核是保证旅游企业目标实现的重要手段,通过考核才能了解旅游企业各部门、各岗位和个人的工作完成情况,检查经济责任是否完全履行。考核结果必须真实详尽并且清楚公平,它是旅游企业员工劳动分配的标准和依据。

④效益为本,按劳分配。根据各部门和个人所创造的效益实行按劳分配。旅游企业的经济责任制的分配方式有计分计奖制、浮动工资制、提成工资制等多种。

经济责任制的实施要本着公开、公平和公正的原则,严格按照效益和利益相一致的原则实施按劳分配,这样方能充分调动旅游企业全体员工工作的积极性和创造性,使每一位员工都能真正为旅游企业的利益而努力工作,从而实现旅游企业组织的经营目标,推动旅游企业的不断发展。

3)旅游企业岗位责任制

岗位责任制是旅游企业的另一项基本经济制度。它是一个完整的体系。岗位责任制的实质是以旅游企业的岗位为单位,具体规定每个岗位以及该岗位每个人员的职责、工作范围、作业标准、工作权限、工作量等,并以制度的形式确定下来,旅游企业全体人员必须严格遵守。岗位责任制通常以岗位责任说明书或职务说明书的形式进行下达,它具体规定了旅游企业每个岗位员工的岗位身份、工作的内容、完成的标准等,明确该岗位员工所要做的事情以及如何去做。制定岗位责任说明书或职务说明书是旅游企业岗位责任制的重要表现形式,岗位说明书必须全面、清楚,明确各岗位人员的权利、责任和义务,防止岗位之间产生摩擦,影响组织工作的顺利进行。

4)员工手册

旅游企业员工手册是旅游企业全体员工应共同遵守的行为规范的条文文件。旅游企业员工手册的内容包括序言、总则、组织管理、劳动条例、计划方法、组织结构、职工福利和劳动纪律、奖励和纪律处分、安全守则等。员工手册对每个旅游企业都是必不可少的,它规定了旅游企业全体员工共同拥有的权利和义务,规定了全体员工必须遵守的行为规范,只要是旅游企业员工,在旅游企业的工作(包括外表形象、言行举止等)中都要受员工手册上的条款约束。员工手册对旅游企业的意义非常重大,是保证旅游企业有序运作的基本制度。员工手册的内容必须通俗易懂,便于员工操作,从而真正发挥作用。

【案例】

上海静安希尔顿员工手册节录

一、简介

1. 总经理贺词

各位同事:

欢迎你们进入希尔顿酒店工作,并成为国际希尔顿酒店的一员。

上海希尔顿酒店是国际希尔顿公司在中国设立的第一个酒店,也是在上海的第一个对国际商业和休闲旅客所开的一个具有国际先进水平的五星级酒店,我们用世界上最先进的设施,最完善的管理及最优质的服务来满足不同旅客的需要。

我们将为创建最高质量的服务携手并进,为实现此诺言,你们每一位都将在不同岗位上发挥必不可少的作用。此员工手册,可提供酒店的有关资料,请予以了解并熟悉与你切身有关的酒店规则等内容;并妥为保存,以便查寻。如有疑问,请与酒店培训、人事部联系询问有关事宜。我确信你们会尽最大的努力将上海希尔顿酒店办成中国最优秀的酒店,同时加入国际希尔顿酒店之优秀行列。

借此机会,再次欢迎你们成为上海希尔顿酒店的一员。

上海希尔顿酒店总经理

2. 国际希尔顿公司(简介,略)

3. 上海静安希尔顿酒店(简介,略)

4. 与同事之间的关系

本酒店的优质服务并非体现于个人,而是通过大家共同努力获得的。“客人第一”乃是这个和睦、融洽的整体的宗旨,为达到这一目的,各位同事之间必须有良好的沟通,努力保持开放与合作的关系,并努力为之互敬、互爱、互助,以此获得良好的交往。

5. 客人的期望

我们是酒店的代表和大使,对客人而言,我们的态度和服务决定了他在本酒店是否愉快,也决定了他是否会再次光临本店。客人期望在他提出任何需求时,你具备满足他需要的知识及能力。如遇举棋不定的情况,他希望至少能给予指点,找到真正解决问题的员工。换而言之,不管你处于哪个特定岗位,客人最终的期望是你能替他服务。

6. 酒店的期望

酒店对你寄予同样的期望。我们最关注的是客人,而酒店希望你能克尽己能使客人尽可能过得愉快和难以忘怀,这样才能使希尔顿立足于各大酒店之冠。然而,酒店并非希望你个人承担所有工作。交往,此时又成为关键。你必须边工作、边接受外界输入的信息,恰如你希望别人接受你的主意、批评和帮助一样。

7. 酒店能给予你什么

犹如酒店有它的期望,你也会有自己的期望。你所作的努力和贡献将肯定会得到承认。所以,你先应该试图不断完善对整个酒店的看法和概念,而不仅限于自己的特定工作。除了提供具有吸引力的报酬福利、稳定令人满意的工作之外,酒店更注重为员工创造进一步培训及发展事业的机会,以帮助你达到自己的目标。

二、组织系统及各部门之结构(略)

三、聘用条件

1. 雇用合同。酒店将与员工签订雇用合约,其中涉及各种条款和受聘条件(请参阅合约细则)。

2. 试用期:除特殊情况外,所有雇员需接受3个月的试用期。部门经理可视具体情况将试用期再延长3个月。

3. 合约的更新

4. 调换工作

5. 提升

6. 离职

7. 开除

8. 加班

9. 领薪办法

10. 工作时间

11. 年休假

12. 法定假日

13. 产假

14. 病假

15. 婚假

16. 丧假

17. 探亲假

18. 员工膳食

19. 医疗服务

20. 员工发展

21. 员工补偿

22. 退休金制度

23. 员工奖励制度

24. 员工活动

四、规章制度(主要项目)

1. 迎新会

2. 个人档案记录

3. 酒店工作证

4. 名牌

5. 工作时间

6. 缺勤

7. 员工出入口

8. 更衣室/更衣箱

9. 制服

10. 员工宿舍

11. 员工布告栏

12. 员工杂志

13. 失物招领

14. 个人仪容

15. 私人来访和电话

16. 行李及包裹

17. 工伤

18. 火警和紧急情况

五、纪律处罚和步骤(主要项目)

1. 目的

2. 轻度过失

3. 较重过失

4. 严重过失

5. 口头警告

6. 过头单

7.最终书面警告

8.立即开除

9.对工作不满的解决办法

（节选自何建民著《现代宾馆管理原则与实务》,151-166 页。）

本章小结

　　本章讲述了旅游企业组织结构设置的基本原则,介绍了不同规模和性质的旅游企业选择直线制、直线职能制、事业部制、矩阵制等基本组织结构类型,以及在各种企业组织中都需要的总经理负责制、经济责任制、岗位责任制、员工手册等基本组织管理制度等内容,使学生初步意识到了旅游企业应该怎样开展组织管理工作。

实践训练

1.分别调查了解一家旅行社、景区、酒店,画出它们的组织结构图。

2.收集旅游企业相关的组织管理制度方面的文字资料。

本章自测

1.选择题

(1)有生命和效率的旅游企业组织标准取决于两个方面,分别是(　　)。

　　A.组织要拥有能吸引顾客和员工的个性特征

　　B.组织方式要能够促进管理

　　C.资金要足够雄厚

　　D.强有力的领导者

(2)关于直线职能制组织结构的特点,以下叙述不正确的是(　　)。

　　A.领导指挥统一

　　B.职能部门对下一级部门在行政上有领导关系

　　C.职能部门在业务上对下一级部门负有指导的权力和责任

D. 各级组织在行政上保持相对的独立性

(3)分权事业部制的管理原则是( )。

  A."集中管理,分散政策;集中决策,分散经营"

  B."集中政策,分散管理;集中经营,分散决策"

  C."集中政策,分散管理;集中决策,分散经营"

  D."集中政策,分散决策;集中管理,分散经营"

2.判断题,正确的打"√",错误的打"×"。

(1)矩阵式结构的一个独有特征是员工至少有两个上司。 ( )

(2)分权事业部制的缺点就是活动和资源出现重复设置。 ( )

(3)总经理负责制是适应旅游企业现代化管理的一种集权领导制度。

( )

(4)实行经济责任制,就是将旅游企业总经理的经济责任以合同的形式固定下来的一种经营管理制度。 ( )

3.简答题

(1)简述员工手册的主要内容。

(2)有效的组织形式有什么特点?

(3)旅游企业设置组织结构时应遵循什么原则?

相关链接

无边界组织

无边界组织没有被界定或包括在传统组织结构的范围或类别之中。它通过增加与环境的相互联系,而使一直以来环绕于组织的历史边界模糊化了。无边界组织有时被称为网络组织、学习型组织、无障碍组织、模块企业和虚拟企业,它打破了位于组织各部门之间的障碍。这些内部无边界组织通过将员工组成团队,来完成一些属于组织核心能力方面的任务,而不是由传统部门中的职能专家去完成各自不同的任务。

但无边界组织并不仅仅是扁平化的组织,它试图消除组织内纵向、横向以及组织间的障碍。为了达到这一目的,经常要求在组织内部进行变革。也就是说,经理应该打破已存在了几十年的传统科层制。扁平式的组织要求团队对可测量的成果负责,这些团队承担着许多任务并拥有必要的决策权。什么因素导致了今日无边界组织的崛起呢? 市场和竞争的全球化趋势起到了至关重要的作用,

而组织应付和适应复杂变化环境的需要可通过创建无边界组织得到最好的解决。技术上的革新同样引发了这种趋势,计算机技术、智能软件以及通信技术方面的进展使得无边界的电子商务组织得以出现,所有这些技术都为虚拟工厂所需的信息网络提供了支持。最后,快速变化的环境迫使组织迅速变革以求生存。无边界组织为组织迅速利用机会提供了一种弹性的、易变的结构形式。

(资料来源:罗恩·阿什克纳斯迪夫·乌里奇,托德·吉克,史蒂夫·克尔.无边界组织[M].姜文波,译.北京:机械工业出版社.)

第5章

旅游企业质量管理

【学习目标】

【知识目标】 了解质量管理的基本概念和术语,树立旅游企业全面质量管理的基本意识,掌握旅游企业服务质量管理的基本内容和方法。

【能力目标】 能够制定旅游企业某一服务和工作环节的质量管理方案。

【关键概念】

质量管理　服务　全面质量管理　质量控制

问题导入:

瑞士旅游联合会5年前开始在全行业推广的质量管理计划如今取得了初步成果,参加这项计划的企业已经超过1 000家。

在谈到实行这一计划的初衷时,负责人妮娜·伏尔根说:"20世纪90年代,瑞士饭店餐饮业在服务质量方面的口碑不佳"。"当时我们发现邻国旅游业正在切实改善服务质量,我们却毫无起色,必须迎头赶上。"她说:"最初参加质量管理计划的大多是属于旅游联合会会员的饭店和餐馆,现在范围扩大到了几乎所有与旅游直接或间接相关的行业,代表质量管理达标的蓝色Q字标牌已经挂在很多商店、滑雪场、缆车公司、公交公司、旅游办事处,甚至乡村面包坊。"

作为瑞士旅游联合会聘用的"神秘人士",桑德拉以学员的身份到伯尔尼一家滑雪学校做暗访。她对学校的服务和授课质量表示满意。她说:"办公室的职员熟悉业务,态度和善,能够很快处理顾客的要求。教练也很好。"她的考察内容还包括入学前后学校对她的书面答复以及对顾客建议或投诉的答复情况。

质量管理计划分3个等级。第一级的标准是企业必须接受审计,并根据企业在服务方面存在的问题制定出行动方案,还要指派一名经过专门培训的员工担任质量指导。第二级主要通过"神秘人士"的外部监督来完成,这种暗访每3年进行一次。桑德拉暗访的滑雪学校目前就是在申请第2个Q。第三级,即"全面质量管理体系"。

尽管游客可能对Q字标牌的含义不甚了解,但瑞士旅游联合会坚信质量管理计划可以提高顾客的忠诚度、避免企业因重复失误而增加成本、增强员工的积极性,这将是企业和顾客"双赢"的结果。伏尔根表示,随着质量管理在全行业的推广,他们下一个目标是通过广泛宣传,使游客逐渐学会识别Q字标牌。(资料来源:http://www.120online.org/scribble.)

问题:质量管理计划对于瑞士的旅游企业有什么意义? 从瑞士旅游联合会在全行业推广质量管理计划中得到什么启示?

5.1　旅游企业质量管理概述

美国著名质量管理专家朱兰(J. M. Juran)1994年在美国质量管理学会年会上所说,20世纪将以"生产率的世纪"载入史册;未来的21世纪将是"质量的世纪"。质量必将成为新世纪的主题,它正在向我们挑战,旅游企业同样要迎接它的来临。

5.1.1　质量管理的意义

朱兰有句名言:"生活处于质量堤坝后面"。质量正像黄河大堤一样,可以给人们带来利益和幸福,而一旦质量的大堤出现问题,它同样也会给社会带来危害甚至灾难。所以,企业有责任把好质量关,共同维护质量大堤的安全。

从宏观上来说,当今世界的经济竞争,很大程度上取决于一个国家的产品和服务质量。质量水平的高低可以说是一个国家经济、科技、教育和管理水平的综合反映。对于企业来说,质量也是企业赖以生存和发展的保证,是开拓市场的生命线,正可谓"百年大计,质量第一"。

当今市场环境的特点之一是用户对产品质量的要求越来越高。在这种情况下,就更要求企业将提高产品质量作为重要的经营战略和生产运作战略之一。因为,低质量会给企业带来相当大的负面影响:它会降低公司在市场中的竞争力,增加生产产品或提供服务的成本,损害企业在公众心目中的形象等。

另一方面,以前价格被认为是争取更多的市场份额的关键因素,现在情况已有了很大变化。很多用户现在更看重的是产品质量,并且宁愿花更多的钱获得更好的产品质量。在今天,质量稳定的高质量产品会比质量不稳定的低质量产品拥有更多的市场份额,这个道理是显而易见的。较好的质量也会给生产厂商带来较高的利润回报。高质量产品的定价可以比相对来说质量较低产品的定价高一些。另外,高质量也可以降低成本,而成本降低也就意味着公司利润的增加。

5.1.2 质量管理重要术语

GB/T 6583—ISO 8402:1994 对质量管理中的基本术语以及与质量有关的术语给出了标准定义,现在择要进行一些介绍。

1)实体

国际标准 ISO 8402:1994 对实体的定义是:"可单独描述和研究的事物"。现在作一些解释:

①实体明确了有关质量工作的对象。

②实体的内涵十分广泛。实体可以是活动或者过程;可以是产品,包括硬件、软件、流程性材料和服务;可以是一个组织、一个体系、一个人或一些人;或者是上述内容的任何组合。

③强调了实体是可以单独描述和研究的,即每一个实体的界定是清楚的。

2)过程

国际标准 ISO 8402:1994 对过程的定义是:"将输入转化为输出的一组彼此相关的资源和活动。"现在作一些解释:

①质量管理和质量保证工作的一个基本观点是:"所有工作都是通过过程来完成"的。ISO 9000 特别重视过程及其控制,并以此来保证预期结果的实现。

②有过程就要有输入,输入经过转换(即过程)形成的结果即输出。当然,这种转换应是有目的的,有效果的。

3)产品

国际标准 ISO 8402:1994 对产品的定义是:"活动或过程的结果。"现在作一些解释:

①产品是一个广义的概念,包括硬件、软件、流程性材料和服务四大类别,或是它们的任意组合。

②产品分为有形产品和无形产品。如钢材、汽车、风扇等都是有形产品,概念、理论、知识、电脑软件和某项服务等则是无形产品。

4)服务

国际标准 ISO 8402:1994 对服务的定义是:"为满足顾客的需要,供方和顾客之间接触的活动以及供方内部活动所产生的结果。"现在作一些解释:

①服务是产品的一种,是活动或过程的结果。

②服务不仅包括服务者(供方)与被服务者(顾客)接触时的活动所产生的结果,也包括服务者(供方),即服务组织内部的活动所产生的结果。

③在供方与顾客的接触中,供方可以是人员,如售货员、医生等;也可以是某种设备或设施,如自动售货机、取款机等。

④服务是以顾客为核心展开的,没有顾客也就谈不上服务。

⑤一般来说,服务是无形产品,但在提供服务的过程中,有形产品也常常成为服务的组成部分,如餐馆的菜肴、饮料等。甚至有时这些有形产品对服务的优劣是决定性的。

5)组织

国际标准 ISO 8402:1994 对组织的定义是:"具有其自身的职能和行政管理的公司、集团公司、商行、企事业单位或社团或其一部分,不论其是否是股份制、公营或私营。"现在作一些解释:

在本术语的"注"中特别说明了,这里"组织"的定义是适用于质量领域的,在其他范畴有不同的解释。

6)质量

国际标准 ISO 8402:1994 对质量的定义是:"反映实体满足明确和隐含所需要的能力的特性总和。"现在作一些解释:

①明确需要是指在标准规范、图样、技术要求和其他文件中已经作出规定的需要。而隐含需要指:A. 顾客和社会对实体的期望;B. 人们公认的、不言而喻的、不必明确的需要。显然,在合同或法规规定的情况下,需要是明确规定的;而在其他情况下,应该对隐含需要加以分析研究、识别并加以确定。注意,需要会随时间而变化。

②特性是指实体所特有的性质,它反映了实体满足需要的能力。因此,"需要"应转化为特性,这里可以应用质量功能展开(QFD)的方法。

硬件和流程性材料类别的产品质量特性可归纳为以下六个方面：

A.性能,它反映了顾客和社会的需要对产品所规定的功能。

B.可信性,它反映了产品可用性及其影响因素:可靠性、维修性和保障性。

C.安全性,它反映了把伤豁口或损豁口的风险限制在可接受水平上。

D.适应性,它反映了产品适应外界环境变化的能力。

E.经济性,它反映了产品合理的寿命周期费用,指产品的质量应该是使用价值与价格统一的适宜的质量。

F.时间性,它反映了在规定时间内满足顾客对产品交货期和数量要求的能力,以及适应随时间变化的顾客需求的能力。

软件类别的产品质量特性有功能、可靠性、便于操作、效率、可维修性、可移植性、保密性和经济性等。

③质量特性要由过程或活动来保证。

④对"满足需要"要有正确的理解,不限于满足顾客的需要,而且要考虑到社会的需要,符合法律、法规、环境、安全、能源利用和资源保护等方面的要求。ISO 9000.1—1994 中提出了受益者的概念,满足需要应满足"全体受益者"的需要,包括顾客、员工、所有者、分供方、社会。

必须强调,只有用户才能最终决定质量。日本已故著名质量管理专家石川馨认为,"真正的质量特性"是满足消费者要求,而不是国家标准或技术标准,后者只是质量的"代用特性"。美国著名质量管理专家费根堡姆也指出,"质量的主导地位基于这样一个事实:是用户决定质量,而不是推销员、工程师、公司经理决定质量。要承认:对质量的评价如何取决于用户使用产品在客观或主观上的感觉"。

7)质量管理

国际标准 ISO 8402:1994 中对质量管理的定义是:"确定质量方针、目标和职责并在质量体系中通过诸如质量策划、质量控制、质量保证和质量改进使其实施的全部管理职能的所有活动。"现在作一些解释:

①质量管理是各级管理者的职责,但必须由最高管理者领导。质量管理的实施涉及组织中的所有成员。

②质量管理是组织全部管理职能的重要组成部分,是企业管理的中心,是企业管理的纲。质量管理的职责是制定并实施质量方针、质量目标和质量职责,质量管理应该与经营相结合。

③质量管理是有计划的系统活动,为了实施质量管理,需要建立质量体系。

④质量管理是以质量体系为基础,通过质量策划、质量控制、质量保证和质量改进等活动发挥其职能。

上述质量管理的定义集中反映了组织进行质量管理的主要内容,但不是质量管理的全部内容。

8)质量策划

国际标准 ISO 8402:1994 中对质量策划的定义是:"确定质量以及采用质量体系要素的目标和要求的活动。"现在作一些解释:

①质量策划是一项活动或一个过程,它不是质量计划,也不应理解为制订质量计划的过程。

②质量策划的主要内容是:A. 对质量特性进行识别、分类和比较,以确定适宜的质量特性;B. 制定质量目标和质量要求,如确定产品的规格、性能、等级以及有关特殊要求(如安全性、互换性)等;为实施质量体系做准备,确定采用质量体系的目标和要求等。

9)质量控制

国际标准 ISO 8402:1994 中对质量控制的定义是:"为达到质量要求所采取的作业技术和活动。"现在作一些解释:

①这些"作业技术和活动"的目的在于监视过程,进行控制、诊断与调整,使过程处于受控状态。

②质量控制与质量保证在某些方面是有联系的,例如某些作业技术和活动既可用于无监视过程,又可为质量保证提供证据。

10)质量保证

国际标准 ISO 8402:1994 中对质量保证的定义是:"为了提供足够的信任表明实体能够满足质量要求,而在质量体系中实施并根据需要进行证实的全部有计划和有系统的活动。"现在作一些解释:

①质量保证的重点是为"组织是否具有持续、稳定地提供满足质量要求的产品的能力"提供信任。

②质量保证根据目的的不同可分为内部质量保证和外部质量保证。内部质量保证是向组织内各层管理者提供信任,使其相信本组织提供给顾客的产品满足质量要求。外部质量保证是为了向外部顾客或其他方面(如认证机构或行业协会等)提供满足质量要求的产品。

11）质量体系

国际标准 ISO 8402：1994 中对质量体系的定义是："为实施质量管理所需的组织结构、程序、过程和资源。"现在作一些解释：

①这里的"资源"包括：人才资源和专业技能；设计和研制设备；制造设备；检验和试验设备；仪器、仪表和电脑软件。

②适宜的质量体系应能满足实现质量目标的需要，同时也是经济而有效的。

③一个组织的质量体系只有一个。

12）全面质量管理

国际标准 ISO 8402：1994 中对全面质量管理的定义是："一个组织以质量为中心，以全员参与为基础，目的在于通过让顾客满意和本组织所有成员及社会受益而达到长期成功的管理途径。"现在作一些解释：

①全面质量管理并不等同于质量管理，它是质量管理的更高境界。

②全面质量管理强调：A. 一个组织以质量为中心，质量管理是企业管理的纲；B. 全员参与；C. 全面的质量；D. 质量的全过程都要进行质量管理；E. 谋求长期的经济效益和社会效益。

13）质量改进

国际标准 ISO 8402：1994 中对质量改进的定义是："为向本组织及其顾客提供更多的收益，在整个组织内所采取的旨在提高活动和过程的收益和效率的各种措施。"现在作一些解释：

①质量改进是组织长期的、坚持不懈的奋斗目标。

②正确使用有关的工具与科学技术是质量改进的关键，这方面应对有关人员进行培训。

③质量改进的根本目的在于提高"活动和过程的收益和效率"，从而最终使顾客受益。

5.1.3　旅游企业质量的定义和特性

1）旅游企业质量定义

根据国际标准化组织对质量的定义可以将旅游企业质量定义为：旅游企业所提供的产品和服务所具有的、能用以鉴别其是否合乎规定要求的一切特性和

特征的综合。在这里,产品和服务质量指产品和服务满足要求的程度,其中包括满足顾客要求和法律法规要求的程度。

2)旅游企业质量特征

(1)适用性

适用性是指旅游企业提供的产品和服务适合使用的特性,包括使用性能、辅助性能和适应性。产品的使用性能与产品的功能有区别:产品的功能是指产品可以做什么,产品的使用性能是指产品做得怎么样;辅助性能是指保障使用性能发挥作用的性能;适应性是指产品在不同的环境下依然保持其使用性能的能力。如一个餐厅,其有无包房是餐厅的功能范畴,包房是否能正常使用属于使用性能问题,属于质量范畴;包房有空调,在炎热的夏天和寒冷的冬天顾客仍能舒适地就餐就属于产品的适应性问题。

(2)经济性

经济性是指顾客在使用旅游企业提供的产品和服务时所需投入费用的大小。经济性尽管与产品或服务的使用性能无关,但是是消费者所关心的。对于提供同样功能的产品或服务,价格低的产品经济性就越好。如同样是三星级饭店,标价288元的标准间比标价318元的标准间经济性要好,经济性也是导致旅游企业进行价格竞争的主要原因之一。

(3)满足性

产品的满足性是指旅游企业提供的实物产品和无形服务与目标顾客期望的符合程度。旅游者通常会根据自己的喜好对旅游企业提供的产品和服务提出自己的具体要求,旅游企业如能满足旅游者要求,则会让旅游者认为提供的产品和服务的质量很高,否则旅游者就认为质量很低。

(4)安全性

旅游企业产品和服务的安全性是指顾客在享受旅游产品或服务时财产和人身不会构成损坏的特性。不管产品和服务的使用性能如何、经济性如何,如果存在安全隐患,那不仅是顾客所不能接受的,政府有关部门也会出面干涉或处罚旅游企业。安全性是旅游企业产品和服务质量很重要的一个指标。

另外,旅游企业还应注意理所当然的质量特性与富有魅力的质量特性的区别。理所当然的质量特性是指能防止顾客产生不满,但不能保证顾客的满意;只有富有魅力的质量特性才能对顾客产生吸引力,旅游企业才有机会赢得忠诚的顾客。理所当然的质量特性与富有魅力的质量特性也不是一成不变的,随着社会进步,原本富有魅力的质量特性可能变成理所当然的质量特性。

5.2 旅游企业的全面质量管理

全面质量管理是旅游企业管理的中心环节,是旅游企业管理的纲,它和旅游企业的经营目标是一致的。这就要求将旅游企业的生产经营管理与质量管理有机地结合起来。全面质量管理是有其特色的,现在将全面质量管理的基本指导思想与工作原则及有关基础工作简要介绍于后。

5.2.1 全面质量管理的基本指导思想

1) 质量第一、以质量求生存、以质量求繁荣

任何产品和服务都必须达到所要求的质量水平,否则就没有或未完全实现其使用价值,从而给消费者、给社会带来损失。从这个意义上讲,质量必须是第一位的。自 20 世纪 80 年代以来,国际市场的竞争异常激烈。日本在产品质量和经济上的成功与欧美工业发达国家的衰退,促使了欧美国家质量管理的复兴。例如,1984 年英国政府发起了一项质量改进运动,与此同时,美国政府也发起了一项有关质量的五年运动。现在西方国家又把统计过程控制列为现代高技术之一。市场的竞争归根结底就是质量的竞争,企业的竞争能力和生存能力主要取决于它满足社会质量需求的能力。1984 年首届世界质量会议提出"以质量求繁荣",1987 年第二届世界质量会议提出"质量永远第一",这些都说明"质量第一"的指导思想已成为世界各国的共同认识。

贯彻"质量第一"就要求企业全体职工,尤其是领导层,要有强烈的质量意识;要求企业在确定经营目标时,首先应根据用户或市场的需求,科学地制定质量目标,并安排人力、物力、财力予以保证。当质量与数量、社会效益和企业效益、长远利益与眼前利益发生矛盾时,应把质量、社会效益和长远利益放在首位。

"质量第一"并非"质量至上"。质量不能脱离当前的消费水平,也不能不问成本一味地讲求质量。应该重视质量成本的分析,把质量与成本加以统一,确定最适宜的质量。

2) 用户至上

在全面质量管理中,"用户至上"是一个十分重要的指导思想。它就是要树

立以用户为中心,为用户服务的思想。

为用户服务的思想,是指使产品质量与服务质量尽可能满足用户的要求。产品质量的好坏最终应以用户的满意程度为标准。这里,所谓用户是广义的,不仅指产品出厂后的直接用户,而且指在企业内,下工序是上工序的用户,下工段或下车间是上工段或上车间的用户等。旅游企业要为旅游者提供优质的旅游产品和服务,涉及景区景点、旅行社、旅游饭店、交通客运部门等多个环节和部门,相互之间更应该树立用户至上的意识。

3)质量是设计和制造出来的,而不是检验出来的

在为旅游者提供产品和服务的过程中,检验是重要的,它可以起到对不合格产品和服务把关的作用,同时还可以将检验信息反馈到有关部门。但影响产品质量好坏的真正原因并不在于检验,而主要在于设计和制造。设计质量是先天性的,在设计时就已决定了质量的等级和水平;而制造只是实现设计质量,是符合性质量。二者不可偏废,都应重视。但从我国旅游业发展的现状来看,对于设计质量还需要格外强调。

4)强调用数据说话

这就是要求在全面质量管理工作中要具有科学的工作作风,在研究问题时不能满足于一知半解和表面现象,对问题除有定性分析外还尽量有定量分析,做到心中有"数"。这样可以避免主观盲目性。

在全面质量管理中广泛地采用了各种统计方法和工具,其中用得最多的有"七种工具",即因果图、排列图、直方图、相关图、控制图、分层法和调查表。日本又提倡和推行了"新七种工具",即关联图法、KJ法、系统图法、矩阵图法、矩阵数据解析法、过程决策程序法(PDPC法)和箭条图法。常用的数理统计方法有回归分析、方差分析、多元分析、实验设计、时间序列分析等。

5)突出人的积极因素

"人民,只有人民,才是创造历史的动力"。从这个意义上讲,在开展质量管理活动中,人的因素是最积极、最重要的因素。

与质量检验阶段和统计质量控制阶段相比较,全面质量管理阶段格外强调调动人的积极因素的重要性。必须调动人的积极因素,加强质量意识,发挥人的主观能动性,以确保产品和服务的质量。全面质量管理的特点之一就是全体人员参加的管理,"质量第一,人人有责"。1962年日本在我国"鞍钢宪法"三结合

小组的启发下开展了质量管理小组活动,对保证和提高质量起了很大的作用。旅游业本身是一个劳动密集型的产业,每一个与顾客接触的服务人员都代表着旅游企业的质量水平。

要提高质量意识,调动人的积极因素,一靠教育,二靠规范。需要通过教育培训和考核,同时还要依靠有关质量的立法以及必要的行政手段等各种激励及处罚措施。

5.2.2   全面质量管理的工作原则

1)预防原则

在企业的质量管理工作中,要认真贯彻预防的原则,凡事要防患于未然,尽量把不合格产品和服务消灭在发生之前。旅游企业虽然也向旅游者提供有形产品,但本质上都是提供的服务。服务是生产与消费同时进行的,是一次性的,不能重复。在这种情况下,对于服务的质量就应该事先设计好。试想一下,如果旅行社、饭店在接待旅游者之前不设计好相应的流程和各环节的质量标准,会是怎样的状况?

2)经济原则

全面质量管理强调质量,但质量保证的水平或预防不合格的深度都是没有止境的,所以必须考虑经济性,建立合理的经济界限。这就是所谓的经济原则。因此,在产品设计制定质量标准时,在生产过程进行质量控制时,在选择质量检验方式为抽样检验或全数检验时等场合,我们都必须考虑其经济效益来加以确定。自 20 世纪 80 年代以来,由于国际市场的竞争异常激烈,所以质量管理发展的新方向之一即经济质量管理(EQC),在推行全面质量管理时追求经济上最适宜的方案。1986 年德国乌尔茨堡(Wurzburg)大学成立了以冯·考拉尼教授为首的经济质量管理研究中心,就是这种趋势的一个明证。

3)协作原则

协作是大生产的必然要求。旅游经营活动涉及的上下游企业越多,服务分工越细,就越要求协作。一个具体单位的质量问题往往涉及许多部门,如无良好的协作,是很难解决的。因此,强调协作是全面质量管理的一条重要原则。这也反映了系统科学全局观点的要求。

5.2.3　全面质量管理的基础工作

1)标准化工作

标准是从事生产、服务等各项工作的一种共同的技术依据,是综合了生产实践、科技成果,加以研究制定并经过一定程序批准,在一定范围内共同遵守的技术规定。凡正式生产的工业品、各类工程建设、环境条件、安全卫生等都必须制定标准,并在工作中贯彻执行。旅游企业虽不同于工业品生产企业,但同样也不例外须实行标准化工作。实现标准化,有利于保证和提高产品质量,保障用户的利益并便于产品的使用与维修。在生产中,推行标准化可以减少设计和工艺准备的工作量,保证产品的互换性,便于组织专业化生产,促进劳动生产率的提高和降低产品成本。

除了有关产品设计与工艺的技术标准外,还有各项管理标准。后者在企业范围内更有突出的指导作用。质量管理的过程就是对标准的采用与实施的过程,需要保持生产过程和服务提供工程中标准的统一性、权威性和约束力。同时,要认识到标准是产品质量应达到的最低期望值,而不是最高水平。例如,按照国家规定,达到国家标准的是合格品,超过国家标准、处于国内先进水平的才是一等品。随着生产技术水平的进步,既应保持标准的相对稳定,又应定期加以修改和提高,力争尽快与国际水平接轨。

2)计量工作

大多数质量特征都可以定量化。因此,计量工作就成为全面质量管理的重要基础工作之一。基础计量管理包括计量标准的贯彻、精密测量技术的推广、理化试验鉴定和技术分析等工作。基础计量管理工作的基本要求是:严格保持测量手段的量值的统一、准确和一致,并符合国家标准;保证测量仪器和工具质量可靠、稳定以及配套;完善测量技术、测量手段的技术改造和技术培训工作;逐步实现计量工作的科学化与现代化。

对于不能定量的质量特征,如外观、形态、色、香、味、包装内部缺陷等要逐步改进评价指标及评价方法,使之更完善、更科学化。

3)质量信息工作

及时、正确的质量情报是企业制定质量政策、目标和措施的依据。质量情报的及时处理和传递是生产过程质量控制的必要条件。质量情报是多方面的,它包括:国内外有关的科技发展状况;同类产品质量情况及发展趋势;市场需求的变化及质量反映;企业内部在产品研发与制造过程中的质量信息等。应该建立企业的质量信息系统并和企业内外的质量跟踪系统结合起来。要确定质量跟踪点,质量反馈程序和期限,并把质量跟踪方式与企业生产计划、批量投入、质量标准结合起来,以保证质量信息的及时性。做好质量信息工作还要和企业的生产统计分析工作结合起来,要完善指标体系,使质量信息工作规范化、制度化。

4) 质量教育工作

质量管理活动既是一个工作过程,也是一个教育过程,要"始于教育,终于教育"。特别在当前,质量管理正面临新的挑战,要适应新的经济环境,加强教育至关重要。

质量教育内容广泛,要分层次、有针对性地进行,并加以考核。国外对于不同部门的新来者所进行的质量管理培训天数的统计见表5.1。

表5.1   不同部门对新来者进行质量管理培训的平均天数

部　门	平均培训天数/天		
	丹　麦	日　本	韩　国
研制部门	1.4	12.5	8.7
市场部门	0.7	8.1	5.1
生产部门	1.5	14.3	9.7
质量管理部门	10.1	19.3	13.1
生产班组长	2.8	17.5	10.0

从表中可见:①在各个部门中,日本安排质量管理培训的时间最多,韩国次之,而欧洲的丹麦最少。②日本在各个部门都安排了一定的质量管理培训时间,丹麦只在质量管理部门安排一定的时间而在其他部门安排的时间很少。

以上反映了日本和欧洲对待质量教育的态度有很大的差距。我国对质量教育是比较重视的,从1980年起历年都举办了全面质量管理电视讲座,参加的学员以百万计,并举行考试,取得了很大的成绩。今后,各个企业对不同层次人员的质量教育还需要经常化、制度化,尤其要重视结合实际工作,避免流于形式。

5) 质量管理小组活动

质量管理小组是全面质量管理的群众基础。它是以保证和提高质量为目的,围绕现场存在的问题,由班组工人或科室人员在自愿的基础上所组成的开展质量活动的小组。开展质量管理小组活动,要做到组织、研究课题、措施与效果"四落实",要把学习与创造相结合,成果发表与竞赛评比相结合,思想教育与物质鼓励相结合,稳步发展,不断提高。

质量管理小组是日本受到我国"鞍钢宪法"三结合小组的启发于 1962 年提出的。在日本和一些亚洲国家,质量管理小组比较普及,并已成为日本质量管理特色之一。从表 5.2 中可见,最普及的部门当然是生产部门,在日本甚至行政部门也平均有 67.4% 的人参加了质量管理小组。而欧美各国则普及率很低,这是他们质量管理工作中的不足之处。

表 5.2   不同部门质量管理小组的普及率

部 门	组成质量管理小组的职工人数百分比/%		
	丹 麦	日 本	韩 国
研制部门	0.24	59.3	53.1
市场部门	0	54.1	41.8
生产部门	3.2	86.4	83.5
质量管理部门	7.8	72.7	71.2
生产班组长	0	67.4	0

5.3   旅游企业服务质量管理

旅游企业是服务性行业中的典型代表,出售的产品是以服务为形式的无形产品,因此旅游企业质量管理的实质与落脚点就是旅游企业服务质量管理。服务质量是旅游企业的生命线,它不仅直接影响到客户的消费感受、消费利益,也直接影响着旅游企业的管理水平、经济效益和市场形象。因此,服务质量就成为旅游企业管理的重要内容。

5.3.1   旅游企业服务质量管理的内涵

1)旅游企业服务质量的定义和分类

质量是"一组固有特性满足要求的程度",由此可以将旅游企业服务质量定义为反映旅游企业的服务满足一组固有特性的程度。具体来说,就是指旅游企业以旅游资源、旅游设施设备和有形产品为依托,提供的劳务适合和满足旅游者对物质和精神需求的程度。

旅游企业的服务质量,可分为技术质量和功能质量两个方面,其功能质量的重要性要远远高于技术质量,即服务质量主要取决于顾客的感受和认识。当旅游企业的服务质量超过了旅游者的预期,旅游者就对旅游服务质量的评价较高;反之,如果旅游者获得的服务质量低于其预期,就对旅游服务质量的评价很低。技术性质量主要体现在设施设备、实物产品方面,功能质量主要体现在劳务质量、环境质量、旅游资源等给顾客带来的心理感受方面。

2)旅游企业服务质量的特点

(1)服务质量评价标准多元化

因为旅游服务质量有技术质量和功能质量两个方面,技术质量可以测定,但功能质量却无法固定一个标准。所以对旅游企业服务质量的评价应该是硬性指标与软性指标的统一。

(2)服务质量是多方面、多层次劳动服务相结合的结果

无论是旅行社有组织的接待旅游还是自助旅游,旅游者都离不开旅游过程中的吃、住、行、游、购、娱等基本需求要素,都需要获得相应的服务。即使旅行社集中代表旅游者购买了相应的服务,有些服务环节也是旅行社难以控制的。对于旅游者来说,在旅游过程中只要得到了不满意的服务,可能就是购买了一次不愉快的经历。所以要保证和提高服务质量,旅游企业内部各部门之间、旅游行业上下游各企业和部门之间必须树立全局意识。

(3)服务质量是服务意识和技术水平的统一

旅游企业的服务质量,是在企业与旅游者接触过程中产生的。因此,服务质量一方面取决于员工的服务技能,另一方面则取决于员工的服务意识。只有"乐于为顾客服务"的意识,才会有最好的态度和精神面貌展现在旅游者面前,为客人提供恰到好处的服务,最终实现旅游者对旅游服务质量的满意。

5.3.2 旅游企业服务质量形成模式

根据北欧两名服务质量管理学家(瑞典的古默森教授和芬兰的格龙鲁斯教授)对产品和服务质量的形成过程的研究成果,结合旅游企业服务生产和消费的特点,将旅游企业服务质量的来源综合为设计、供给和关系三个来源。旅游企业如何认识和管理好这三方面来源,将会影响顾客对总体服务质量的认识,见图5.1。

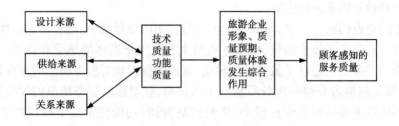

图 5.1　旅游企业服务质量形成模式

1）设计来源

即旅游企业提供的服务是否优质,首先取决于服务的设计是否科学和具有独到性、针对性。

2）供给来源

即设计好的服务,依靠旅游企业服务提供系统,并以顾客满意和希望的方式实际操作服务过程,把理想中的技术质量转变为现实的技术质量。

3）关系来源

指旅游企业服务过程中服务人员与顾客之间的关系,服务人员越是把顾客的需求放在第一位,关心和体贴顾客,解决顾客的实际问题,顾客对旅游企业的服务质量的评价就越高。

服务质量的三种来源与服务的技术质量和功能质量两方面的内容之间是相互关联,互为作用的。服务的设计虽然旨在增加服务的技术质量,但同时也会提高功能质量。旅游企业涉及服务是要考虑到现有顾客和潜在顾客的需求,通过征询顾客的要求和爱好,把它们归纳为一定的特征和要素,然后通过设计服务过程尽可能满足顾客的要求和爱好。细致、周到的服务设计,不仅反映出服务的技术质量,顾客也会感到旅游企业为满足自己的要求而做出了相当多的工作和努力,必然会提高服务的功能质量。

旅游企业的服务质量供给来源,在形成技术质量的同时,也会提高其功能质量。服务的供给过程不仅需要服务人员和服务设施参与其中,而且需要顾客的参与和配合。

服务质量的关系来源强调旅游企业与顾客之间的相互关系是形成服务质量的来源,这种来源形成的主要是旅游服务的功能质量,服务过程中顾客与旅游企业之间的关系是形成服务功能质量的最重要来源,也是评价服务质量优劣的重要依据。在旅游企业竞争日益激烈的今天,如何培育和发展与顾客之间的长期关系是目前旅游企业提高服务质量最关键的环节。旅游企业必须深入了解顾客的需要和期望,通过现代新的信息技术和数据处理技术来建立企业与顾客之间的关系,引导和满足顾客的需求并从中不断开发新的服务项目。

从图5.1可知,顾客感知服务质量要受到旅游企业形象、顾客预期质量和最终体验质量三方面的综合作用:

①顾客在购买和消费服务之前,由于受到旅游企业所作的广告或宣传的影响,或其他顾客的口头信息传播的影响,再加上自己的经验,在大脑中形成对旅游企业形象的一个初步认识,特别是对自己准备消费的服务的质量有了比较具体的预期。

②顾客在消费服务之前,是带着自己对这种服务的具体预期的,在服务提供过程中,顾客体验到了该旅游企业的服务质量。在这个过程中,顾客体验的内容分为两部分,一是自己获得了什么,即服务的技术质量;二是自己如何获得的,即服务的功能质量。

③在消费服务之后,顾客会不自觉地把自己在消费中体验到的服务质量与预期的服务质量相比较,从而得出旅游企业服务质量是优还是劣的结论。

④顾客心目中旅游企业形象往往也会调节顾客对服务质量的最终评价。

5.3.3　旅游企业服务质量管理的内容

1)服务项目设计的质量控制

旅游服务繁琐、复杂,产品的无形性特征明显,但实际上可以通过对具体服务的划分、设计,将其变为具体并有条理的服务。把旅游者的需求和愿望正确地变为特定的服务,实际上就是服务的设计和开发工作。通常,将核心服务项目的设计进行细分,包括以下几个环节。

①进行市场调查,弄清旅游者需要。由于不同的文化背景和生活习俗,不同的旅游者在同一线路的旅游行程或者是同一旅游目的地的需求都是不一样的,这就需要旅游企业提供有针对性的、个性化的服务。例如外国客人和国内商务客人到海南旅游,主要是为了度假,而国内大众旅游者到海南,主要是以观光为主。观光旅游产品和度假旅游产品是有很大区别的。

②根据市场需求,制定服务规程、服务提供规范。服务规程就是对服务项目设计的一组操作规则,相当于生产企业的产品技术标准;服务提供规范是对服务提供过程的规定要求,它相当于生产企业的工艺规程。

③在新的服务项目得到实施、推广以后,应该采取措施收集市场的反馈信息,以便做进一步的修改,完善服务质量。

2)服务的过程质量控制

由于旅游服务产品的生产和消费是同时进行的,所以旅游企业的服务质量管理必须要加强旅游服务过程的质量控制,使服务工作一次就能做好。为此,旅游企业必须做好以下几点。

①树立全员服务意识,提高服务人员的技术素质。旅游服务是以服务人员与旅游者面对面的形式来完成的,服务人员必须有娴熟的技能和规范的言行举止,才能为客人提供规范的服务。同时还需要注意的是,服务是"为满足顾客需要,供方与顾客接触的活动以及供方内部活动所产生的结果",这就是说不仅服务人员与顾客的接触会影响服务质量,不与顾客直接接触的旅游企业内部工作是否协调,同样影响服务质量。所以旅游企业不能仅仅抓一线服务环节的服务质量,还必须树立后台为前台服务,前台为顾客服务的全员服务意识。

②建立服务质量责任制,使人人有专责,实施有人管。每个职工都有明确的岗位职责和努力方向,做到心中有数、自我调控。

③开展服务质量检测。好的服务质量不是检测出来的,是设计和制造出来的。但是,没有严格的检测制度,质量管理的相关要求和制度就形同虚设,没有检测,就一定不会有好的服务质量。旅游企业可实行自检自控、互检互控、专检专控来加强质量检测。

3)服务的关键环节控制

旅游企业制定服务质量能够控制,必须抓住关键环节、关键时刻的管理和控制。比如旅行社的接机服务、住店服务、餐饮安排、沿途和景点讲解等,都是旅行社为旅游者提供服务的关键环节。与关键环节相对应的是关键岗位,在上述旅行社的服务中,导游和计调就是两个关键的岗位。对这样一些关键的环节和岗位,旅游企业必须制定详细的服务标准和作业规程,并严格执行相应的检测制度。

5.3.4 旅游企业服务质量管理方法

1)制定适合与适度的质量标准

进行服务质量管理,要有相应的质量标准。虽然旅游服务的功能质量受旅游者主观感受的影响较大,但这并非就等于不需要标准。旅游服务质量标准的建立是旅游企业质量管理的基础工作,通过标准使企业的管理者及时发现问题和偏差,并采取措施来提升质量,促进旅游企业管理的科学化、系统化和效率化,从而提升旅游企业自身素质。标准化的服务质量也为旅游企业树立了标杆,有利于企业的规模化扩张,增强企业实力。同时标准化导致产品和服务的差异性减少,促进旅游企业的创新。

制定质量标准要注意适合性与适度性。适合性,就是指质量要适合于各类目标客源的要求。例如导游在为普通大众旅游者讲解某个旅游风景点时,可以讲解一些基本的概况和一些民间传说,但对于知识型、专家型的旅游者,就应该讲解得更专业和深入一些,包括地质形成、气候、动植物状况等。适度性,是指质量要根据目标客源的等级要求即付费标准,以合理的成本为顾客提供满意的服务。例如旅游饭店的目标客源是普通商务客,只需提供商人工作室就可以了,如果目标客源是高级商务客,就要提供商务行政楼层。

2)服务质量保证卡

旅游企业推出服务质量保证卡,一是使顾客放心满意,二是通过满意的顾客口碑宣传,吸引大量的回头客,三是利用顾客的质量监督促进旅游企业的全面质量管理。

服务质量保证卡一般包括这几方面的内容:服务态度保证、服务标准的保证、产品标准的保证、质量保证的使用区域、对质量不满意部分的纠正与赔偿保证、质量热线电话。

3)PDCA 工作法

PDCA 是指开展质量管理工作的四个阶段,这里,P 指计划(Plan),D 指执行计划(Do),C 指检查计划(Check),A 指采取措施(Action)。PDCA 循环是质量体系活动所应遵循的科学工作程序,周而复始,循环不已。这四个阶段具体又可分为八个步骤:

①列出目前存在的质量问题。②找出质量问题中的主要问题。③分析产生主要质量问题的主要原因。④制订解决质量问题的计划和措施。⑤实施计划和执行措施。⑥对照制定的措施和目标检查执行情况,及时调整,纠正偏差。⑦对达到目标的措施加以规范化和制度化,固化成果。⑧对未解决的问题和新出现的主要问题转入下一个工作循环。

在第二个步骤中,通常又采用 ABC 分析法来找出重点问题,A 是重点问题,

B是次重要问题,C是次要问题。根据"重要的少数,次要的是多数"原则,当同一个(类)问题多次发生,频率在70%左右时,这类问题就被确定为A类问题,需要重点解决;当同一个(类)问题发生频率在20%左右时,这类问题被确认为是B类问题,需引起重视;当同一个(类)问题发生频率在10%以下时,这类问题被确定为C类问题,可暂时不予考虑。

在第三个步骤中,通常采取因果分析法,它是运用像鱼刺一样的因果分析图,来对产生质量问题的原因进行层层分析,然后对症下药,予以解决。

4)顾客期望的管理

服务质量的优劣,是与顾客的期望分不开的。当顾客对服务质量的感受超过了他的预期,顾客就会产生满意,对服务质量的评价就比较高;当顾客对服务质量的感受低于他的预期时,顾客就会产生不满,对服务质量的评价就比较低。而旅游企业也不能被动接受顾客对自己的预期,应该能动地调控旅游者的预期,有效地管理顾客期望。

在竞争日益激烈的市场条件下,旅游企业只有掌握顾客期望的形成机制、变化动态,采取及时措施满足顾客期望,调整服务的竞争战略,完善旅游服务的系统设计,加强品牌管理,才能达到有效的质量管理。其中积极的顾客期望管理是旅游企业建立长期竞争优势的有效策略。

(1)保证服务承诺能够反映旅游服务的现实水平

承诺是旅游企业对顾客在服务水平、服务质量上的一种允诺,这种诺言必须基于现实,既不能脱离现实,给予顾客过高的期望;也不能落后于现实,这无疑会丧失一部分客户。因此,旅游企业的经营管理者给旅游者和客户提供承诺时,要做到:①通过市场调查掌握主要客源的具体和特殊需求;②根据旅游者现实需求补充、完善服务项目和服务设施;③杜绝做出不切实际、与实际相差甚远的承诺,以免造成顾客的失望;④关注市场信息的变化,随时追随市场行情和走向。

(2)保证承诺的服务具有现实的可靠性,即承诺能够得到兑现

任何承诺的价值在于服务的不折不扣。研究表明,承诺一旦离开服务的可靠性支撑是难以经受实践的考验的,其结果往往是适得其反。可靠性是旅游服务质量的重要标准,只有提供可靠而且稳定的服务,才可以稳定客源,赢得旅游者良好的口碑,获得更多的赢利机会,从而提升自身的市场竞争力;同时还可以有效控制与减少服务失误造成的不必要的支出,提高员工士气,稳定员工队伍。坚持服务的可靠性,需要采取的措施是:①旅游企业的管理者要重视服务质量的

设计、监督、检查等管理工作,只有管理层重视了,一线服务人员才能保持服务质量的可靠性和稳定性;②经常与客户保持必要的联系,听取客人意见,改进服务质量;③质量检查坚持不懈;④建立完善的服务基础,包括系统的服务标准,责、权、利相统一的服务岗位责任制,部门之间团队合作意识,信息及时反馈机制,以及为一线员工服务的后勤保障等。

(3)提供超出旅游者预期的服务

显然,如果旅游者获得的服务超出了他自己的预期,旅游者就会非常满意,很可能重复购买或介绍他人购买。所以旅游企业要处理好企业提供给旅游者的实际利益与旅游者预期利益之间的关系。这里关键在于旅游企业要将旅游者对旅游服务质量的预期调节到适当的水平上,要防止出现太低和太高两个极端。一些成功的跨国公司为了创造使消费者非常满意的结果,在其产品性能大大超过其竞争对手的前提下,采取适当的保留性宣传策略,以使消费者为享受到的额外利益而惊喜。例如波音公司承诺其生产的飞机比其他同类飞机节约5%的燃油,而实际上却节省了8%,使用户感到格外的高兴而再次购买或推荐别人购买。这种策略也值得旅游企业学习和借鉴,比如旅行社可以安排一个免费景点;将承诺的二星级住宿提高为三星级标准;客人在结账时,意外收到了酒店赠送的礼物;餐馆免费向客人赠送一道菜等。

本章小结

通过对质量管理所涉及基本概念的认识,使学生明白了旅游企业开展质量管理工作应涉及的基本方面;而在旅游企业管理中,最常见的就是全面质量管理,我们理解了进行旅游企业全面质量管理应树立的指导思想和应坚持的工作原则,并知道了应开展的基础性工作;旅游企业提供的核心产品是服务,所以对服务质量管理的内容、方法也进行了重点介绍。

实践训练

请以某景区、旅行社或酒店为例,制定一份宾客服务质量保证卡。

本章自测

1. 选择题

(1) 以下对服务的解释说明不正确的是(　　　)。

　　A. 服务是产品的一种,是活动或过程的结果。

　　B. 服务不仅包括服务者(供方)与被服务者(顾客)接触时的活动所产生的结果,也包括服务者(供方),即服务组织内部的活动所产生的结果。

　　C. 在供方与顾客的接触中,供方可以是人员,也可以是某种设备或设施。

　　D. 服务是以服务人员为核心展开的,没有服务人员也就谈不上服务。

(2) 旅游企业管理的中心环节是(　　　)。

　　A. 全面质量管理　　　　　　　B. 计划管理

　　C. 服务质量管理　　　　　　　D. 资金运行管理

(3) 全面质量管理的工作原则有(　　　)。

　　A. 预防原则　　　　　　　　　B. 经济原则

　　C. 协作原则　　　　　　　　　D. 强调一线原则

2. 判断题,正确的打"√",错误的打"×"。

(1) 好的质量是设计和制造出来的,而不是检查出来的。　　　　　(　　　)

(2) 全面质量管理只是一种更详细的说明,实际上等同于质量管理。

　　　　　　　　　　　　　　　　　　　　　　　　　　　　　(　　　)

(3) 计量工作是全面质量管理的基础性工作。　　　　　　　　　　(　　　)

(4) 服务质量由于受到顾客主观感受的影响,所以制定统一的质量标准意义不大。　　　　　　　　　　　　　　　　　　　　　　　　　　(　　　)

(5) 制定质量标准当然是越高越好。　　　　　　　　　　　　　　(　　　)

3. 简答题

(1) 全面质量管理的基本指导思想是什么?

(2) 简述旅游企业服务质量管理的主要内容。

(3) 旅游企业如何做好对顾客期望的管理工作?

相关链接

戴明博士质量管理十四法

《十四条》的全称是《领导职责的十四条》。这是戴明先生针对美国企业领导提出来的。从美国各刊物所载原文看,无论是次序还是用语,都各有差异。这可能是因为在长达十多年的时间里,戴明本人在不同场合有不同的强调的缘故。

第一条　要有一个改善产品和服务的长期目标,而不是只顾眼前利益的短期观点。为此,要投入和挖掘各种资源。

第二条　要有一个新的管理思想,不允许出现交货延迟或有差错或有缺陷的产品的现象。

第三条　要有一个从一开始就把质量造进产品中的办法,而不是依靠检验去保证产品质量。

第四条　要有一个最小成本的全面考虑。在原材料、标准件和零部件的采购上不要只以价格高低来决定对象。

第五条　要有一个识别体系和非体系原因的措施。85%的质量问题和浪费现象是由于体系的原因,15%的是由于岗位上的原因。

第六条　要有一个更全面、更有效的岗位培训。不只是培训现场操作者怎样干,还要告诉他们为什么要这样干。

第七条　要有一个新的领导方式,不只是管,更重要的是帮,领导自己也要有个新风格。

第八条　要在组织内有一个新风气。消除员工不敢提问题、提建议的恐惧心理。

第九条　要在部门间有一个协作的态度。帮助从事研制开发、销售的人员多了解制造部门的问题。

第十条　要有一个激励、教导员工提高质量和生产率的好办法。不能只对他们喊口号、下指标。

第十一条　要有一个随时检查工时定额和工作标准有效性的程序,并且要看它们是真正帮助员工干好工作,还是妨碍员工提高劳动生产率。

第十二条　要把重大的责任从数量上转到质量上,要使员工都能感到他们的技艺和本领受到尊重。

第十三条　要有一个强而有效的教育培训计划,以使员工能够跟上原材料、

产品设计、加工工艺和机器设备的变化。

第十四条　要在领导层内建立一种结构，推动全体员工都来参加经营管理的改革。

（资料来源：http://www.zhkc.com.cn/zhuanjia/.htm.）

第6章
旅游企业经营管理

【学习目标】

【知识目标】 掌握旅游企业的几种基本的经营形式,理解其基本概念和各自的特点,对旅游企业经营发展中的新理念有概括性的认识。

【能力目标】 能够依据旅游企业经营的基本理论知识,对新创立的旅游企业和原有旅游企业进行改制提出选择经营形式的建议,并对旅游企业如何树立和运用新的经营理念提出建议。

【关键概念】

个人业主制旅游企业 股份制旅游企业 中外合资旅游企业 中外合作旅游企业 旅游企业集团 经营承包责任制 租赁制 技术许可证 顾客满意 顾客忠诚 员工满意

问题导入:

2006 年,全国 17 957 家旅行社共实现营业收入 1 411.03 亿元,比上年增长 26.37%;向国家上缴税金 9.90 亿元,比上年增长 21.92%;旅行社实现利润5.79 亿元;旅行社的全员劳动生产率为 49.35 万元/人;全年人均实现利税 0.55 万元/人。即每家旅行社平均的年营业收入是 785.78 万元,平均年利润是 3.22 万元。相比之下,早在 2000 年时美国运通公司一家的营业收入就达 1 940 亿元。为了突破这样的尴尬局面,很多旅行社纷纷将经营的重点放在商务旅游、出境旅游和休闲旅游等利润率高的市场,并且寻求其他提高效益的渠道。由于旅行社的连锁经营能为企业降低成本,实现规模经济,使旅行社由粗放型向集约型过渡,于是各大旅行社纷纷走上连锁经营探索的道路。中青旅在北京实现多家

店面的连锁经营,广之旅更是与峨眉山合作构建成市级社的跨省经营,并且与香港康泰旅行社合作……

(资料来源:根据中国旅游网 http://www.cnta.com/资料整理.)

问题:中国的国内旅行社数量庞大,为什么利润率却很低?为什么一些知名的旅行社开始走集团化、连锁化发展之路?

6.1 旅游企业经营形式的选择

旅游企业的经营形式就是指旅游企业内部三大经营主体——旅游企业资产所有者、资产经营者和员工这三者的不同组合方式,就是不同的职权利益关系。所以旅游企业要开展经营活动,首先要确定的就是所有制形式和经营方式。

6.1.1 旅游企业所有制形式的选择

1)个人业主制旅游企业

即是指个人出资经营的旅游企业,也叫独资旅游企业。个人业主制旅游企业的基本特征是:经营的主体不是公司组织,而是个人或家庭。他们以自己的资金为基础从事旅游业务经营。虽然,这里的资金可能是业主借入的,但是,他是以自己独资的名义注册经营的,对于债务承担无限责任。

(1)所有制形式存在的优点

①创立简易。只要不违反治安、法令与卫生等规定,又具备经营旅游业务的条件,就可以由自己出资申请开办。②全力以赴。由于旅游企业的所有权与经营权统一在业主手中,旅游企业的经营状况与旅游企业经营者的利益直接相关,所以经营者往往夜以继日,充分利用个人的声望、社会关系和一切经营才能。全力以赴自己的事业。③易于当机立断,把握时机。由于责任、利益、权力三者完全统一,因而牵制与内耗最小。④易于保守经营诀窍、专利和信息的机密。这些优点,我们可以从大量餐旅个体户服务周到、在夹缝中求生存的经营行为中深深感受得到。

(2)所有制形式也存在着下列缺点

①资金有限,不能适应规模大的旅游企业。这是因为业主借贷资金量受到

其个人信誉低的制约。②风险大。由于对债务承担无限责任,只要企业破产,业主的一切财产都可能用于赔偿。③难以利用专家集团来集思广益。这是因为企业规模小,为了节省开支,主要依赖个人或家庭成员进行经营管理与决策,无力聘用经营旅游业务的各类专业人员。④业主个人状况如身体状况直接影响旅游企业的经营状况。原因在于业主集旅游企业的所有权与经营权于一身是万能博士式人物,难以有人来替代。⑤容易在竞争中被规模大的旅游企业所击败。因为规模小,缺乏专业经营人员,导致竞争力弱。

20世纪80年代初期,我国开始发展旅游业,国家鼓励个人出资创立旅游服务企业,特别是为旅游者服务的饮食服务企业,大多是以个人独资的形式成立的。经过了20多年的发展,有相当一部分独资企业已经改变了原有的资本所有结构,成为大型的旅游企业。

2) 合伙制旅游企业

合伙制旅游企业是指两个或两个以上的人结合创办的旅游企业。我国不少小型餐旅企业就是由两人或两人以上的合伙者出资或出其他经营要素一起创办的。

合伙制旅游企业的基本特征是:①两个以上公民按照协议,各自提供资金、实物、技术等,合伙经营,共同劳动。②合伙人对出资数额、盈余分配、债务承担、入伙、退伙、合伙终止等事项,订立书面协议。③合伙人投入的财产,由合伙人统一管理和使用,合伙经营积累的财产,归合伙人共有。④合伙的经营活动,由合伙人共同决定,合伙人有执行和监督的权利,合同人可以推举负责人。合伙负责人和其他人员的经营活动,由全体合伙人承担民事责任。⑤合伙的债务,由合伙人按照出资比例或者协议的约定,以各自的财产承担清偿责任。合伙人对合伙的债务承担连带责任。偿还合伙债务超过自己应当承担数额的合伙人,有权向其他合伙人追偿。

这种经营形式的主要优点是:①由于合伙人较少,因此组成比较容易。②由于能比独资筹集到更多的资金,因而可适用于较大规模的旅游企业。③由于每个合伙人对企业债务承担连带无限责任,因而能促使每个成员密切合作。

这种经营形式的主要缺点是:①由于旅游企业的所有权和经营权同时并存在合伙人手中,因此,比较容易发生意见分歧。②一个合伙人的不良行为将影响整个旅游企业的经营状况。③没有像股份制旅游企业那样具有法人资格,因此,不能利用发行股票和债券等现代集资工具来筹集发展资金,从而使旅游企业的发展规模受到限制。④若一个合伙成员发生变故,就需要重新修订合伙协议,因

此,合伙制旅游企业的组织不太稳定。

3) 股份制旅游企业

股份制是资产所有权与经营权分离的、适应于大规模旅游企业的一种经营形式。股份制旅游企业的基本特征是:把创办旅游企业所需资金分为若干股,通过发行股票来筹集资金。这种股份可以自由买卖、转让、抵押和继承,股东就其所认股份,对旅游企业的债务负有限责任。股东是旅游企业的财产所有者。股份制旅游企业的组织机构是股东代表大会,是旅游企业的最高权力机构。

这种经营形式的主要优点是:①容易吸收闲资。这是因为股东责任有限,并且股票又可以转让,兼具赢利性和流动性。②旅游企业的寿命不受股东寿命的影响,而个人业主制和合伙制都要受所有者寿命的影响。③由于股份制旅游企业的规模一般较大,又实行董事会领导下的总经理负责制,因而有条件聘用具有专门知识的优秀经营管理人员,可得到专家管理的利益。

这种经营形式的主要缺点是:①由于旅游企业的资产所有权与经营权分离,一般股东难以对企业业务进行考核,于是负责实际经营的经理人员容易产生不负责任、假公济私、舞弊自肥的行为。②处理业务常常不够敏捷,管理费用开支大,容易滋长官僚作风。③股份制旅游企业一般受到政府严格的管制,办起来比较困难。政府对股份制企业都有专门的法律规定,包括企业(公司)设立的条件和程序、资本总额、组织管理机构、经营管理范围、对其成员和第三者的关系,以及企业的解散和清算等,以防止欺诈性行为出现,避免小股东受骗和社会经营秩序混乱。

股份制企业是全部注册资本由全体股东共同出资,并以股份形式构成的企业。股东依在股份制企业中所拥有的股份参加管理、享受权益、承担风险,股份可在规定条件下或范围内转让,但不得退股。我国的股份制企业主要有股份有限公司和有限责任公司两种组织形式。

股份有限公司,其全部资本分为等额股份,股东以其所持股份为限对公司承担责任,公司以其全部资产对公司的债务承担责任。其基本特征是:公司的资本总额平分为金额相等的股份;股东以其所认购股份对公司承担有限责任,公司以其全部资产对公司债务承担责任;经批准,公司可以向社会公开发行股票,股票可以交易或转让;股东数不得少于规定的数目,但没有上限;每一股有一表决权,股东以其持有的股份享受权利、承担义务;公司应将经注册会计师审查验证过的会计报告公开。

有限责任公司又称有限公司,是指符合法律规定的股东出资组建,股东以其出资额为限对公司承担责任,公司以其全部资产对公司的债务承担责任的企业法人。其基本特征是:公司的全部资产不分为等额股份;公司向股东签发出资证明书,不发行股票;公司股份的转让有严格限制;限制股东人数,并不得超过一定限额;股东以其出资比例享受权利、承担义务。

有限责任公司与股份有限公司的共同点是:

①股东都对公司承担有限责任。无论在有限责任公司中,还是在股份有限公司中,股东都对公司承担有限责任,"有限责任"的范围,都是以股东公司的投资额为限。

②股东的财产与公司的财产是分离的,股东将财产投资公司后,该财产即构成公司的财产,股东不再直接控制和支配这部分财产。同时,公司的财产与股东没有投资到公司的其他财产是没有关系的,即使公司出现资不抵债的情况,股东也只以其对公司的投资额承担责任,不再承担其他的责任。

③有限责任公司和股份有限公司对外都是以公司的全部资产承担责任。也就是说,公司对外也是只承担有限的责任,"有限责任"的范围,就是公司的全部资产,除此之外,公司不再承担其他的财产责任。

有限责任公司与股份有限公司的不同点:

①两种公司在成立条件和募集资金方面有所不同。有限责任公司的成立条件比较宽松一点,股份有限公司的成立条件比较严格;有限责任公司只能由发起人集资,不能向社会公开募集资金,股份有限公司可以向社会公开募集资金;有限责任公司的股东人数,有最高和最低的要求,股份有限公司的股东人数,只有最低要求,没有最高要求。

②两种公司的股份转让难易程度不同。在有限责任公司中,股东转让自己的出资有严格的要求,受到的限制较多,比较困难;在股份有限公司中,股东转让自己的股份比较自由,不像有限责任公司那样困难。

③两种公司的股权证明形式不同。在有限责任公司中,股东的股权证明是出资证明书,出资证明书不能转让、流通;在股份有限公司中,股东的股权证明是股票,即股东所持有的股份是以股票的形式来体现,股票是公司签发的证明股东所持股份的凭证,股票可以转让、流通。

④两种公司的股东会、董事会权限大小和两权分离程度不同。在有限责任公司中,由于股东人数有上限,人数相对来说比较少,召开股东会等也比较方便,因此股东会的权限较大,董事经常是由股东自己兼任的,在所有权和经营权的分离上,程度较低;在股份有限公司中,由于股东人数没有上限,人数较多且分散,召开股东会比较困难,股东会的议事程序也比较复杂,所以股东会的权限有所限

制,董事会的权限较大,在所有权和经营权的分离上,程度也比较高。

⑤两种公司的财务状况的公开程度不同。在有限责任公司中,由于公司的人数有限,财务会计报表可以不经过注册会计师的审计,也可以不公告,只要按照规定期限送交各股东就行了;在股份有限公司中,由于股东人数众多很难分类,所以会计报表必须要经过注册会计师的审计并出具报告,还要存档以便股东查阅,其中以募集设立方式成立的股份有限公司,还必须公告其财务会计报告。

4) 外商独资旅游企业

外商独资旅游企业是指经中国政府批准,向中国工商行政管理部门注册登记的,在中国境内从事独立经营的外国旅游公司、旅游企业和其他旅游经济组织和个人。这些营业机构具有法人地位,受中国法律的管辖和保护,按照外国企业所得税法缴纳所得税。

外商独资旅游企业的优点是:

①无需本国的资金和外汇。②利用我国一些闲置的或机会成本较低的经济资源。③通过所得税可分享外国企业近一半的所得收入。④中方不承担任何风险。⑤通过其先进的经营管理的示范效应,录用与培训中国员工,引进先进的经营管理技术。

外商独资旅游企业的缺点是:

①我国得不到经营利润。②可能挤占内资旅游企业的客源份额。

一般来说,在除了旅游资源和劳动力资源以外几乎一无所有的特区,如深圳、珠海与海南岛,或者在国际旅游业刚起步阶段,虽然有大量客源,但是受到没有资金、经营管理技术缺乏等综合制约,外商独资形式是可取的,一旦当我国已拥有从事旅游业的部分资金和经营管理技术,客源量又开始充裕起来,我们就不宜再建或多建外商独资旅游企业,因为再建就意味着剥夺我国旅游企业能获得的经营利润和吃掉我们的市场份额。

5) 中外合资旅游企业的选择

中外合资旅游企业就是指中国与一个以上的国家或地区的公司、企业、经济组织或个人按一定比例联合投资、共同经营的旅游企业。各投资者所负的责任仅以其投资额为限,按照投资比例分享利润,承担风险。

中外合资经营旅游企业的优点是:

①有利于引进特别是有利于中方学习和掌握旅游企业先进的经营管理技术。②既可弥补资金不足,又可获得一部分企业的经营利润。③有利于开拓客

源渠道,增加客源量。同时,可避开传统体制下我国政府主管部门不必要的行政干预。

中外合资经营旅游企业的缺点是:

①在举办手续上比较复杂。这方面,《中华人民共和国中外合资经营企业法》中有详细规定。②中外双方在经营管理上的合作与协调比较困难。这是因为双方有不同的价值观和管理习惯。现在,我国政府已提出按国际惯例进行管理、不一定要设中方总经理,只要外方经营富有效益就可以让外方单独管理的政策,有助于合资企业的有效管理。

依据对中外合资经营旅游企业优缺点的判断,当我们有一部分资金,但又缺乏一部分资金和需要学习先进的经营管理技术时,可选择这种形式。

6) 中外合作经营旅游企业的选择

中外合作经营的旅游企业往往叫做契约或合营旅游企业,就是指双方的权利和义务是通过合同来加以确定,而不是像合资经营的旅游企业那样按双方的投资比例来规定。双方的投资条件、经营管理、利润分配和风险承担都是由合同规定,负有限责任。合作者在生产、经营上是联合行动,在财务上分别核算。合作各方单独依照各自相关的所得税法缴纳所得税。

中外合作经营旅游企业的优点是:

①可以发挥我国现有生产要素的优势,即可投入土地、劳动力、风景资源等,而可不投入或少投入现金。合作期满后全部财产一般就归中方所有。

②手续简便,只要经主管部门批准同意即可。

中外合作经营旅游企业的缺点是:

①在合作经营初期一段相当长的时间里,中方收入较少,常常只有相当于土地使用费的收入,再加上国家所征收的一部分税收。

②与合资经营相比,由于搞合资经营立法比较完善,有法可依,因而比较安全。搞合作经营虽然方式灵活,但无法可依,全靠双方的协议规定,因而风险也较大。

从我国已签订的合作经营旅游企业的合同看,要注意下列问题。

①遗漏了中外双方承担亏损与债务的条款。这样的实际结果,是使中方承担了负责全部亏损与债务的责任。我们应明确地规定各方承担债务的比例和各方承担债务的限度。

②有的合同不但保证归还外商的投资额,还保证归还该投资额的利息(外方投资额大部分也是靠贷款)。保本保利的合同是不合理也是不允许的,因为

合作经营作为一种投资形式是要冒一定风险的,如果既保本又保利,最后还要分利润,外方没有一点风险,那中方不如自己到银行去贷款了。

③合作经营的外方,往往利用其合营者的权力,通过其自行委托国外企业设计、备料、施工与聘请国外饭店管理集团管理,来获取回扣。

依据中外合作经营旅游企业的优缺点,在严重缺乏资金,但又有其他生产要素的情况下,双方信任、互利的小的合作项目,可采用这种形式。

6.1.2 旅游企业经营方式的选择

1)实行承包责任制

经营承包责任制在旅游企业中推行,是从我国传统的集体和国有旅游企业开始的。传统的全民所有制旅游企业制度偏离了社会主义市场经济下旅游企业经营机制的目标模式,其基本弊端是:名为全民所有,实则无人所有,资产所有者缺位;经营者由政府主管部门任命,缺乏经营者所必需的权力;员工的录用与辞退也不是以劳动生产率为主要标准;国有国营,统收统支,企业吃国家大锅饭,职工吃企业大锅饭,使旅游企业丧失了活力。

实行上述经营责任制的共同目的是完善旅游企业的经营机制。具体要做到:

①运用法律公证手段,以契约形式确定国家与旅游企业之间(税收)、旅游企业所有者与旅游企业经营者之间(利润工资、奖金)的责、权、利关系,使经营者、生产者的经营责任指标(税收、利润、租金)与经营者、生产者的收益动力指标(工资、超收利润分成)挂钩。

②通过承包市场、租赁市场上的投标竞争产生合格的经营者,以旅游企业的经营成果(税收、利润、租金)包括资产增值作为奖罚经营者的主要依据,弱化所有权,即弱化主管部门对旅游企业的行政干预,强化经营权,即给经营者开展日常经营活动所必需的人、财、物、供、产、销等经营权力。

③要实行承包者、租赁经营者负责制,他们是企业的当然经理,同时以分包形式完善企业内部的各种经济责任制,实行由承包人或租赁人选聘员工的劳动组合制度,在企业内部做到劳动者有择业权、企业有择人权,待聘人员实行发基本工资和待业培训或鼓励外流政策,以此整顿劳动纪律,严格科学管理,发挥员工的积极性和创造性。

由于承包制实施容易,发包者和承包者的风险小,而租赁制的实施难度大,出租者和承租者的风险大,租赁者还要进行资产抵押与具备保人,所以,当不太具有实施经验时可先试行承包制,或大中型旅游企业试行承包制,小型旅游企业试行租赁制。当具有实施经验时,大中型旅游企业也可选用租赁制,因为租赁者所拥有的经营管理权力与承担的风险都要比承包制大,更符合所有权与经营权分离的原则。

旅游企业在实施承包经营责任制中经常会遇到下列难点。

(1)确定承包形式

经营责任指标与收益动力指标不同的组合与挂钩形式决定了不同的承包形式。旅游企业一般可采用下列三种承包形式。其一是当旅游企业刚开业或处于经营的饱和阶段,如试营业的饭店和老饭店,可采用基数利润包干、超收分成的形式;其二是当旅游企业处于经营的高速增长阶段,如开业两年后的饭店,可采用基数利润递增包干、超收分成的形式;其三是当旅游企业处于经营亏损阶段,可采用亏损包干、减亏分成的形式。

(2)确定发包人和承包人

发包人一般由当地的财政部门、旅游主管部门与有关专家组成的发包小组担任。具有旅游业经营管理能力并且投标书与经营管理方案被论证为最优者可确定为承包人。一般提倡个人承包,承包竞争者越多越好,但为了避免由于对承包者缺乏了解所带来的风险,可先从旅游企业管理者与员工中选定承包人或进行集体承包。

(3)确立承包基数与超收分成比例

基数利润的标的可参照上一年所完成的利润指标,并依据此后经营曲线是上升还是下降的预测,通过对上年指标的加减来确定。实际承包的利润基数与超收分成比例由承包市场上被论证可行的最高标书决定。

(4)确定承包期限

承包期限取决于对旅游企业未来经营情况的预期。如果未来的经营情况不能确定,发包人和承包人为避免承包指标过高或过低的风险,可选择短期。反之,则尽可以稍长,以利于经营者行为的长期化。承包期一般在一年到三年之间,不超过五年。

(5)确立承包层次与承包指标在各层次的分解方式

旅游企业的承包层次是:旅游企业向发包小组承包,旅游企业内务部门向旅游企业承包,班组向部门承包,员工向班组承包。这些分层承包是通过承包指标在各层的分解来实现的。旅游企业各部门一般可分为两类,一类是具有赢利的经营部门,一类是没有赢利的非经营部门。前者如饭店的客房、餐厅、车队、商场等部门,后者如工程维修、人事培训、计财、办公室等部门。经营部门的承包指标是利润,其承包基数与超收分成比例可由该部门承包人的投标竞争来决定,非经营部门的承包指标是提供服务工作的数量、质量与单位成本以及与之挂钩的利润分成,这也可由该部门承包人的投标竞争来决定。非经营部门要分享经营部门的利润分成,需满足下列要求:如果旅游企业对发包小组承包的超收分成比例是50%,那么,经营部门超收分成比例就要低于50%,如25%,即将其中25%的超收分成额与非经营部门分享。每一班组和员工的承包指标,主要是提供服务工作的数量、质量与物耗,这可以通过对员工的评分奖惩,用每一年(或每一月)每一部门的员工获得的总分去除超收分成的部门利润,就可获得该部门每一分的分值,而每一位员工的积分乘上每一分分值就可得到每一年(或每一月)所增加或减少的承包收入。扣分惩罚的极限在于保证每一位员工维持生活的基本工资。在此以上的工资与全部奖金都可以作为罚款额。

(6)确立承包者的收入

承包者的收入可以比一般职工平均工资高2~3倍。应该给成功的承包者重奖,以作为其风险报酬。要破除旅游企业经营不好无人关心,而当承包经营效益显著,承包者的收入略高一些就引发"红眼病"的恶习。

(7)确定固定资产价值

为了确保旅游企业长期的赢利能力,还需承包固定资产增值指标。使用过的固定资产价值按原值计显然不科学,按净值计,有些固定资产已折旧完毕,其净值等于零,但仍有实际使用价值。一般宜采用重置价格计,即按市场上的拍卖价计,这能反映其经济价值。固定资产增值额可用前后两次承包中固定资产的市场拍卖价格差额来确定。

2)实行租赁制

租赁经营是指企业的资产使用权的定期有偿转让,其实质是对企业经营要素的使用权及其完好程度的承包,及对经营手段的全面承包。它和企业承包经营制的区别在于:承包对象不同,承包制承包的是经营后果,而租赁制承包的是经营要素使用权;企业承包制经营者的收入主要是工资,而租赁经营者的收入是企业税和缴租后的利润额;租赁制的两权分离程度比承包制高一些,故企业的动力机制比承包制也要强一些。

旅游企业在实行租赁制时经常会遇到下列难点。

（1）确定出租人和承租人

旅游企业的出租人由旅游主管部门和财政部门担任，他们负责审查批准。承租方式有个人承租与集体承租两种。由于受到需要抵押资产及风险较大等限制，开始可采用集体承租方式，但个人承租应是发展的方向，因为它更利于确定经营者在企业的中心地位，理顺经营机制。承租人要具有旅游企业的经营管理能力，个人承租要有一定数量的个人财产和两位具有正当职业并具有一定财产的保人，集体承租不用保人。承租人最后由出租方和有关专家、学者及出租企业职工代表组成的考评委员会对投标书和经营管理方案论证后择优选定。

（2）确定租金

作为标的的旅游企业，租金的计算公式是：

租金 =（固定资产净值 + 流动资金占用额）× 银行利率 + 承租前三年行业统筹金平均数 ×（1 + 年利润递增率）

年利润递增率，可依据旅游企业的环境、素质、市场动态等可变因素综合考虑，科学确定。租金又可分为固定租金与基数递增租金两种。采用哪一种，要根据出租旅游企业所处经营曲线是饱和还是增长阶段来决定。实际租金多少由承租人的投标竞争来决定。

（3）确定承租人的收入

租赁的旅游企业在租赁年度留利中扣除当年租金后，剩余赢利在企业和承租人之间按合同规定比例分成。承租人分的红利不宜全部转为消费基金，一般以支取员工年平均收入的 5 倍左右为宜，剩余部分作为承租风险基金存入企业，以备经营亏损时的赔偿之用，租赁终止时，一次或分期从企业提取。

（4）确定租赁期间承租人投资设备的产权及其收益分配

个人投资，允许按银行利率计息，并分期收回投资额，个人投资收回后，投资设备的产权归旅游企业所有。

（5）租赁合同的中止或解除

要严肃租赁合同，如单方变更、中止或解除合同须按国家经济合同法规定承担经济责任。如遇不可抗力等异常情况，出租方或承租方均可经仲裁部门按法定程序中止或解除合同。

3）购买技术许可证与技术服务的经营形式

这是指拥有技术的一方将其专利、制造方法或经营管理方法或商标等知识产权,转移给我国旅游企业使用,由我方付给使用费的交易。这种方式目前主要在酒店使用。

这种做法的优点是:中方可直接取得经营一流旅游企业的能力,避免延迟开业、走弯路的损失,在最短的时期之内形成生产力,打开国外市场,为国家赚取外汇。

这种做法的缺点主要是费用太高。这些费用有:

①包括许可证费和管理费在内的基本费。例如酒店如果使用国际酒店业的著名品牌,只有一部分费用的提取率随客房出租率浮动,以基本费在营业总收入的比例来计,一般为 $0.5\% \sim 2.5\%$ 。

②奖励费。每月在经营毛利中按一定比例提取,比例为 $5\% \sim 10\%$ 。

③订房参加费。每月向订房公司支付一笔订房参加费,以其在订房系统总成本中的分摊额计。

④从国外派来的主管级人员的工资和福利。工资和福利将与外方在其他相似的饭店和情况下工作的人员相等。

那么,依据技术许可证、技术服务形式的优缺点,我们在什么情况下可选用呢?这里的选择原则是:当支付的管理费用大于由不聘请管理集团造成的开业推迟、经营管理不善的损失费用时,就不该聘请,反之就应该聘请。具体可分下列几种情况:

①大型四星级以上国际宾馆,在国内缺乏经营管理人才和组织客源能力的筹建与开业初期,以聘请海外管理集团为好。例如,上海华亭宾馆投资总额6500 万美元,迟开业一年以贷款年利率 5.2% 计,每年利息损失就达 338 万美元,而聘请海外管理集团一年所花费的开支,要远低于这个数目。

②正在进行开业准备和刚开业的大饭店,当饭店已拥有一大批国内合格的经营管理人员,可邀请国外管理集团的少数专家进行业务指导,以利于饭店工作迅速进入正轨。南京金陵饭店和上海天马大酒店曾采用了这一形式。当然,我们的方针应该是扶持国内具有世界一流水平的饭店管理集团的成长。

③客源不足、管理水平低而长期亏损的饭店,可考虑国外管理集团来接管,而在客源充足的地区,即便管理水平低也可暂时不采用这种办法,但要注意长远得失的比较。

④在现有饭店内部的经营管理水平较高,但其知名度小、客源不足、开房率低的情况下,可向拥有著名商标与庞大订房系统的国际饭店集团购买商标与预订系统的使用权,而不必委托管理集团直接管理。

委托管理期限不宜过长,一般以五年为限;在签订合同时要使管理集团真正将管理技术传授给我方,可通过设立副职人员见习及参加培训来实现。另外,包括许可证费在内的管理费的提取,应以与经营毛利或纯利挂钩为好,这样能真正刺激向管理要经济效益。

6.2　旅游企业集团经营

6.2.1　旅游企业集团化经营必然性

旅游企业集团是指以资本为主要联结纽带的母子公司为主体,以集团章程为共同行为规范的母公司、子公司、参股公司及其他成员企业或机构共同组成的具有一定规模的为旅游者提供吃、住、行、游、购、娱等服务的旅游企业法人联合体。

旅游企业发展到一定阶段后,将面临三种前途:一是因为自身经营不善而倒闭,或者因实力薄弱而被兼并;二是维持原状,既没有足够的实力去兼并其他企业来扩大自身规模,又不至于被兼并,而是以其自身的经营特色能够在市场上立足;三是发展壮大。这三种前途中,除了第二种情况外,其余两种情况都与旅游企业集团化经营密切关联,集团化经营是旅游企业发展到一定阶段的必然选择。2000年,国家旅游局提出要把旅游业培育成我国新的支柱型产业,支柱型产业就需要形成支柱型的旅游企业。中国加入世界贸易组织,国内的旅游市场体系与国际旅游市场体系将全面对接,国际跨国旅游集团全面进入中国市场,将对中国旅游企业形成严峻的挑战,发展旅游企业集团恰逢其时。中国旅游企业的集团化发展,是时之所趋,势在必行。

1)市场机制的作用

旅游产业是由为旅游者提供各种旅游产品和服务的多个旅游企业及相关部门组成的,也有自身的产业延伸链,不同的旅游企业在这个产业链中处于不同的环节,发挥着不同的作用。在市场经济条件下,市场是资源配置的手段,旅游企业集团的出现在一定程度上也是一种市场需求。在企业外部,价格机制指导生产,引导经营方向,并通过市场进行交换;在企业内部,复杂的市场交易被企业家这个协调者所取代。企业集团这种"放大的市场替代功能",正是企业集团这种组织形式出现和迅速发展的原因。

在市场中,对旅游企业集团大发展有重大影响的主要因素是供求机制、价格机制、竞争机制等市场机制。供求机制是市场机制的主体,供求运动是市场内部矛盾的核心,各个旅游企业在市场中既是供应者,也是需求者,在这种供与求的不断运动和变化中,通过横向的或纵向的价值延伸,形成旅游企业集团,将部分市场交易内部化。价格机制主要是作为一种反馈机制而存在,起指示器的作用。但在实际中,往往供求是不平衡的,价格的指示作用也会滞后,竞争机制开始作用,试图恢复平衡,旅游企业集团的成长和发展既是竞争的产物,也是竞争的必然结果。集团与市场之间呈现的是一种动态的均衡,正是这种动态的出于经常变动中的均衡,使旅游企业在市场竞争的汪洋大海中形成"联合舰队",取得竞争优势。

2)降低成本的需要

旅游企业集团作为多法人联合体,通过规模不断扩大,内部结构的不断调整,使自己同时享有规模经济效益和范围经济效益。其中,信息成本、经营成本、交易成本、资金成本以及其他成本的节约起到了重要作用。

(1)信息成本

信息成本包括外部市场信息成本和内部企业信息成本。旅游企业集团内企业之间由于特殊的关系,连续和反复的交易不断,这与一般企业利用市场机制相比,能够大幅度降低合同成本及信息搜集成本。所以在这种情况下,作为继企业组织和市场组织之后的第三个组织——企业集团便产生了。在旅游企业集团形成之后,不仅增强了搜集外部信息的能力、扩大了信息来源和渠道,还降低了集团内企业间交换信息的成本。

(2)经营成本

经营成本是企业维持经营能力和提高经营效果所付出的成本代价。旅游企业集团内的企业通过优先的金融交易的优势,扩大负债比率制约的范围,通过股份的相互持有扩大企业评价率降低的余地,从而使企业有更高的成长。取得以较低的经营成本赢得市场竞争优势的目的,驱动了旅游企业集团化发展。

(3)交易成本

交易成本包括因市场变动引起的交易风险和正常交易成本。交易成本过高是企业集团形成的原因之一。科思(R·H·Coase)指出,如果市场活动交易成本过高或存在失效,企业会考虑实施内部交易取代市场交易,企业集团即是这种交易固定化的组织模式。由于旅游产品的无形性、不可转移性和不可贮存性,旅游活动涉及的环节复杂,地域较多,交易成本过高和市场失灵是经常的,因而更适合采取集团化的形式使交易固定下来。

（4）资金成本

资金成本主要是企业为了保证一切的正常运行和未来发展所需资金所付出的代价。旅游企业集团能够通过相互持股、行业并购、系列融资等手段将小额、分散的、闲散的社会资本转化为巨额的、集中的生产资本,将借入资本转化为永久性资本,从而最大程度上节约了旅游企业的资金成本。

3）科学技术的发展

科学技术是第一生产力,它对旅游企业集团的形成与发展起到了巨大的推动作用,尤其是现代通信与网络技术的发展,使旅游集团在管理、交流等方面突破地域限制,在更大的空间范围内成长与发展。从宏观上说,科学技术促进生产力的发展与生产社会化程度的提高,改善了旅游企业集团的外部环境。从微观上说,科学技术与企业的结合,促进了旅游企业的技术变革和产品创新,加速了旅游企业集团组织结构的革新,提高了旅游企业的运作效率,并且大大降低了旅游企业的交易成本。如旅游饭店预定系统的建立,使集团的成员饭店可以在世界各地分享客源,同时,集团还可以通过信息技术实现一般管理能力和专业管理能力的扩展。

4）体制与政策的导向作用

体制与政策是旅游企业集团发展的重要影响因素,甚至是决定性的作用,如韩国企业集团的形成就是典型的政府作用型。旅游企业集团作为微观经济组织,必然受到体制与政策的制约与影响。不同体制与不同政策对企业集团的发展有着不同的作用效果。在我国旅游企业集团形成和发展的过程中,由于体制方面的原因,众多旅游企业在经过了权力与利益在各相关利益者之间重新调整与再分配后,仍无法完全实现自主决策、自主投资,仍是地区、行业与部门的行政附属物。同时,国家财政、金融、投资、产业、科技、教育等方面的政策对旅游企业集团的成长和发展的作用也是巨大的,在市场经济规律的基础上,以法律为依据,利用政策导向间接引导旅游企业集团的发展,形成良好的法律框架和诚信的商业氛围有助于降低交易成本,是建立股份制旅游企业集团的基础。

6.2.2 旅游业企业集团化可实现的模式分析

旅游企业集团化是全球经济一体化和行业发展的产物,是经济全球化发展和规模生产的必然趋势。这种趋势在二次世界大战以后已初露端倪,其经营的秘诀是"集约式"经营。20世纪40年代到50年代初期,出现了一批以美国为首的跨国饭店集团,其代表是希尔顿、喜来登、假日集团。60年代和70年代,以东南亚华人为资本主体、以香格里拉为代表的东方跨国饭店集团登上了世界舞台。这些饭店集团都采用集约化手段,迅速地建立起新型的组织,扩大了市场占有率,以规模经营的方式,获取了高额利润,从而走向企业巨人的行列。其管理特征有特许经营权、委托管理合同及会员联盟等,90年代逐步趋向于投资加管理的双重结构模式。我国旅游业的集团化发展,目前尚处于初级阶段,从20世纪80年代开始,出现了集团化经营模式,90年代以来逐渐形成一种发展趋势。

1)我国现存旅游企业集团的三种形式

(1)行政划拨、集约组合

将某一母公司或上级单位下属的企业用行政调拨的方式集中在一起,成立一个集团。无论资产是否优良,统统绑在一起,形成算术式相加,然后多出一个集团机构来进行管理,这种捆绑式的结合,属于单一生产形式状态。这样的行政翻牌集团貌似强大,其实没有对内部存量资产和外部资产进行任何变动,只是一种形式上的企业集团,其竞争力不可能强。

(2)企业联合体

即没有建立资产关系的企业联合体。它们出于联合开发市场、分享市场资源、互相合作的动机,由类似行业协会的组织牵头进行横向的联合。这种做法是先有联合体成员,后有联合体,正好和集团化集约式发展模式"先有核心企业控股母公司,后有子公司、分公司"的组合顺序相悖。其优点是较为宽松,缺点是由于没有产权关系,形不成有效的管理机制,指挥不灵,更谈不上利益和风险共担。这种组织形式在市场经济条件下很难成为一种有效的组织形式,属于松散联合型,缺少集约式的指挥核心。

(3)综合式集约组合

以某一企业为核心,将生产上下游产品的公司划拨给这家企业从而形成综合性的企业集团。这种做法是由改制而来,由于饭店规模不大,所形成的集团内部交易不饱和,致使生产上下游产品的公司经营困难,母公司也无力支持下属公司获得更多的市场份额,常出现外部交易贫乏,到头来还是各自为战。这和广义上的企业集团化发展思路实际上是大相径庭的,不可能产生集约式的规模化经营。

2）适合我国旅游企业集团化经营的可实现模式

（1）特许经营与专业化经营相结合模式

特许经营是国外旅游集团的主要经营模式。特许经营权转让,要求转让者具有强大的实力和良好的知名度,经转让方允许后,受让方可以使用集团名称、标志、经营程序、操作规则、服务标准,并加入集团的电脑销售预订系统和市场营销系统,成为旅游集团中的成员。我国的饭店和旅行社数目很多,适宜采用专业化经营实现整合,但它们多数资金薄弱,往往无力兼并其他个体或发展分支机构。在这种情况下,一是可以采取参股和联合投资的方式,形成共同的所有权;二是可以采取输出管理和品牌扩张的方式,将管理要素和品牌折合成一定股份,形成共同的所有权;三是以上两种方式兼用,实现所有权共有。这三种方式可以使单体企业初步建立以资产为纽带的集团,之后逐步提高资金实力,培育品牌,建立网络,再逐步采用控股、兼并等手段壮大集团。

（2）资本经营模式

资本经营是旅游企业集团的现代经营理念。通过股票上市、发行债券、融资、合资等形式迅速进入资本市场,以资本经营的方式,实现迅速的扩张,形成具有国际品牌特征的大型企业集团,这是我国旅游业面临的一个重要的课题。我国现有的企业集团往往被资金不足所困扰,难以在短期内参与兼并、收购、控股、参股等的直接投资,因而规模不大,经营范围受区域局限,竞争力不强,市场占有率不高。现有的企业集团其经营状况表明,靠企业内部积累的经营方式仍占主导地位,存量资产和外部增量资产缺少合理流动,盘活资产的意识不强,造成资源浪费。造成这种现象的主要原因是集团没有把资本经营作为主要的经营方式,相当一部分集团企业还没有资本经营的意识。我国旅游企业集团要走向世界,创出自己的品牌,不通过资本经营是根本无法达到的。没有规模,就不可能产生企业的竞争力,不可能获取高市场占有率和高额回报,更谈不上跨区域、跨国界的经营,因此,资本经营是集团化集约式发展的必经之路。

（3）多元化经营模式

多元化经营,在市场中具体表现为旅游企业集团与其他集团通过资产融合、法人持股、人员派遣、市场契约等方式构成集团有机体。其中各集团之间不存在支配与被支配关系,而是相互配合、相互支援的关系。对于旅游集团来说,在新的世纪里,要设法通过证券、基金、金融等市场平台,寻求与民用航空业、交通运输业、房地产业之间的产业互动,或者相互持股,或者结成战略联盟,或者共用网络,以及形成产业集群,从而在产业互动过程中加速旅游集团的生长与发育。近年来,出现大量的房地产商介入饭店业的现象,这些饭店买入、卖出频繁,他们往往不依靠经营来收回投资成本,而是通过一段时间的经营提高了品牌和信誉后,在市价行情好的时候出售,从而取得超额利润。

跨入 21 世纪的国际旅游集团必将会在世界旅游市场被基本瓜分完毕的情况下进行重新排列组合,将在全世界范围内出现新一轮的"二次集团化"过程;新一轮的"二次集团化"将主要表现在集团之间的兼并收购与优胜劣汰和旅游集团与其他相关企业集团之间的强强联合与优势互补上。这对我国的旅游业来说,既是一种严峻的挑战,也是一个良好的发展机遇。

【案例】
我国旅游企业集团化经营模式的典范——首都旅游集团

首都旅游集团核心发起者是北京首都旅游集团有限责任公司,资产总额超过 120 亿元,是北京旅游行业不折不扣的"龙头"。其他发起者是:北京城乡贸易中心股份有限公司;清华同方股份有限公司;拥有百年品牌"全聚德"的北京全聚德集团有限责任公司;拥有十三陵特区以及居庸关长城等著名旅游景点经营权的北京市昌平十三陵旅游服务开发总公司。它们无一不是各自领域内的知名企业,涵盖了旅游、商贸、科技、餐饮、景点等诸多领域。

首都旅游集团的雄厚实力不仅表现在它占有的独特且庞大的资源上,更体现在它清晰的发展思路和业已形成的现代大型企业集团架构上。从成立至今,首都旅游集团始终坚持以提高主业竞争力为最终目标,初步建成了三级"金字塔"式架构,这就是:作为市政府的出资代表和集团决策中心的一级管理架构——集团总部;行业专业化管理和行业资本运作的二级管理架构——专业化主力企业;从事经营管理的三级管理架构——基层企业。

首都旅游集团的主力企业为:拥有"建国国际"、"和平假期"两个著名品牌的北京金东国际酒店集团有限公司;专业从事入境旅游、国内旅游、特许经营中国公民出境旅游业务的北京神舟国际旅行社集团有限公司;集中了酒店、旅行社、实业、工程、旅游商品、信息通信等业务的大型企业集团——华龙旅游实业发展(集团)总公司,以及在全国 16 个省、区、市设有 24 个分社的大型专业化旅行社企业——中国康辉旅行社有限责任公司。集中了这样一批业内的"精英",使首都旅游集团的整体经营工作跨入了一个崭新的阶段,也使它在行业中、在国际旅游市场的竞争中,越来越显示出强劲的竞争力和优势地位。

首都旅游集团具有较为明显的资源优势和规模优势,但要适应旅游市场的发展变化,在世界旅游产业格局中站稳脚跟,现有的资源和规模显然是不够的,被动地"等待"客源上门更是不行的。集团决策层审时度势,明确提出:要迅速地形成主业的核心竞争力,延伸产业要素,改善经营状态,并进行适度的多元化经营,优化资产结构,达到业态领先。

主动出击,提高主业竞争力是关键。对于旅游服务行业来说,主业竞争力的核心就是客源＋资本。基于这个思路,首都旅游集团把"主动出击"物化为功能、网络、品牌。

首先,采取收购、开发等方式,主动延伸产业要素,走专业化的道路,建立酒店和酒店管理业、旅游旅行服务业、客运服务业三大支柱产业。旅游业包括吃、住、行、游、购、娱,就像一个链条,只有做到功能完善,才能取得最好的效益。在首都旅游集团的产业基础中,吃、住、行已经达到了一定规模和质量,而游、购、娱相对薄弱。于是,集团与市水利局合作开发了长河水系游船项目,在弥补京郊旅游缺水少绿的同时,赢得了很好的社会反响和市场效益。此后又相继实施了建立北京潮白河森林旅游度假区,成立"北京之夜"大型旅游娱乐公司,改造北京展览馆、北京饭店等项目。

如果说功能的完善使集团的旅游产业链得到了延续,那么,网络构建则解决了它在空间上的连续性问题。首都旅游集团充分抓住首都北京的地域优势,以北京为基础和辐射中心,先形成国内网络,最终形成了国际化经营网络。

旅游是跨地区的服务,其本质是经营的内在连续性和一致性,不能间断。集团推进网络化,乃是为了吸引更多的客源。目前,集团立足北京,面向国内和国际,通过兼并、收购、股权置换等方式购买国内外的饭店,注入统一的管理理念,形成接待客源的酒店网络,再用纵横相连的国内外旅行社网络,在客源市场上抢占商机,然后用旅游、出租车,以及航运、空运等客运网络,连结客源与集团的各个经营要素。同时,集团还提出加强电子商务网络的建设,加强电子信息化在旅游服务业中的作用,运用高科技手段尽可能地为商务客人提供更为方便的商务信息,建立畅通的联络销售渠道,并用"数字网络"实现经营网络的形成和完善。

许多跨国旅游集团最有价值的资产是享誉世界的品牌。品牌是信誉的凝结,是重要的资源优势和无形资产,有时甚至比有形资产更重要。完善的功能、纵横的网络,实际是通过一个鲜明的品牌树立在消费者和投资者心目中的。因此,首都旅游集团实施了三个层次品牌策略:首先是建立集团品牌,就是树立集团的整体形象,也是北京旅游业的整体形象;其次是企业品牌、旅行社推出的旅游产品的品牌;最后是饭店的管理品牌。

6.3 旅游企业经营理念的发展

旅游企业无论是采取独资经营还是合资经营、股份制经营,无论是采取单体经营还是集团化连锁经营,都只是解决了企业的组织形式和经营机制问题。在开展具体的经营活动中,还需要有正确的、先进的经营理念指导具体的经营活动,才能在激烈的市场竞争中保持领先优势和地位。在旅游企业发展的过程中,顾客满意理论、顾客忠诚理论、员工满意理论正受到越来越多的重视。

6.3.1 顾客满意理念

1) 顾客满意的内涵

顾客满意是由英文 Customer Satisfaction 翻译而来,所以又简称 CS 理论,有的又称为 CS 战略,它是在 CI 的基础上产生的。

"CI"是英文 Corporate Identity 的缩写,意为企业形象,是一种以塑造和传播企业形象为宗旨的经营战略,成型于 20 世纪 50 年代,70 年代风靡全球,80 年代中后期导入我国企业界,并被国内旅游业所接受。

CI 也是指企业为了使自己的形象在众多的竞争对手中让顾客容易识别并留下良好的印象,通过对企业的形象进行设计,有计划地将企业自己的各种鲜明特征向社会公众展示和传播,从而在市场环境中形成企业的一种标准化、差异化的形象的活动。

实践证明,CI 对旅游企业加强市场营销及公共关系发挥了非常直接的作用。随着市场竞争日益激烈和人们对市场经济规律认识的深化,CI 也逐渐暴露了它的局限性。CI 的整个运用过程完全是按照企业的意志加以自我设计(包装),通过无数次重复性地向社会公众展示,"强迫"顾客去加以识别并接受企业自己的形象。因此,CI 的经营战略依旧停留在"企业生产什么、顾客接受什么"的传统的经营理念上。

随着市场从推销时代进入营销时代,在 CI 的基础上产生了 CS。CS 是英文 Customer Satisfaction 的缩写,意为顾客满意理念,是指企业为了不断地满足顾客的需求,通过客观地、系统地测量顾客满意程度,了解顾客的需求和期望,并针对测量结果采取措施,一体化地改进产品和服务质量,从而获得持续改进的业绩的一种企业经营理念。

CS 理念及其在此基础上形成的 CS 战略,在 20 世纪 80 年代末超越了 CI 战略,在世界发达国家盛行,并于 90 年代中期,被我国企业界认识和接受。尽管构成顾客满意的主要思想和观念方法很早就有企业实践过,但是作为一种潮流,则出现于 90 年代。CS 经营战略关注的焦点是顾客,核心是顾客满意,其主要方法是通过顾客满意度指数的测定来推进产品和服务,满足顾客的需求。CS 的目标是赢得顾客,从而赢得市场,赢得利润。它实现了从"企业生产什么,顾客接受什么"转向"顾客需要什么,企业生产什么"的变革。

在 CS 理念中,顾客满意具有某种特定的意义,主要表现在两个层面:

(1)在横向层面上,它包括五个方面

①企业的理念满意。即企业经营理念带给顾客的满足状态,包括经营宗旨满意、经营哲学满意和经营价值观满意等。

②行为满意。即企业全部的运行状况带给顾客的满足状态,包括行为机制满意、行为规则满意和行为模式满意等。

③视听满意。即企业以其具有可视性和可听性的外在形象给顾客的满足状态,包括企业标志(名称和图案)满意、标准字满意、标准色满意以及上述三个基本要素的应用系统满意等。

④产品满意。即企业产品带给顾客的满足状态,包括产品质量满意、产品功能满意、产品设计满意、产品包装满意、产品品位满意和产品价格满意等。

⑤服务满意。即企业服务带给顾客的满足状态,包括绩效满意、保证体系满意、服务的完整性和方便性满意,以及情绪和环境满意等。

(2)在纵向层次上,它包括三个逐次递进的满意层次

①物质满意层。即顾客对企业产品的核心层,如产品的功能、质量、设计和品种等产生的满意感。

②精神满意层。即顾客对企业产品的形式层和外延层,如产品的外观、色彩装潢、品位和服务等所产生的满意感。

③社会满意层。即顾客在对企业产品和服务的消费过程中所体验到的社会利益维护程度,主要指顾客整体(全体公众)的社会满意程度。它要求在企业产品和服务的消费过程中,要维护社会整体利益的道德价值、政治价值和生态价值。

2) CI 与 CS 的比较

CS 战略比 CI 战略具有更多优势,主要体现在以下几点。

①在企业理念方面,CI 的目标是通过建立独特的企业识别系统来塑造和传播良好的企业形象,并进而获取更多的利润,并未跳出以企业为中心的理念范畴,而 CS 则通过建立完善的顾客满意系统,来更好地为顾客服务,获得顾客的满意感,它体现了以顾客为中心的更高层次上的企业理念。

②在操作和实施方面,CI 是围绕着"识别"和"形象"来进行的,而 CS 则是以"服务"和"满意"为宗旨而运作的。

③在理论的涵盖与价值层次方面,CI 所提出的"识别"与"形象"概念,其着眼点在于现有顾客和潜在顾客,它所突出的是企业的自身价值;而 CS 所提出的"服务"与"满意"的着眼点超出了前者的范畴,它将"社会满意度"作为最高目标,将"顾客满意度"扩大到社会和全体公众的层面,更加突出企业的社会价值,它要求企业经营活动要朝着有助于维护社会稳定、推动道德进步和保持生态平衡等诸多方面协调发展。

④在评价与度量标准方面,CS 引入了顾客满意指标和顾客满意程度坐标系,与 CI 的企业形象评估方法相比,它可使企业更加具体而准确地把握顾客需要与追求的脉搏。

⑤在与市场经济发展机制的关系方面,CI 理论体现了企业由生产导向转变为市场导向的需要与水平,而 CS 理论则标志着企业由市场导向转变为顾客导向的需要和水平。

3)CS 在旅游企业中的运用

CS 经营理念强调要从顾客视角出发来开展企业的一切经营活动,以实现顾客满意和企业目标。那么,旅游企业如何吸引顾客呢?

(1)"让客价值"理论的提出

近年来,美国市场营销学家菲力普·科特勒提出了"让客价值"(Customer Delivered Value,简称 CDV)的新概念。它的主要含义是:顾客购买一种商品或服务,要付出的是一笔"顾客总成本"而获得的是一笔"顾客总价值","顾客总价值"与"顾客总成本"的差值就是让客价值。即:

让客价值 = 顾客总价值 - 顾客总成本

顾客在购买时,总希望把有关成本降到最低限度,而同时希望从中获得更多的实际利益,以使自己的需要得到最大限度的满足。因此,顾客在选购商品时,往往在价值与成本两个方面进行比较分析,从中选择价值最高、成本最低,即"让客价值"最大的商品作为优先选购的对象。

①顾客购买的总价值。顾客总价值是指顾客购买和消费产品或服务时所获

得的一组利益,它主要由产品价值、服务价值、人员价值和形象价值构成。

产品价值,是指由产品的功能、特性、品质、种类与款式等所产生的价值。

服务价值,是指企业伴随产品或服务实体向顾客提供的各种附加服务,即为满足顾客对产品或服务的外延需求提供的服务,包括产品介绍、售后服务以及其他各种承诺等所产生的价值。

人员价值,是指企业员工的价值观念、职业道德、质量意识、知识水平、业务能力、工作效率,以及对顾客需求的应变能力和服务水平等所产生的价值。

形象价值,是指企业及其产品或服务在社会公众中形成的总体形象所产生的价值。

②顾客购买的总成本。顾客总成本是指顾客为购买和消费产品或服务时所耗费的时间、精神、体力以及所支付的货币资金等,它包括货币成本、时间成本、精神成本和体力成本等。

货币成本,是指顾客购买和消费产品或服务的全过程中所支付的全部货币,即寿命周期费用。

时间成本,是指顾客在购买和消费产品或服务时所花费的时间。

精神成本,是指顾客在购买和消费产品或服务时,在精神方面的耗费与支出。

体力成本,是指顾客在购买和消费产品或服务的过程中,在体力方面的耗费与支出。凡是需要顾客付诸体力的活动,就会使顾客支付体力成本。

(2)提高让客价值的途径

旅游企业可从以下五个方面来设法提高让客价值。

①确定目标顾客。旅游企业要十分清楚地掌握顾客的动态和特征,首先应区分哪些是对自己有重要影响的目标顾客,要将有限的资金和精力用在刀刃上,到处撒网只能枉费资源。从而做到以真正的顾客为中心。

②降低顾客成本。顾客成本是顾客在交易中的费用和付出,它表现为金钱、时间、精力和其他方面的损耗。企业经常忘了顾客在交易过程中同样有成本。旅游企业对降低自己的交易成本有一整套的方法与规程,却很少考虑如何降低顾客的成本。旅游企业要吸引顾客,首先要评估顾客的关键要求。然后,设法降低顾客的总成本,提高让客价值。

③理顺服务流程。旅游企业要提高顾客总价值、降低顾客总成本从而实现更多的让客价值,使自己的产品和服务满足并超出顾客的预期,就必须对自身的组织和业务流程进行重新的设计。

④重视内部顾客。顾客的购买行为是一个在消费中寻求尊重的过程,而员

工在经营中的参与程度和积极性,很大程度上影响着顾客满意度。据研究,当企业内部顾客的满意度提高到85%时,企业外部顾客满意度高达95%。

⑤改进绩效考核。成功和领先的旅游企业都把顾客满意度作为最重要竞争要素,经营的唯一宗旨就是让顾客满意。

6.3.2　顾客忠诚理念

1)顾客忠诚理念的基本含义

顾客忠诚,即英文的 Customer Loyal,缩写为"CL",其基本含义是:企业以满足顾客的需求和期望为目标,有效地消除和预防顾客的抱怨和投诉,不断提高顾客满意度,在企业与顾客之间建立起一种相互信任、相互依赖的"质量价值链"。

"CL"侧重于企业的长远利益,注重于将近期利益与长远利益相结合,着眼于营造一批忠诚顾客,并通过这个基本消费群去带动和影响更多的潜在消费者接受企业的产品与服务。以顾客忠诚度为标志的市场份额的质量取代了市场份额的规模,成为企业的首要目标,"顾客永远是对的"这一哲学被"顾客不全是忠诚的"思想所取代。

顾客忠诚的衡量标准,主要有顾客重复购买的次数,顾客购买挑选的时间,顾客对价值的敏感程度,顾客对竞争产品的态度,顾客对产品质量问题的承受能力,购买周期等指标。

2)培育忠诚顾客的意义

忠诚的顾客是成功企业最宝贵的财富。美国商业研究报告指出:多次光顾的顾客比初次登门者,可为企业多带来20% ~ 85%的利润;固定客户数目每增加5%,企业的利润则增加25%。对饭店企业来讲,培育忠诚顾客的意义可以归纳为:

(1)有利于降低市场开发费用

任何企业的产品和服务都必须被市场所接受,否则这个企业就不可能生存下去,而市场开发的费用一般是很高昂的。由于饭店产品与服务的相对固定性,建立顾客忠诚度更有其特殊意义。如能达到引导顾客多次反复购买,从而可大大降低市场开发费用。据美国管理协会(AMA)估计,保住一个老顾客的费用只相当于吸引一个新顾客费用的1/6,而且老顾客由于对企业的忠诚、对该企业产品与服务高度的信任和崇尚,还会吸引和带来更多的新顾客。在企业推广新产品时,也由于忠诚顾客的存在,可以很快打入市场、打开销路,从而节省新产品的开发费用。

(2)有利于增加旅游企业经营利润

越来越多的旅游企业认识到建立起一批忠诚顾客是企业的依靠力量和宝贵财富。正如美国商业报告的调查结论指出的那样,多次惠顾的顾客比初次登门者可为企业带来更多的利润;随着企业忠诚顾客的增加,企业利润也随之不断增加。

(3)有利于增加旅游企业的竞争力

企业之间的竞争,主要在于争夺顾客。实施 CL 战略,不仅可以有效地防止原有顾客转移,而且有助于旅游企业赢取正面口碑,树立良好形象。借助忠诚顾客的影响,还有助于化解不满意顾客的抱怨,扩大忠诚顾客队伍,使旅游企业走上良性循环发展之路。

3)顾客忠诚理念在旅游企业中的应用

(1)"消费者非常满意"理论的提出

美国营销大师菲力普·科特勒曾提出了"消费者非常满意"(Customer Delight)的理论。该理论认为:顾客在购买一家企业的产品以后是否再次购买,取决于顾客对所购产品消费结果是否满意的判断。

①做好顾客期望管理。旅游企业可以通过对所作承诺进行管理,可靠地执行所承诺的服务,并与顾客进行有效的沟通,来对期望进行有效的管理。

第一,保证承诺反映现实。明确的服务承诺和暗示的服务承诺这两项都完全处在旅游企业的控制中,对这些承诺进行管理是一种直接的可靠的管理期望的方法。

第二,重视服务可靠性。可靠的服务有助于减少服务重现的需要,从而限制顾客期望。

第三,与顾客进行沟通。经常与顾客进行沟通(理解他们的期望和所关心的事情,对他们所接受的服务进行说明,或者只简单地对顾客与你做生意表示感激),会鼓励顾客的容忍,并借此可以作为一种管理期望的有效方式。

②设法超越顾客期望。期望管理为超出期望铺垫了道路。期望管理失败的一个主要原因是无法超出期望。受到管理的期望为超出顾客的期望提供了坚实的基础,可利用服务传送和服务重现所提供的机会来超出顾客的期望。

（2）顾客关系管理的推行

①顾客关系管理的概念。顾客关系管理是一个通过详细掌握顾客有关资料，以旅游企业与顾客之间关系实施有效的控制并不断加以改进，以实现顾客价值最大化的协调活动。

②顾客关系管理的运作流程。要做好顾客关系管理，首先要形成完整的运作流程，其流程主要包括：

第一，收集资料。利用新技术与多种渠道，将收集的顾客的个人情况、消费偏好、交易历史资料等储存到顾客资料库中，并且将不同部门的顾客资料库整合到统一的顾客资料库内。

第二，对顾客进行分类。凭借分析工具与程序，将顾客按消费特征进行分类，这样可以预测在各种营销活动情况下各类顾客的反应。

第三，规划与设计营销活动。根据对顾客的分类，为各类顾客设计相应的服务与促销活动方式。

第四，例行活动的管理。由于旅游企业与顾客之间建立并保持着长期关系，双方越是相互了解和信任，交易越是容易实现，并可节约交易成本和时间，由过去逐项的谈判交易发展成为例行的程序化交易。

第五，建立标准化分析与评价模型。通过对顾客资料的综合分析，建立一套标准化的模型，对经营状况和绩效实施分析和评价。目前顾客关系管理的技术，已经可以对处理顾客关系的每一项活动或过程做出评价，而在出差错时，标准化模型可自动、实时地显示出问题发生在哪个部门，哪个人员，哪个环节，以便迅速采取措施加以解决。

6.3.3　员工满意理念

1）员工满意理念的含义

员工满意，即英文的 Employee Satisfaction，缩写为"ES"，其基本含义是：现代企业只有赢得员工满意，才会赢得顾客满意。因为面向服务的员工是联系企业与顾客的纽带，他们的行为及行为结果是顾客评估服务质量的直接依据。服务企业必须有效地选择、培训和激励与顾客接触的员工，在他们满意的同时营造满意的顾客。

ES 战略注重企业文化建设和对员工忠诚感的培育，把人力资源管理作为企业竞争优势的最初源泉，把员工满意作为达到顾客满意这一企业目标的出发点。

2)员工满意的意义

员工满意理念的强化,源自于"服务利润链"理论研究的结果。"服务利润链"理论认为,在企业利润、成长性、顾客忠诚、顾客满意、提供给顾客的产品与服务的价值、员工能力、员工满意、员工忠诚及效率之间存在直接相关的联系,见图 6.1。

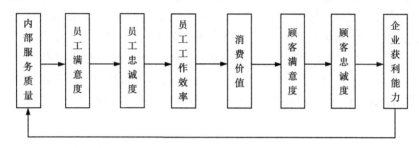

图 6.1 服务利润链构成因素图

3)员工满意理念在旅游企业中的应用

(1)内部营销理论的提出

"内部营销"是指成功地选择、培训和尽可能激励员工很好地为顾客服务的工作。它包括两个要点:一是服务企业的员工是内部顾客,企业的部门是内部供应商。当企业员工在内部受到最好服务而向外部提供最好服务时,企业的运行可以达到最优。二是所有员工一致地认同机构的任务、战略和目标,并在对顾客的服务中成为企业的忠实代理人。

内部营销是一项管理战略,其核心是培养员工的顾客意识,在把产品和服务通过营销活动推向外部市场之前,应将其对内部员工进行营销。

内部营销的宗旨是把员工当做顾客看待,它是一种创造"工作产品"使其符合个人需求的策略。

内部营销的最终目标是鼓励高效的市场营销行为。

内部营销意味着旅游企业管理者必须实施两种类型的管理:态度管理和沟通管理。所谓态度管理,就是指确立员工的正确态度,使员工树立顾客意识和服务观念;所谓沟通管理,就是在管理工作中,向员工提供大量的信息,这些信息包括工人计划、产品和服务的特征、对顾客的承诺等。

本章小结

　　旅游企业的经营管理活动,是在一定的经营形式和组织方式下进行的。本章首先分析了旅游企业对个人业主制企业、合伙制企业、股份制企业、外商独资企业、中外合资企业、中外合作企业等不同所有制形式的选择,以及对经营承包责任制、租赁制、购买技术许可证与技术服务等不同经营形式的选择;然后是针对我国旅游企业发展的实际状况,对旅游企业的集团经营进行了阐述;最后对旅游企业在实际经营中应树立的顾客满意理念、顾客忠诚理念和员工满意理念作了介绍,以期望旅游企业能够更新经营管理理念,在激烈的市场竞争中占有一席之地。

实践训练

　　对当地任意一家私营、股份制、中外合资旅游企业进行调查,了解其企业性质、经营方式,以及在经营中是否体现了顾客满意、顾客忠诚和员工满意等经营理念。

本章自测

1. 选择题

(1)股份制旅游企业(　　　)。

　　A.组成比较容易　　　　　　　　　　B.易于吸收游资

　　C.企业寿命受股东寿命的制约　　　　D.对债务承担无限责任

(2)某企业集团投资新建了一座五星级饭店,聘请了某著名的酒店跨国公司管理并使用其商标,选择这种经营方式属于(　　　)。

　　A.经营承包责任制　　　　　　　　　B.租赁制

　　C.中外合作　　　　　　　　　　　　D.购买技术许可证与技术服务

(3)顾客总成本是指顾客为购买和消费产品或服务时所耗费的(　　　)。

　　A.货币成本　　　　　　　　　　　　B.时间成本

C. 精神成本　　　　　　　　　　　D. 体力成本

2. 判断题，正确的打"√"，错误的打"×"。

（1）当我们有一部分资金，但又缺乏一部分资金和需要学习先进的经营管理技术时，最好选择中外合资经营旅游企业这种形式。　　　（　　）

（2）特许经营与专业化经营相结合模式与我国的国情差异较大，是不适合我国旅游集团化经营的实现模式。　　　（　　）

（3）顾客重复购买的次数越多，顾客购买挑选的时间越长，顾客对价值的敏感程度越高，顾客对竞争产品的态度越疏远，顾客对产品质量问题的承受能力越强，购买周期越短，说明顾客忠诚度越高。　　　（　　）

3. 简答题

（1）简述旅游企业在经营中如何运用顾客满意理念。

（2）简述我国旅游企业集团化经营可实现的集中模式。

（3）简述股份制旅游企业的优缺点。

相关链接

小本创业的 30 条生意妙经

1. 生意是为社会大众贡献服务的，因此，利润是它应得到的合理报酬。

2. 不可一直盯着顾客，不可纠缠啰嗦。

3. 地点的好坏，比商店的大小更重要；商品的好坏，又比地点的好坏更重要。

4. 商品排列得井然有序，不见得生意就好，反倒是杂乱无章的小店，常有顾客登门。

5. 把交易的对象都看成自己的亲人。是否能得到顾客的支持，决定商店的兴衰。

6. 销售前的奉承，不如售后服务。这是制造"永久顾客"的不二法则。

7. 要把顾客的责备，当作"神佛的话"，不论是责备什么，都要欣然接受。

8. 不必忧虑资金的缺乏，该忧虑的是信用不足。

9. 采购要稳定、简化。

10. 只花一元钱的顾客，比花一百元的顾客，对生意的兴隆更具有根本性的影响力。

11. 不要强迫推销。不是卖顾客喜欢的东西，而是卖对顾客有益的东西。

12. 要多周转资金。一百元的资金周转十次，就变成了一千元。

13. 遇到顾客前来退换货物时,态度要比原先出售时更加和气。

14. 当着顾客的面斥责店员,或夫妻吵架,是赶走顾客的"妙方"。

15. 出售好商品是件善事,为好商品做宣传更是件善事。

16. 要有这样坚定的自信和责任感:如果我不从事这种销售,社会就不能圆满运转。

17. 对批发商要亲切。有正当要求,就要坦诚地原原本本地说出来。

18. 即使赠品只是一张纸,顾客也是高兴的。如果没有赠品,就赠送"笑容"。

19. 既然要雇店员为自己工作,就要在待遇、福利方面订立合理的制度。

20. 要不断创新。美化商店的陈列,也是吸引顾客登门的秘诀之一。

21. 浪费一张纸,也会使商品价格上涨。

22. 商品售完缺货,等于是怠慢顾客,也是商店要不得的疏忽。这时,应郑重地向顾客道歉,并说,"我们会尽快补寄到府上。"要留下顾客的地址。

23. 严守不二价。减价反而会引起混乱和不愉快,有损信用。

24. 儿童是福神。对携带小孩的顾客,或被派来购物的小孩,要特别照顾。

25. 经常思考当日的损益,要养成不算出今天的损益就不睡觉的习惯。

26. 要得到顾客的信誉和夸奖:"只要是这家店卖的,就是好的。"

27. 推销员一定要随身携带一两件商品及广告、说明书。

28. 要精神饱满地工作,使店里充满生气活力,顾客自然会聚集过来。

29. 每天的报纸广告至少要看一遍。不知道顾客订购的新产品是什么,是商人的耻辱。

30. 商人没有所谓景气与不景气。无论情况如何,非赚钱不可。

（资料来源:http://www.doyes.cn/zhinan.）

第7章
旅游企业营销策划管理

【学习目标】

【知识目标】 了解旅游企业营销管理的基本内容;了解旅游企业营销创新的各种新趋势;熟悉旅游企业营销组合。

【能力目标】 掌握旅游企业营销策划的基本方法。

【关键概念】

旅游企业营销管理 营销组织 营销策划 营销组合 营销创新

问题导入:

具有 1 500 年历史的少林寺,2006 年也从佛门圣地走向了大众舞台。"少林和尚用电脑"、"少林和尚办网站"、"少林寺成立公司"、"少林寺接纳洋弟子"、"少林寺公布医药、武功秘笈"、"少林寺投拍电影、电视剧,并在全球范围内海选108 名中国功夫演员"等,每一条新闻都成了大家关注的热点。著名音乐人谭盾在谈到跟少林寺联手合作时说:"2006 年 10 月 15 日以后,全国各地的游客就可以在嵩山山谷之内、少林古寺之畔,欣赏到投资 3.5 亿的《禅宗少林·音乐大典》这场盛大的实景演出了。此次音乐盛典,还将被打造成第一个以中国禅宗文化为背景的音乐艺术教育基地,这场演出有义务展示给现代人一种更深邃的中原文化和佛教文化。"

问题:少林寺已经很知名了,为什么还要做这些活动? 这些活动的创意体现在什么地方、采用了什么方法? 这些活动是如何得以完成并实现目标的?

7.1　旅游企业营销管理

　　旅游企业营销管理是旅游企业为了实现一定的组织目标,而对市场营销活动的各个环节以及各种营销资源进行的一系列管理活动的集合。营销管理是一个过程,包括分析、计划、执行、控制。在当今全面形成的买方市场条件下,营销管理的任务就是为了达到企业目标而通过一系列行动影响需求的水平、时机和构成,因此,其实质就是需求管理。需求管理也是整个企业管理的出发点。

　　要成功地开展旅游企业营销活动,就需要有相应的企业营销组织予以保证。旅游企业营销活动是一种全体员工共同参与的活动。为了实现市场营销目标,旅游企业的所有部门和全体员工必须围绕这一目标进行有效的合作,因此,合理而有效的企业营销组织是旅游市场营销成功的基础和保证。

7.1.1　旅游企业营销组织

　　旅游企业营销的组织管理是指旅游企业为了有效实施营销战略,并最终达到企业的经营目标而进行的对内部组织层次的设计。这种设计并不是一成不变的,它是随着市场环境的改变和企业自身的发展而调整变化的。旅游市场营销组织应该具有以下两个特征。

1) 灵活性

　　近年来,旅游业迅猛发展,但旅游环境扑朔多变,旅游市场此起彼伏,表现出很大的不稳定性。旅游市场营销组织必须针对营销环境的变化,做出正确的反应,迅速调整营销策略和内部结构。首先,它要求企业高层决策人员要有准确的预见能力,明了市场环境的变化趋势,使企业营销决策能经得起时间的考验;其次,它要求企业高层决策人员要有洞察秋毫的能力,能从多变的市场环境中发现市场机会,并对企业营销体制做出有预见性的调整。

2) 系统性

　　"全员营销"的概念已经深入人心,所以从广义上讲,市场营销组织不单纯地体现为企业的市场营销部,它是由企业各部门全力配合所形成的一个整体;营销人员也不只是指市场营销部内部的员工,而是辐射到整个企业中的每一位员工。市场营销部是实现企业营销目标的具体执行部门,它必须在产品开发、生产、财务、人事、顾客服务等其他部门的配合下,才能完成企业规定的营销任务。同样,旅游企业的每个部门分工不同,但它们都以企业的整体营销目标为核心,从而构成了一个有机的体系。任何部门或环节的不负责任或失误,都可能使企业的营销活动功亏一篑。因此,旅游市场营销组织是一个系统性的组织。例如,旅游饭店营销组织的系统性,体现在饭店的每一组成部分(包括前台线和后台线中的任一部门)和各个活动环节之间的相互关联,即以饭店整体目标为出发点,设计和管理饭店的营销行为,且各部门密切配合、协调一致。

7.1.2　旅游企业营销组织的构成要素

1) 专业人员

企业营销活动所涉及的很多部门都需要有相应的专业人员,他们是构成市场营销组织的主体。人员专业化、技术现代化的趋势在大中型旅游企业的市场营销组织中表现得越来越突出。专业化程度越高,组织工作越高效,但同时也会带来部门间难以协调等问题。为了提高专业化水平,并加强部门间的协调与沟通,在人员安排上,旅游企业营销组织应采取交叉式的专业化管理,即不单以职能、地区、产品、市场等为依据进行简单地组织,而是全面综合地实施专业化。例如,面对多个目标客源市场,某饭店企业可以设立一个市场部经理,并授权他合理调配专业职能人员,具体负责各细分市场的产品开发与销售工作,从而达到最优组合。

旅游企业营销人员的职责贯穿于整个企业营销过程中。具体来说,包括以下职责:搜集营销信息;制订营销计划;开发新产品;制定营销组合策略;开拓旅游市场;维护企业形象等。

2) 决策体制

根据自身的特点和需要,不同的企业在设立市场营销组织时,可以选择不同的决策体制。一般情况下,旅游企业常采用集权和分权两种营销决策体制。集权是指由市场营销部门的最高领导者来制定大多数重要的营销决策。这种决策体制有利于统一领导,部门协调,顾全整体。分权是指以下属员工为主体,自下而上地制定营销策略。由于一般销售人员更了解顾客需求,且对市场变化敏感,因此,分权这种营销决策体制有利于企业及时发现市场机会,并对销售人员也有较大的激励作用。

3) 控制幅度

控制幅度又称管理幅度或管理跨度,它是指一名主管人员领导的下属人员的数量。例如,某旅行社的营销部经理直接领导多少名细分市场营销经理,细分市场营销经理直接领导多少名营销人员。上级直接领导的下级人数多,称之为管理幅度大或跨度大;反之,则称之为管理幅度小或跨度窄。从形式上看,管理幅度仅仅表示了一名领导人直接领导的下级人员的人数,但由于这些下级人员都承担着某个部门或某个方面的管理和业务,因此,管理幅度的大小,实际上意味着上级领导人直接控制和协调的业务活动量的多少。控制幅度安排是否合理,将直接影响旅游企业市场营销组织管理效率的高低。

4) 管理制度

俗话说:"没有规矩,不成方圆。"旅游市场营销组织是一个有机的系统,它必须有明确、科学的管理制度作支撑,以保证自身高效、有序地运行。对于旅游市场营销组织而言,管理制度主要围绕着责、权、利来展开,具体应包括决策制定、工作权限、任务分配、奖惩规定等内容。

7.1.3　影响旅游企业营销组织设置的因素

通常,决定旅游企业营销组织设置的因素可归纳为以下五个方面。

1) 企业规模

一般来说,企业规模越大,涉及的专职部门就越多,管理层次和幅度相应就越大,企业营销组织的规模也就越大。在这种情况下,旅游市场营销组织模式就会比较复杂。

2) 目标市场

企业营销人员的分工和负责区域主要是依据产品市场组合来划分,一般而言,每个细分市场需要设立一个营销管理职位。细分市场的数量直接影响旅游企业市场营销组织的规模跨度。

3) 产品特点

如果产品类型单一,那么企业只需要针对该类型产品的购买群体设置相应的组织机构,其营销组织相对简单;如果产品丰富多样,那么企业需要考虑设置产品经理,分管各大类产品的营销。但不论是经营单一产品还是多样化产品,旅游企业都要根据产品购买群体的特点来确定营销组织中的重点部门。例如,若产品主要面向的是生产企业,则旅游企业需要推销人员直接推销;若产品主要面向的是消费者市场,则旅游企业往往有庞大的广告宣传网络,推销部门相对简单。

4)企业类型

不同行业的企业,其市场营销的重点不同,组织构成也存在着差异。所有旅游企业同属服务性行业,它们的市场营销重点主要围绕市场调查、管理目标的体现和服务技术的体现三方面展开。

(1)市场调查

面临不断变化的市场环境,任何企业都需要进行科学的市场调查,以便及时获取市场信息,并灵活调整企业的营销组织形式。旅游业市场竞争激烈,且竞争对手很容易从营销第一线打入自己的市场,这更需要旅游企业设立适应市场的营销部门,以便搜集市场信息,改进营销工作。在经营职能占支配地位的企业里,建立强有力的营销组织,可以强化整个企业的营销导向,防止管理人员只重视经营效率、忽视营销效果的倾向。

(2)管理目标的体现

在旅游企业的管理目标中,发展目标是一个基本的目标,它要求企业不断扩大经营规模,降低成本费用,增强竞争实力。一般情况下,为了提高企业的规模经济效益,采取集权式组织结构更加有效,原因主要有以下两个方面:一方面,在营销活动中,创建服务品牌是旅游企业提高规模经济效益的一项重要措施。例如,旅游饭店推行规模化、集团化经营往往能获得成功(如雅高饭店集团、假日饭店集团等),其根本原因在于一个强有力的品牌是高品质产品及服务的象征。只有采取集权式的组织结构,饭店集团才能统一所有下属企业的服务标准,为顾客提供非凡的产品和优质的服务。在分权式的组织结构中,下属管理人员对服务的决策不可能完全统一。另一方面,集权式企业对基层管理人员的要求并不高,他们只需要根据已确定的操作程序和规章制度,做好经营管理工作,这更加符合服务性企业的管理特点。

(3)服务技术的体现

根据服务定制化程度和服务人员与顾客接触程度可以进行分类,营销部门在不同服务类型的旅游企业里同样也发挥着不同的作用。

服务定制化程度低、服务人员与顾客接触程度低的旅游企业里,可在公司总部设立营销部比较有利。这样,营销部可以通过统一的服务操作程序、统一的品牌,控制并影响下属企业的经营活动,提高规模经济效益,如麦当劳、肯德基快餐店等。在服务定制化程度高、服务人员与顾客接触程度高的旅游企业里,专业服务人员直接为顾客服务。除了简单、重复、常规的服务工作之外,这类企业很难提高经营效率,服务营销工作主要由专业服务人员来完成,如旅行社的导游员。此时,可在公司总部设立营销部,但并不能完成整个企业的所有营销工作。因此,旅游企业还应根据自身的服务技术类型来决定营销组织的设立。

5)企业经营状况

这是指建立企业营销组织要投入企业的人力、物力和财力。如果企业的市场营销管理人员能力强、管理幅度大,组织层次就可能少,组织形式就会相对简单;如果企业经营状况好、财力大,可投入的资金多,营销组织就会复杂一些。一般来说,市场营销组织与企业经营状况是相适应的。

7.1.4 旅游企业营销组织结构

市场营销组织结构是随着企业市场营销体制的不断改进而不断完善的,至今已形成了健全、高效的现代旅游市场营销组织结构。

1)现代旅游企业营销组织结构

现代旅游企业的营销组织形式多是根据"以消费者为中心"或"顾客就是上帝"的市场营销指导思想而设计的。常见的旅游企业营销组织结构有以下几种。

(1)功能型组织结构

这是最常见的旅游企业营销组织形式,即旅游企业按营销活动的不同功能建立相应的职能部门,并由各类专业人员进行管理,在市场营销总负责人的统一领导下,协调各部门的营销活动。

功能型组织结构简单易行,且便于管理,优点突出。但随着旅游企业产品类型的增多和市场的扩大,这种组织形式会暴露出一些弊端,致使其有效性减弱,主要表现在:某些产品或某些市场无专人负责,这有可能导致某些特定产品或市场的营销计划制订工作不完善,有些产品或市场甚至会因为没受到重视而被搁置一旁;各职能部门往往会强调自身的重要性,为获得更多的预算和更高的地位而相互竞争,这不利于旅游企业内部的协调。

（2）地区型组织结构

旅游企业的市场营销范围往往是跨地区的，因而需要按照地理区域分别安排营销队伍。地区型组织结构通常是从较大区域到较小区域依次设置全国销售经理、区域销售经理、地区销售经理、地方销售经理和销售人员，管理幅度也逐渐增大。

地区型组织结构有利于各区域经理在了解本地区营销环境的基础上，有针对性地开展营销活动，开辟区域市场，扩大产品销售。如果企业的销售范围较大，销售工作比较复杂，销售人员对企业的营销目标影响较大，这种营销组织形式的优越性就更加明显。

（3）产品管理型组织结构

生产多种产品或多个品牌产品的旅游企业，往往按产品或品牌设立市场营销组织，即由一名产品主管经理领导若干个产品大类经理，产品大类经理下面再设一定数量的具体产品经理。这种营销组织结构称为"产品管理型组织结构"。

如果一个旅游企业推出的各类产品之间的差别很大，并且产品的绝对数量又较多，超过了职能组织所能控制的范围，则适于建立产品管理型营销组织。在这种组织形式中，产品经理的主要任务是制定产品发展战略和实施产品开发计划，鼓励和刺激推销人员及经销商推销产品，监督产品计划的执行，并促进产品的改进和新产品的开发，以适应不断变化的旅游市场的需求。

产品管理型组织结构最早于1927年为美国一家化妆品公司所采用，随后得到了广泛传播。这种营销组织结构有很多优点：

①由于有专人负责所有产品的营销计划，营销负责人容易协调产品的营销组合策略。

②产品经理能及时反映各类产品在市场上的销售状况。

③产品管理型营销组织是年轻管理人员锻炼的好场所，因为产品经理几乎要涉及企业经营的各个方面。但是，这种组织形式由于过多强调产品销售的个人负责制，有时也会造成推销与制造、促销等部门的冲突，不易协调；另外，由于产品销售人员增加，就会加大费用开支，增加销售成本。

（4）市场管理型组织结构

旅游企业还可以按照不同的市场划分来建立市场营销组织，即由一名企业营销总负责人统一领导，协调各职能部门的活动。该营销总负责人管辖若干细分市场，各细分市场经理负责自己所辖市场的年度销售利润计划和长期销售利润计划。这种营销组织形式称为市场管理型组织结构。

市场管理型组织结构与产品管理型组织结构类似,市场经理就如同产品经理,其主要职责是分析主管市场的动向,并负责制订主管市场的长期计划和年度计划。这种营销组织结构的主要优点表现为:①旅游企业克服了产品或地区彼此分裂的弊端,可围绕特定旅游消费者的需要开展一体化的营销活动;②这种组织形式的特点与以目标市场为中心开展市场营销活动的要求相吻合。不少营销专家认为,越来越多的旅游企业(如饭店或旅行社)正在以主要目标市场为中心来安排它们的营销机构,这与旅游企业作为服务性企业的特点是相一致的。一方面,服务营销组织结构有别于传统的营销组织结构,可以保证"以顾客为中心",有利于培养顾客忠诚度;另一方面,旅游企业在各地的基层单位都是利润中心,各细分市场经理负责自己所辖市场的各项利润计划,职责十分明确,这有利于其根据本市场的服务体系和服务过程,合理配置人力、物力、财力等资源,为顾客提供优质服务。

(5)产品—市场管理型组织结构

针对不同客源市场开发多种产品的旅游企业,常常面临如何设置营销机构的难题。是采用产品管理型? 还是采用市场管理型? 为了解决这个问题,旅游企业可以建立一种"产品—市场管理型"的矩阵式组织结构。

旅游企业建立这种营销组织结构,需要花费大量的费用,而且权限的交叉在做决策时极易产生内部冲突。因此,虽然产品—市场管理型组织结构对多产品、多市场的旅游企业来说是实用的,但绝大多数营销管理者认为,只有对那些相当重要的产品和市场才适合同时设置产品经理和市场经理。

除上述几种旅游市场营销组织结构之外,有些多产品的旅游企业随着经营规模的扩大,常把各大产品部门升格为独立的事业部,各事业部下再设立自己的职能部门和服务部门,这种结构称为"企业—事业部型组织结构"。

2)旅游企业营销经理的素质

人是最关键的因素。旅游企业在开展市场营销活动时,除了设立必要的组织机构作为保证外,还需要一支适应市场的营销队伍。在这支队伍中,每个成员的素质和工作能力固然重要,但负责组织、策划、协调和控制营销活动的市场营销经理的作用尤其重要。营销经理扮演着创新构思者、营销推动者和形象管理者等重要角色,他是使整个企业形成并保持营销意识的关键。

旅游企业的营销经理应具备较强的领导能力,主要表现为决策能力、组织指挥能力、管理能力、预测分析能力、竞争能力、创造能力等。当然,旅游企业的营销经理还应有较好的人际关系和专业知识。此外,营销经理还特别需要熟悉服务营销,因为服务营销和产品营销有很大的区别,前者的重点是关系营销和网络营销。

7.1.5　旅游企业营销组织的任务

旅游企业营销组织是旅游企业进入市场的桥梁,它的任务就是以满足旅游消费者的需求为中心,指导和协调旅游企业的营销活动,以确保旅游企业经营目标的顺利实现。具体地讲,旅游营销组织的任务包括制订、实施和监督营销计划,并协调相关部门的工作,以保证旅游企业能在恰当的时间、恰当的地点,以恰当的价格向旅游消费者提供恰当的产品,来满足旅游消费者的需要。主要包括以下几个方面。

1)计划与控制任务

①市场调研。包括组织调研项目,搜集、处理、分析和加工调研的信息。
②市场预测。包括市场规模、市场增长率、市场的变化趋势的预测等。
③拟订营销计划。包括目标市场战略和策略、营销组合策略。
④产品的促销。包括人员推销、公共关系、广告和销售促进等。
⑤产品的分销。包括渠道的建设和管理等。
⑥营销预算的制定。包括营销费用总额的确定,以及资金的使用计划等。
⑦控制和评价营销结果。包括控制与评价的内容和控制的方案等。

2)实施任务

①举办和出席业务洽谈和交易会。
②与旅游中间商建立联系,并定期访问。
③利用广告、公共关系等进行促销活动。

3)协调任务

协调任务主要是与企业的有关部门如生产部、财务部等进行协调,就与旅游营销有关的问题进行沟通、说服和协商,以确保营销计划的顺利执行。另外,也将顾客消费后的信息反馈及时传达到相关部门,以便于相关部门作出适当的调整。

7.2 旅游企业营销组合

旅游企业的营销活动受到诸多因素的影响和控制。这些因素可以分为两大类：一类是旅游企业不能控制的因素，如：政治、经济、法律、人口、文化等，称为不可控因素。这类外部环境因素可以决定市场需求的性质和容量等，企业是无法控制的，只能设法去适应它，并随着外界环境的变化及时调整自己的经营方针和策略，并做到与之协调。另一类是旅游企业能够控制的因素，如：生产、定价、分销、促销等，称为可控因素。这类因素是企业可以选择、运用的自身经营条件和各种手段。

旅游企业营销组合就是旅游企业将各种可控的因素加以优化组合和综合运用，以实现预期的营销目标。

这种营销理念要求旅游企业从整体上考虑营销策略，协调各个职能部门的经营活动，互相配合运用营销手段，以满足目标市场的需要，获取最佳经济效益。它体现了现代营销观念中的整体营销思想。

7.2.1 旅游企业营销组合的内容

将若干个企业可控制要素适当组合与搭配，就是所谓的营销组合。对旅游企业而言，可控制的营销因素很多。为了便于分析运用，美国学者 E·杰罗姆·麦肯锡（E. Jerome Mocarthy）将这些要素归纳为四大类，因为这四类要素的英文第一个字母均为"P"，每个要素都有相应的策略 Strategy，所以市场营销组合又称为"4PS"。

1）产品（Product）策略

产品策略指旅游企业根据目标市场的需要所作出的与产品开发有关的计划和决策。产品是为目标市场开发的有形的物质产品与各种无形的相关服务的统一体。产品领域的核心问题是如何满足顾客的需要。为此，旅游企业必须在产品的类别、质量、设计、性能、款式、规格、材料、品牌、包装、特色、服务、保证等方面进行新产品的开发活动。

2）价格（Price）策略

价格策略指旅游企业为提供各种有形或无形产品所实施的价格方式和定价

决策。这一决策要估量顾客的需求和分析成本,以便选定一种既能吸引顾客又适合营销组合的价格。其中包括目录价格、折扣、折让、津贴、优惠、付款方式、付款期限、信用条件以及各种定价方法和定价技巧等因素的组合和运用。

3)分销(Place)策略

分销策略又称渠道策略,是旅游企业使其产品进入和达到目标市场所进行的各种活动。它包括产品流通的途径和环节、网点设置以及储存运输等因素的组合和运用。渠道的计划与决策,是指通过渠道的选择、调整、新建和对重点产品的协调安排,控制相互关联的市场营销机构,以利于更顺畅地完成交易。通俗地讲,在"渠道"领域,要研究、选择、决定如何把适销对路的产品送到目标市场,并在何时、何地、由谁来向目标市场的消费者提供产品和服务。

4)促销(Promotion)策略

促销策略指旅游企业为了实现产品从生产者向消费者的转移,扩大产品销量,提高市场占有率所采取的各种促进销售活动的决策。它包括:广告、人员推销、销售促进、公共宣传、直销等。旅游企业要把适销的产品在适当的地点按适当价格出售的信息传送到目标市场,使消费者了解其产品和服务,促进消费者购买,其中公共关系是一个发展的新领域,受到企业的普遍重视。

7.2.2 旅游企业营销组合的特点

1)可控性

旅游企业可以自主地选择营销变量及其组合方案。例如:旅游企业根据目标市场的需求,自主地决定自己的产品结构,制定或调整产品价格,选择产品的分销渠道,运用广告宣传手段等。营销组合的可控性决定了营销组合的可能性,倘若企业不能控制这些要素,就无营销组合可言。但是,旅游企业的市场行为必然要受自身条件及市场需求、市场竞争、政策法规等多方面的约束,所以营销组合也不能随心所欲,而必须从实际出发,适应外部环境的发展变化。这是旅游企业市场营销能否成功的关键。

例如:饭店集团可以根据市场细分和自身优势,依据顾客的需求和欲望决定自己的饭店是建成豪华型还是建成经济型;根据顾客的消费能力和市场竞争的情况,自己决定销售价格;根据市场供求状况,自己选择销售渠道和方式;根据产品销售状况,自己选择广告宣传等促销手段。

2）动态性

由于受到旅游企业内部条件和外部环境的变化影响,旅游市场营销组合的多个因素总是处于经常变化的状态之中。其中任何一个因素的变化,必然导致组合的变化,出现新的组合,产生新的效果。因此,旅游企业必须审视自身条件的变化,适应市场环境和消费需求的变化,酌情适时调整营销变量及其组合方案。在四类营销要素中,通常价格和促销比较容易调整,分销和产品调整的难度要大一些。

例如:我国的很多旅游景区因为受到气候的影响,有着非常明显的旺季和淡季之分。在旺季,景区往往会通过提高产品的价格、加大宣传力度、增加分销渠道等手段来增加销售收入。而在淡季,景区则会降低产品的价格,增加优惠活动,以吸引那些对价格更为敏感的游客,来扩大销售,弥补损失。

3）复合性

4PS 是包括产品、价格、分销、促销四个要素的大组合,而每一个要素又是由若干个营销因素形成的次级组合。这些要素互相配合,协调发展,共同为实现旅游企业的营销目标发挥作用。

为了便于分析运用,我们在每个要素的许多变量中选择了四个变量,组成各个要素的次级组合,见图7.1。

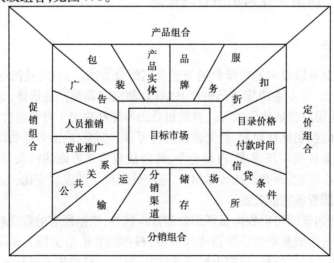

图 7.1　4PS 组合变量

市场营销组合由四个变量组成。四个变量又分别组成各自的次级组合。次级组合下面甚至还可以分出更次一个层级的组合。所以,复合性又可称为层次性。

4) 整体性

产品、价格、分销、促销是旅游企业市场营销可以控制的四个要素,它们不是彼此分离的,而是相互依存、相互影响、相互制约的。旅游企业在营销管理过程中不能孤立地应用或者单独调整某个营销要素,而要根据营销目标制定整体策略,各个要素相互补充、协调配合,发挥整体功能,以便实现营销管理和经济效益的最优化。如果各个要素单独发挥作用,难免缺乏整体的协调,有些功能就会相互抵消。而在组合条件下,各个要素目标统一,这种整体效应的作用,必然大于局部效应之和。因此,在制定营销组合时,要追求整体的最优化。各个亚层次的营销组合也必须服从整体组合的目标和要求,维护营销组合的整体性。

在我国的旅游市场中,许多企业竞争的主要手段是价格。但是,大家逐渐发现,价格竞争是最不利的方式。这是因为,改变价格是任何竞争对手最容易采用的手法,而且价格竞争的结果,往往会导致两败俱伤,会使消费者产生不良的印象,对企业的经营极其不利。因此,随着市场需求日益多样化、市场竞争的加剧和企业营销管理水平的日益提高,非价格因素的竞争日益显得重要和卓有成效。

7.2.3 旅游企业营销组合的作用

对旅游企业营销活动来说,旅游企业营销组合主要有以下三个方面的作用。

1) 制定营销战略的基础

营销战略是企业为实现自身长期的营销目标而制定的行动规划,主要由企业的营销目标与营销组合的各要素协调组成。旅游企业在市场调查和分析的基础上,选定目标市场以后,就要根据目标市场上消费者的需求特点和企业的经营实力,确定相应的市场营销组合,这样才能保证营销战略目标的实现。所以,旅游市场营销组合作为制定营销战略的基础,它既是营销战略的组成部分,又是营销战略实现的保证。

如美国、新加坡等国和中国香港地区某些大酒店,把上层社会的女性顾客作为目标市场的一部分,于是他们在产品和服务上作了一系列的调整和开发。如美国的克雷斯脱大酒店就专门设有妇女客房,房间内是女性化的装饰和设施,有穿衣化妆镜、华贵的成套化妆用具、沐浴用的芳香泡沫剂、电吹风以及妇女阅读的杂志等。雅加达和新加坡的希尔顿酒店对女顾客开设特别安全服务,他们把女客人尽量安排在靠近电梯的房间,若女顾客的房间较为僻静,则安排专门的护卫员送她们回房间。香港五星级的丽晶酒店为了吸引女顾客,把电器插座国际化,以方便各国顾客使用各类小电器,还推出即日洗衣和一小时熨衣服务,美容室一年365天都正常营业。因为上层女性顾客的经济地位高,要求为其提供专门的服务,因而在价格上制定的较高。他们还在女性喜爱的妇女杂志、时装杂志上刊登广告,吸引女性顾客的入住。由于他们目标明确,营销组合策略运用得当,因而在竞争中取得优势,实现了自己的营销战略。

2) 参与市场竞争的武器

一般来说,竞争对手之间都各有自己的优势和劣势。谁也不可能在长期竞争中拥有全面的优势。竞争的取胜之道在于善于分析自己和别人的长处与短处,扬长避短,发挥优势。旅游企业营销组合正是强调企业要发挥自己的优势,根据自己的资源条件、市场环境的变化、市场竞争的格局以及产品和市场的特点,巧妙、灵活地运用营销组合的各个因素,从而战胜对手,占领市场,获得最佳的经济效益。

【案例】

HIS是日本一家国际廉价机票服务旅行社的简称。其创业者泽田秀雄的事业始于1980年。这年泽田在东京新宿车站附近的一幢大楼里租了一间屋子并雇了一名职员,用自己留学归来所赚到的苦力钱再加上投资股票所得共1 000万日元作资本,办起了一家以供应廉价机票为特色的国际旅行社。开办以来,公司靠着经营廉价机票和国际旅行社服务取得了令世人刮目相看的绩效。在日本各大旅行社正为效益下降,赤字频频所苦之际,HIS的经营业绩无疑引起人们的关注。

HIS以低价集纳批发商卖不完而削价出售的机票,使得能以更低的票价吸引消费者。通常HIS出售的机票价格只有航空公司直接售出的五分之一到一半。HIS不但向顾客出售廉价机票,还向他们提供旅游服务咨询。大大吸引了旅游者特别是好奇心强的年轻人。便宜的机票价格再加上各种旅游信息服务的附加价值,使HIS在日本旅行业界中脱颖而出,生意日益兴隆。

HIS在取得经营成果之后,进一步扩大经营网点,增强了销售实力。按照日本航空公司的规定,每年售出500张以上的机票,其价格就可降低30%且销售奖金也随之增加。HIS扩大网络后,“消化”能力进一步增强,反过来又促使机票价格再次下降,形成良性循环,每年营业额呈几何级数增长。

3）协调职能部门的纽带

旅游市场营销组合不仅要求营销组合诸要素的协调配合，还要求旅游企业内部各个职能部门增强整体观念，形成一个整体工作系统，彼此分工协作，共同满足目标市场的需求，努力实现企业的整体目标。在这个过程中，旅游市场营销组合就成为连接和协调各个职能部门的纽带。

在竞争激烈的市场条件下，旅游企业要满足顾客需要，完成经营目标，必须从目标市场的需要和市场环境的特点出发，根据自身资源条件和优势，综合运用各种营销手段，形成统一的、配套的营销策略，通过企业上下各个职能部门的协调努力，密切配合才能实现。

比如某旅游景区的营销部门根据市场需求的变化提出需要在景区内增加新的游览项目，则需要开发部门根据景区自身具备的条件来设计。而要建设新的游览项目就需要财务部门准备资金，人事部门还要准备相应的人才储备，销售部门需要研究新产品的销售问题。这样，旅游企业内的开发、财务、人事、服务、销售等部门互相配合，形成一个有机的整体，才能更好地实现预期经营目标。

7.2.4 旅游企业营销组合运用的原则

1）必须整体地制定旅游企业营销组合策略

旅游企业营销组合策略的制定要在综合分析的基础上，强调整体性。当代企业所处的经营环境复杂多变，这决定了企业在制定营销策略时，不仅要从本企业的发展状况出发，还要考虑同行竞争者的营销策略等，必须同时考虑相互有内在影响的各种因素，使其有机地联系起来，同步配套，合理搭配，实现企业资源的最优化使用。例如：对那些昂贵的或者豪华型的旅游产品，必须选择那些不会损害产品形象的流通渠道和促销方式。

2）必须动态地调整旅游企业营销组合策略

市场形势是复杂多变的，旅游企业不可能长期使用一成不变的营销组合策略。由于营销组合策略的制定总是要受到企业外部环境中诸多不可控因素的制约，因此，要依靠及时反馈的市场信息，对营销组合及时、正确地进行调整或者进行重新组合。

3）必须经济地运用旅游企业营销组合策略

旅游企业营销组合策略的运用是为了让企业取得更好的经济效益。运用旅游企业营销组合策略时必须坚持成本—效益原则。每一项营销组合因素及其组合策略的应用，均应以为促销所增加的费用不超过所带来效益的增加为限。否则，旅游企业营销组合策略带来的将是旅游企业经营效益的下降。

7.3 旅游企业营销策划

所谓策划，就是计策的谋划，亦即人们针对未来所作的安排和打算。旅游营销策划是指旅游策划者为实现旅游组织的目标，通过对旅游市场营销环境等的调查、分析和论证，创造性地设计和策划旅游方案，谋划对策，然后付诸实施，以求获得最优经济效益和社会效益的运筹过程。

旅游企业营销策划包括创意、目标和可操作性三个要素。如果没有独辟蹊径、令人耳目一新的营销谋略，不能称之为营销策划；没有具体的营销目标，策划也落不到实处；而且不能操作的方案，无论创意多么巧妙杰出，目标多么具体、多么富有鼓动性，也都没有任何实际价值，这样的策划过程也就是资源浪费的过程。

7.3.1 旅游企业营销策划的主要特点

1）创新性

旅游企业营销策划最重要的特点就是创新性，其过程就是创造性思维发挥的过程。旅游企业营销策划从创意开始，经构想变成概念，再提炼出主题，然后由主题衍生出各类行动计划，并在参与者中加以推行。作为旅游企业营销策划生命力源泉的创造性思维，贯穿于旅游企业营销策划活动的方方面面和全过程。旅游企业营销策划一般都是围绕旅游企业某一具体目标或某一具体问题而进行的，其目的是力争最大限度地达到目标和寻求到解决问题的有效途径。依靠传统的营销方法，模仿他人成功的营销策略，或重复自己过去的经验，是远远不够的，是难以在激烈的市场中取胜的。因为旅游企业的营销环境是在不断地变化的，将来不可能是过去和现在的简单重复，因此，必须要有创新性，打破思维定势，充分发挥想象力和创造力，要有独特新颖的构思、不落俗套的方法、巧妙周密的策划,才能获得最大的营销效果。

旅游营销的创新范围广泛,既包括旅游产品的创新、技术的创新、价格和分销渠道的创新、促销方式的创新,也包括多种营销组合因素的重新组合等。

2) 可行性

旅游企业营销策划是有一定的目的并且要被实施的,因此,它不能是抽象的设想,而应该有具体的实施方案和行动指南,要充分考虑其操作的可行性,即在旅游企业现有的人、财、物、信息等资源条件的约束下,是可以实现的。因此,营销策划的目标应该是明确具体的,并且要进行量化,长、短期目标还要协调一致,要得到全体员工的认可和支持。营销策划的内容要完整和具体,既有完整的程序和行动的步骤,又有具体的易于操作的实施方案。一般地,策划方案在实施过程中需要多方面的密切配合,如供应商、旅游者、新闻媒体和其他社会公众等,为了确保策划方案的顺利实施,就需要让他们了解其可行性和易操作性,调动他们参与的积极性。

3) 应变性

旅游营销策划是根据事物内在的因果关系,对旅游企业未来的旅游营销活动进行当前的决策,决定未来可供选择的行动方案。而从现在到未来的实施过程中,不确定性的因素很多,既有旅游企业自身条件的变化,又有外部客观环境的变化,难免会有可预见或不可预见的突发性事件对营销策划形成冲击,如政策的变化或自然灾害的发生等,都会使精心设计的营销策划难以实施,这就要求旅游营销策划还要具有较强的应变性。为此,首先,在营销策划实施前对可能发生的突发性事件进行周密的分析,建立预警系统,准备防范措施,尽量增加营销策划的灵活性和应变能力;其次,一旦出现意料不到的突发事件影响营销策划的实施时,要立即采取应变措施,减轻突发性事件造成的不良影响,力争达到预期的目标。

7.3.2 旅游营销策划的分类

旅游营销策划是旅游企业对其未来营销活动的谋划,其内容非常丰富,涉及的领域十分广泛,依据不同的标准,可以划分为不同的类别。

1) 按旅游营销策划所涉及的范围和涵盖的内容划分

(1) 综合旅游营销策划

综合旅游营销策划是指旅游企业从战略的高度出发,对其营销活动进行全面的、综合性的策划。它具有涉及范围广、内容丰富、活动延续的时间长的特点。综合旅游营销策划活动关系到旅游企业生存和发展的根本大计,涉及旅游企业的方方面面,旅游企业的所有职能部门包括市场的调研部门、产品研究与开发部门、生产部门、销售部门、人事部门和财务管理部门等都要参与综合策划。并且,策划活动从旅游产品的设计、生产到分销、促销、信息管理等所有环节都要贯穿始终,是旅游企业重大的营销策划。如旅游企业发展战略策划、市场竞争战略策划、旅游企业形象战略策划等均属综合旅游营销策划。

(2) 旅游专项营销策划

旅游专项营销策划是指旅游企业针对某一项具体的营销活动进行的策划,因而涵盖面较窄,延续的时间也较短。如各种节庆活动的策划、旅游新产品的新闻发布会策划、旅游产品展示会策划、某一促销活动策划、广告策划、公关危机策划等。

(3) 旅游专题营销策划

旅游专题营销策划是旅游企业为了突出某一主题展开的大型专题活动,如某一旅游企业为了加强旅游者的环保意识举行的大型生态旅游活动。旅游专题策划有鲜明的主题,针对性和目的性均较强。成功的专题活动策划,能够提高旅游企业的知名度和美誉度,甚至产生巨大的轰动效应,取得意想不到的策划效果。

2) 按旅游企业不同的营销活动划分

(1) 旅游形象策划

旅游形象策划是指旅游企业运用视觉设计,将其经营理念与本质视觉化、规范化、系统化,通过商标或企业标志的造型与色彩的设计,将旅游企业的经营理念、管理思想以及经营战略与策略等,通过视觉艺术和再现技术传播给企业职工和社会公众,以塑造其良好的旅游企业形象,使公众对旅游企业产生一致的认同感,从而赢得社会大众及旅游消费者对企业的肯定和信赖,树立良好的旅游企业形象。

通过旅游形象策划,有利于塑造旅游企业的良好形象,而良好的形象,必然增强旅游企业的竞争力,提高旅游企业的知名度。

(2)旅游产品策划

旅游产品策划是指旅游企业为强化其整体产品各个因素的竞争力,实现旅游产品的差异化,延长其市场生命周期所进行的策划。旅游产品是旅游企业占领市场、在市场竞争中取胜的物质基础,也是制定价格策略、分销渠道策略和促销策略的基础。如何制定行之有效而又独具特色的旅游产品策略是旅游产品策划的主要任务。具体而言,旅游产品策划包括:如何加强整体产品各个因素尤其是质量、商标、包装、服务等的竞争力,如何将旅游产品组合的广度、深度、密度进行有机的结合,如何实施旅游产品差异化,如何选择旅游产品市场生命周期各阶段的营销策略等。

旅游活动是一个综合性的活动,旅游产品是一种以游客需求为中心的包括行、住、食、游、娱、购六个要素的整体产品,因此,需求不同,对行、住、食、游、娱、购要求的组合也不同。

旅游产品策划就是根据旅游者的需求对单项旅游产品进行选择、编排、组合,以满足旅游服务需求多样化和个性化的趋势。它包括单项旅游产品策划、整体旅游产品策划、旅游服务策划以及旅游新产品开发策划。

(3)旅游服务策划

旅游服务策划是指旅游企业以旅游者的需求为中心,设计和适时地提供旅游者所需求的服务,以满足多样化和个性化的游客服务需求所进行的策划。当今的世界经济已进入"服务经济时代",服务业正以前所未有的速度成为第一大产业,作为服务业内的支柱产业——旅游业,更是以超常规的速度在增长;与此同时,旅游者对旅游服务的需求也正在发生深刻的变化,旅游服务需求的多样化和个性化趋势日益突显。因此,对于旅游企业来说,设计适当的服务,适时地去满足旅游者的需要,是解决日益扩大的市场需求与需求个性化和多样化矛盾的关键。

旅游服务策划包括:旅游服务的内部策划和旅游服务的外部策划,其中旅游服务的内部策划是旅游服务外部策划的基础,而旅游服务外部策划是实现旅游服务策划目标的关键。

(4)旅游广告策划

旅游广告策划是旅游企业为广泛地传播信息,引起旅游者的注意与兴趣,提高旅游企业知名度和美誉度而综合利用多种广告所进行的策划。旅游者的旅游决策主要依赖于对旅游目的地或旅游产品的感知,而旅游者对旅游目的地的感知是通过间接获得的信息来实现的。旅游广告是传达旅游信息的主要渠道,因此,旅游广告策划在旅游企业的经营中占有非常重要的地位,它在旅游信息的传递和沟通、促进销售、提高旅游企业的经济效益方面发挥着非常重要的作用。

旅游广告策划由以下几个环节组成:成立策划组织、进行市场调研、广告定位、广告创意构思、广告媒体策划、广告发布和广告效果评定。在旅游广告策划过程中,要将创新性、可行性以及应变性有机地结合起来。

(5)旅游节庆策划

旅游节庆策划是指通过举办一些大型的节庆活动,为刺激旅游消费需求,提高经济效益和社会效益而进行的策划。旅游节庆活动具有规模大、影响广、参与者多的特点。按照旅游节庆活动的性质,可分为政治性旅游节庆活动、宗教性旅游节庆活动、文化性旅游节庆活动、体育性旅游节庆活动和商业性旅游节庆活动。

旅游节庆活动策划,不仅系统性强、涉及面广,而且工作难度大,对策划人员的专业素质要求高。旅游节庆活动策划是一种全方位、多角度的策划。首先,要明确旅游节庆活动策划的目的,确定旅游节庆活动的主题;其次,要确定旅游节庆活动的初步方案,并进入策划启动和拟订方案与审查方案阶段;再次,进入各种项目的具体落实和大力推进活动开展前的操作阶段,指挥、组织和实施旅游节庆活动;最后,对旅游节庆活动计划进行全面评估,为下一次的旅游节庆活动积累经验。

7.3.3　旅游营销策划程序

旅游营销策划是科学性和艺术性的结合,具有很强的逻辑性,其运作的程序由环环相扣的六个步骤组成,即确定旅游营销策划的目标、调查和分析旅游营销环境、进行策划创意、撰写策划书、实施与调整方案、评估方案实施的绩效。

1)确定目标

旅游营销策划,一定要围绕达成某一目标或解决某一具体问题进行,确定目标显然是最重要的第一步。好的开始是成功的一半,明确界定旅游营销策划所要达到的目标或要解决的问题,可为整个策划指明方向,并奠定良好的基础。在明确目标、界定问题时应该注意:

(1)目标要明确、具体

旅游营销策划的目标应该明确、具体,切实可行并可量化。常用的旅游营销策划目标有：旅游者人次、销售增长率、市场占有率和利润等。在实际运作中，旅游企业的多个营销目标之间难免相互冲突，这就要求在确定目标时要分清主次、协调一致、适当取舍，以保证主要目标的实现。

（2）集中力量于重要问题

旅游营销实践中面临的问题是复杂多样的，不同的问题其影响力不一样，一些重要问题对达到旅游企业目标具有重大的影响力。因此，旅游营销策划应专注于重要的问题，只有解决了重要问题，其他的问题才能迎刃而解。

（3）注意改变提出问题的角度

同样一个问题，从不同的角度提出，就可能带来不同的认识、不同的解决方法。旅游营销策划的新思维，往往来源于提出问题、认识问题角度的改变。

2）调查和分析旅游营销环境

对旅游营销环境的调查和分析是旅游营销策划成功的基础。

（1）旅游营销环境调查

调查是对市场资料的搜集与获取，是旅游企业信息的重要源泉，是旅游营销策划的前提条件和重要保证。

①确定调查的内容。

旅游者方面：旅游目的地在旅游者心目中的形象，旅游者对宣传、促销的反应，旅游者对旅游设施、服务水平、旅游价格、旅游分销渠道的看法，旅游者旅游的主要动机和方式（散客、家庭、团体，经济、豪华等），对未来旅游变化趋势的预期。

旅游市场方面：旅游市场的规模，旅游市场的地理位置，旅游市场的人口分布特点，旅游市场细分情况，旅游市场分类，旅游目的地市场竞争的基本策略，竞争对手旅游产品的长处和短处，竞争对手的市场营销策略等。

旅游市场环境方面：旅游目的地或旅游客源地的政治制度、政治局势和政府的经济政策、经济形势，消费者的政治倾向，旅游市场人口特点，城乡人口的生活习惯和闲暇时间，消费者文化教育水平，家庭规模和消费习惯，社会风俗和传统习惯，劳动和就业情况，不同阶层的家庭及收入，对旅游产品的购买力等。

旅游目的地方面：旅游目的地的自然资源、人文资源、自然环境以及基础设施。包括内部交通道路系统，水、电、气、热的供应系统，排污处理系统，邮电通信系统等；从客源地到目的地的外部交通基础设施，如汽车、火车、飞机、游船、缆车等交通工具；住宿设施如旅馆、汽车旅馆、别墅、度假村、野营帐篷、游船、农舍等；

提供餐饮的餐厅、咖啡屋、茶馆、烧烤场所等;提供娱乐服务的娱乐场所、影剧院、夜总会等;提供购物的旅游商店、摊点等;提供其他服务的旅行社、咨询服务处、医院、银行和保险公司等。

另外,需要了解的还有旅游服务。它又分基本服务和辅助服务。基本服务有客房服务、餐饮服务、交通服务、导游服务、购物服务、娱乐服务等;辅助服务有理发、医院、洗衣、金融、保险、通信咨询、出入境手续、托运、签证等。

②拟订调查计划和设计调查方案。

在确立了调查内容之后,首先要拟订调查计划,调查计划包括:调查目的、对象、时间、地点、内容、方法以及调查所需费用预算等。上述诸因素的确定都要与营销策划保持一致,并为其服务。其次,根据调查计划的要求,设计出调查方案,拟定调查的行动步骤。

③实施调查方案。

根据调查方案,有序地开展调查活动,在调查中,要注意有目的地搜集第二手资料。在第二手资料不能满足调查目的需要时,就着手搜集原始资料。

在实施调查方案过程中,如发现方案有不合理之处,就需要进行适当地调整,以确保调查能达到预期的目的。

④整理资料并编写调查报告。

对收集来的资料分门别类、去粗取精、去伪存真,并遵照旅游营销策划的要求编写调查报告,为旅游营销策划提供充分的有价值的参考资料和建议。

(2)旅游营销环境分析

在对旅游营销环境进行调查的基础之上,要对旅游营销环境进行分析研究。因为旅游营销环境总是处在不断变化之中,而营销环境的变化既可以给企业带来营销机会,也可以带来营销风险,旅游营销策划对营销环境分析的目的就是要趋利避害,及时捕捉和利用营销环境变化带来的机会,最大限度地避免和减少营销环境变化造成的风险。

3)进行策划创意

创意乃旅游营销策划的点睛之处,创意是否新颖、独特,是否切合主题,直接关系到旅游营销策划的成败。因此,在进行策划创意时,一定要把新颖性、独特性以及与主题的密切相关性作为首要的条件加以考虑。旅游企业多采用如下方法广泛收集旅游营销策划的创意。

(1)营销策划人员的构想

好的策划创意往往来自于策划人员的灵感,也就是创意暗示、创意联想、模糊印象、灵机闪现等,将灵感经过整理、变形、加工和组合,就可形成创意。旅游企业应遴选出卓越的策划创意人才,他们应拥有广博的知识,具有丰富的想象力,掌握大量的信息资料,并且有创新精神,思路敏捷,善于观察,勤于思考。具备这些能力的营销策划人员,只要他们能正确地把握策划的主题,深入地认识问题,发挥丰富的联想,就能够提出独特、新颖且切合主题的创意。

（2）公开征集

通过媒体向社会公众公开征集营销策划创意。在向社会公告时,一定要告之旅游策划的目的和主题,以便应征者能够提出切合主题的创意。

4）撰写旅游营销策划书

旅游营销策划书是策划创意的文字化和具体化,它是实施策划创意的具体方案,因此,有了较为成熟和完善的营销策划创意之后,就要着手设计和撰写旅游营销策划书。

旅游营销策划书的主要内容有：
①策划书的标题。力求将策划的主题、内容、性质等以简洁的文字加以表述。②策划者的基本介绍。如姓名、工作单位、职称等。③策划书完成的日期。④策划的目标及概要说明。⑤策划书的正文内容。即策划的提出、背景、机会、问题,关键的创意,创意的实施等。⑥进程安排和费用预算。⑦效益预测。⑧参考文献及资料附录。⑨注意事项。⑩备选方案的概要说明。

5）实施方案与调整方案

策划方案制定出来以后,经过营销决策人员的批准,就可付诸实践,进入策划的实施阶段。在实施过程中,要对营销策划进行有效的监督和管理,尤其要注意保持策划的连续性、权威性,要按照策划的内容来实施,不得随意改变策划的内容。为确保营销策划书的顺利实施,要注意以下三个问题：
①要确保策划方案实施所需的人、财、物和信息等资源的落实到位。营销策划方案的实施,需要一定量的人员、资金、物质和信息,它们是营销策划方案实施的前提和保证,因此,一定要落实到位。
②密切跟踪营销策划方案实施的全过程。营销策划方案的实施是一个动态的、发展的过程,在实施过程中,可能会发生一些变化,没有追踪,就难以及时准确地掌握整个方案的实施情况,一旦方案的实施发生了偏差,就难以发现,也就无法改进。
③严格按照策划方案既定的程序和时间进度表实施。在重大的营销环境没

有发生变化,既定的旅游营销策划方案没有表现出错误时,就不要改变既定的程序和进度,而应该严格按照策划方案的既定程序和进度时间表实施。

当然,策划方案的实施可能是一个较长的过程,在此过程中,企业面临的营销环境可能会发生一些重大的变化,对营销策划方案的实施产生较大影响,这时,就必须根据旅游营销环境的变化对原策划方案作适当的调整,以更好地加以实施。

6)对旅游营销策划的实施结果进行评估

营销策划方案在实施过程中和实施完成后,都应对其实施情况进行跟踪评估,以便对方案的设计和运行情况作出科学的评价。它包括检查预期的目标是否达到;实际目标效果与预期目标之间有什么差距,造成差距的原因是什么;费用预算是否合理;营销策划进程安排是否恰当;活动是否按时间进度表有序地进行;出现了哪些意外、例外情况,其对策划方案的实施造成什么影响;营销策划的实施积累了哪些成功的经验,有哪些问题和教训;策划的实施引起了什么样的社会反响,企业的知名度、美誉度是否得到提高等。

实施结果评估的方法主要有两种:

①实施过程中的评估。实施过程中的评估是指在营销策划方案实施过程中进行的测评工作。其目的是评估前一阶段方案实施的效果,找出存在的问题,为下一阶段的实施方案提供建议和指导。

②策划完成后的评估。策划完成后的评估是指在营销方案实施全过程结束后进行的总结性和全面性评估工作。其目的是评估整个方案的实施效果,总结经验和教训,为以后更有效地开展市场营销策划提供依据和参考。

7.3.4 旅游营销策划技巧

旅游营销策划要想先发制人、胜人一筹,就必须熟练掌握和运用旅游营销策划的运作技巧。

1)旅游营销策划对形势的利用

旅游营销策划对形势的利用是指如何巧妙借用旅游营销环境的发展变化,也就是通常所说的"氛围"、"大环境"、"形势"、"趋势"、"潮流"等。旅游营销策划者在实施策划之前,务必先"度势",后"运势",只有认清了形势的发展规律,并且顺应它的发展,才能化不利形势为有利形势,将外部形势为我所用。

（1）借用形势

借用形势就是借用他人之形势为自己所用。"狐假虎威"便是借用形势的范例。借用形势最常用的办法就是利用他人的优势，如请一些名人为自己做广告，就是利用了名人有"名"的优势。例如，武汉的一些酒店，经常请一些名人光顾，并请其代为做广告。

（2）顺应形势

顺应形势就是顺应潮流之势。例如，武汉市政府顺应人们购物、娱乐、休闲的大潮流，将被誉为武汉商业一条街的江汉路，由拥挤、破落的街道，改建为宽广、亮丽的步行街，一方面繁荣了武汉的商业，另一方面也为人们提供了一个购物、娱乐、休闲的好去处。

（3）转变形势

转变形势就是将某种形势，通过一定的手段和方法，转化为另一种对自己有利的形势。任何事情都存在利、弊的两个方面，关键是能否改变看问题的角度，变不利为有利，将劣势转化为优势。

（4）造就形势

造就形势就是制造声势。造就形势的方法很多，一般都要通过媒体，因为媒体具有传播范围广、影响大的特点。通过广播、电视、报纸等媒体的广泛传播，大造声势，就能够达到造就形势的目的。

2）旅游营销策划对时机的利用

时机、机会和机遇是来去不定，转瞬即逝，可遇而不可求的。因而旅游营销策划中对时机的把握最为复杂，也最难以把握。旅游营销策划中如果能捕捉到时机，就能取得事半功倍的效果，否则，将是事倍功半。因此，对旅游营销策划人员来说，时机的把握尤为重要，成功的旅游营销策划者总是能够审时度势，见机行事。要把握时机必须做到以下两点：

（1）要做有心人

"机会总是落到那些有准备之人"的手中，可见，要做一个成功的旅游营销策划者，平时就要未雨绸缪，针对可能出现的时机，做好充分的准备，在时机真正来临之际，才能够迅速做出反应，适时抓住机遇。

（2）细心观察，准确预测

时机的出现虽然是偶然的、随机的，但时机出现之前，总是有一些细微的征

兆,因此,旅游营销的策划者要能够觉察出各种细微的征兆,并根据这些征兆对时机的出现做出准确的预测。如根据人们收入的提高和对回归大自然的迫切愿望,就可以预测出生态旅游的潮流必将兴起。

3)旅游营销策划的策略

旅游营销策划者根据不同的形势和时机,采用不同的策略和手段,就能使旅游营销策划收到事半功倍的效果。

常见的旅游营销策划策略有:

(1)以情感人

人的需要分为生理需要和心理需要,而情感需要是人的心理需要的主要内容,因此,旅游营销的策划人员必须在策划过程中,针对旅游者的情感心理需要,以人的情感为本,设计出具有感染力的旅游产品或旅游活动,只有这样,才有可能满足旅游者对情感的需要。

(2)出奇制胜

在市场经济条件下,人们每天都会接触到大量的商业信息,因此,循规蹈矩的营销策划难以引起人们的注意,只有那些新奇、独特的营销策划才能触动旅游者,从而达到引起注意——提起兴趣——激发欲望——加深印象——引起激动的心理功效,才能在激烈的旅游营销策划竞争中出奇制胜,赢得市场竞争的优势。

7.4 旅游企业营销创新

随着我国经济长期快速地发展,市场商品供过于求从而呈现买方市场。在这种情况下旅游企业只是仿效别人的生产和销售是难以生存和发展的。而加入世界贸易组织后,更多的国外旅游企业和国外旅游产品进入我国市场,"国际竞争国内化",这些跨国旅游企业实力雄厚,营销网络和营销能力远远超过国内旅游企业。如果国内旅游企业还是采取 20 世纪初的模仿与引进的营销模式,那么在这场关系到生存与发展的中外营销战中肯定会败下阵来。在目前条件下,旅游企业的竞争力大小取决于其创新力的强弱。旅游企业的创新力包括多个方面,营销创新力是其核心要素之一。旅游企业只有大力开展营销创新,才能更好地迎接知识经济的挑战。

营销创新包括观念创新、产品创新和销售渠道创新。起主导作用的是观念创新,观念创新指导产品创新和销售渠道创新。没有观念创新,就没有产品创新和销售渠道创新。

7.4.1　新的营销观念

我国旅游企业在 21 世纪需要关注的新的营销观念有以下几种。

1) 感性营销观念

感性营销就是以感性观点来分析人们的消费行为,把个人感性差异的满足作为企业营销战略核心的营销活动。感性营销来源于人们的感性消费。在感性消费时代,要改变过去那种单一的、大批量生产旅游产品的方式,从而达到产品的差异化、多样化以及个性化,旅游生产企业应该认真研究不同层次的消费心理,了解他们的欲望和需求。旅游企业家必须从感性的新思路去从事生产经营、产品设计、制造以及销售,紧扣人们的感性消费心理,以消费者满不满意、喜不喜欢作为产品设计和开发的准则,从而从情感上触动消费者,使消费者产生购买的欲望,并最终形成购买行为。

2) 全球营销观念

经济全球化是当今世界经济发展的趋势,现代化大生产本身的客观规律必然要求实现全球化分工。在这一经济规律的驱动下,各国旅游企业和旅游产品纷纷走出国门,在世界范围内寻求发展机会,许多旅游产品已经成为全球产品,而不是某一国家的旅游产品。特别是那些实力雄厚的跨国旅游企业,它们早已把全球市场置于自己的营销范围之内,以一种全球营销观念来指导旅游企业的营销活动。

3) 知识营销观念

在知识经济时代,旅游企业的营销观念也要相应转变,即树立知识营销观念。知识营销观念是知识经济发展的产物,是与知识经济相适应的一种新的营销观念。它高度重视知识、信息和智力,凭知识和智力而不是凭经验在日益激烈的旅游市场营销战中取胜。因此,旅游企业要充分捕捉和利用旅游市场信息,开发和生产科技含量高的旅游产品,选择和运用现代化营销手段。

4）绿色营销观念

所谓绿色营销,是指企业在营销过程(从产品的设计、生产、废弃物的处理方式,直至产品消费过程中制定的有利于环境保护的市场营销组合策略)中充分体现环境意识和社会意识。即要求产品在生产过程中少用能源和资源,并且不污染环境;产品在使用过程中不污染环境而且低能耗;产品在使用后易于拆解、可以回收翻新或能够完全废置。绿色营销作为实现可持续发展战略的有效途径,是现代营销发展的必然选择。旅游业保持可持续发展尤为重要。

5）品牌营销观念

所谓品牌营销,是指企业通过塑造品牌形象,宣传、更新其所依附的产品和提高质量等营销手段的运用,创建消费者认可的品牌。

严格来讲,品牌本身不是财富,品牌忠诚才是企业的财富。品牌忠诚是指由于质量、价格、信誉等诸多因素的吸引力,消费者对某一品牌的商品情有独钟,形成偏爱并长期购买某一品牌商品的行为。品牌忠诚的营造要求企业始终树立以消费者为中心的观念,千方百计满足消费者需求,赢得消费者的好感和信赖。这是提高企业品牌忠诚的根本途径。具体而言,企业可以通过洞察消费需求、提供长期的产品质量保证、为顾客提供满意的服务、塑造良好的企业形象等来塑造品牌忠诚。

例如,湖南旅游业实施的旅游品牌营销新战略,使湖南逐步形成了以名人名山为品牌的全新旅游形象。未来 10 年,湖南将推出一个旅游龙头——张家界、4条旅游精品线路和 14 个专项旅游产品。在旅游营销总的对策上,该省将逐步实现旅游市场品牌营销的变革与创新。

6）关系(亲情)营销观念

传统的营销将企业和顾客看作是买卖关系,强调的核心是顾客至高无上,把顾客当"上帝",企业营销活动就是完成每笔交易,并谋求每笔交易利润的最大化。关系营销认为企业与顾客的关系不只是交易关系,而应建立起良好永久的伙伴关系,强调把顾客当"朋友",通过建立一种新型的亲情关系,把企业与顾客之间的距离最大限度地缩短。通过与顾客做"朋友",使顾客成为企业永远的"朋友"。企业营销的目的不只是谋求企业利润的最大化,而是着眼于谋求双方利益的最大化。从追求企业自身利益最大化到谋求企业与顾客双方利益的最大化,体现了两种营销观念本质的区别。

7)直复营销观念

直复营销起源于美国,是一种为了在任何地方产生可度量反应或达成交易而使用的一种或多种广告媒体的互相作用的市场营销体系。直复营销与传统营销之间有很大的区别。①传统营销中的顾客以群体出现;而直复营销的顾客是单个个体,因而它可以根据每个顾客的购买习惯、需求进行有针对性的营销活动。②传统营销中的销售活动要在信息传递出去一段时间后,在另外的场所发生;而直复营销在传递广告信息的同时就销售产品,媒体就是销售场所。③传统营销中的广告重在树立企业和产品的形象,引起消费者的注意;而直复营销中的广告是为了促成消费者的立即购买行为,以达到短时间内增加产品销量与赢利的目的。④在直复营销中,顾客通过回复卡、电话等方式进行查询、订货和付款,相关信息立即得到反馈,使得营销效果很容易测量;而传统营销效果很难测量。

8)大市场营销观念

当旅游企业想要进入一个新的市场时,就必须精通向当地有关集团提供利益的艺术,这比满足目标顾客的需求更加重要。这就要求营销人员不仅要为一般中介人服务并满足其需要,而且还要为这一范围之外的第三方面服务。所谓第三方面,是指政府、劳工组织和其他利益集团等,它们往往会单独或者联合起来阻止一个企业进入某一市场,这些第三方面扮演着守门人的角色,其作用越来越重要。

大市场营销者为了进入某一市场开展经营活动,必须经常得到具有影响力的企业高级职员、立法部门和政府官员的支持,因此,大市场营销者必须具有政治上的机敏和谋略,掌握高超的游说本领和谈判技巧,才能从其他方面得到预期的反应。权力是一个推的策略,公共关系则是一个"拉"的策略。舆论需要较长时间的努力才能起作用,然而,一旦舆论的力量加强了,它就能帮助企业去占领市场。

9)形象营销观念

旅游企业的形象是公众对旅游企业的综合评价,是旅游企业的表现与特征在公众心目中的反映。塑造完整、健全、独特的旅游企业形象并非易事。它不是对旅游企业表面的装饰,而是旅游企业由内向外认识自我、展示自我和发展自我的过程。旅游企业的形象塑造是一项艰巨的系统工程,必须借助企业形象识别系统(Corporate Identity System,简称 CIS 系统)来完成。

国内外许多案例表明,CIS 系统把企业的经营活动引入到了一个全新的境界。中国台湾地区 CIS 设计权威林碧耸先生曾将 CIS 系统定义为:将企业经营理念与精神文化,运用统一的整体传达系统(特别是视觉传达系统)传达给企业周边的关系者,使其对企业产生一致的认同感。即企业首先对自身的良好特质、经营理念、经营行为作出自我认识和确认,然后利用识别系统统一而整体地传达,努力向公众展示,使公众获得从视觉到理念上的反复认同感,从而在其心中反射出企业的整体人格形象。可以说 CIS 系统的建立就是人格化的企业表里如一的展示和认同。

10)CS 营销观念

CS(Customer Satisfaction)营销即顾客满意营销。所谓顾客满意营销,其核心思想是企业的全部经营活动都要从满足顾客的需要出发,以提供满足顾客需要的产品或服务为企业的责任和义务,以满足顾客需要、使顾客满意为企业的经营目的。在美国,从汽车业到旅游服务业,现在都已开始发布顾客满意度排行榜。在日本,据经济报业集团最新研究显示,提供顾客满意的产品和服务已经成了未来日本企业最重要且优先考虑的问题,许多大企业,无论是电子、汽车还是旅游企业,都加强了它们的顾客满意职能。

CS 营销战略把顾客满意所引发的对企业的信任和忠诚视作企业重要的资产。CS 营销开辟了企业市场营销的新视野、新观念和新方法,已被企业界人士看作是增强市场竞争能力、塑造良好企业形象的主要手段之一。

旅游企业将产品和服务提供给目标顾客之后,必须要了解顾客的满意程度。只有使顾客满意,才能造就忠诚的顾客,而顾客对企业的忠诚和信任是企业实现利润的稳固基础。使顾客满意的关键在于增加顾客所获得的价值。例如,企业在同样的价格水平上,针对顾客的个人偏好提供个性化服务,就可以为顾客提供更多的价值,必然会提高顾客的满意度。因此,顾客的特殊偏好也是重要的信息。市场信息的获得需要借助于大规模的调查和一套成熟的调查技术。顾客个人偏好的信息则要靠日常的积累,有赖于现代化的管理技术和管理手段,如电脑联网等。据报道,曾获美国国会巴德图治质量奖的里兹·卡尔顿饭店集团已储存了近 50 万客人的信息,当客人再次入住该集团的成员饭店时,成员饭店可以迅速地从信息中心调取客人的资料,从而提供客人所需要的服务,这是它成功的重要原因。国内某知名旅游专家曾指出,饭店业不仅要提倡标准化、规范化的服务,还要提倡个性化的服务,而大规模的个性化服务(集团化加电脑联网)是 21世纪饭店业发展的趋势。

11) 文化营销观念

文化营销是指将文化因素渗透到企业营销活动及其过程中,通过价值观的认同或文化需求的满足而赢得消费者的营销活动。与传统营销相比,文化营销策略具有以下特点。

①在市场调研上,文化营销以满足大众文化需求为目标,因而市场调研的主题是消费者情感体验、价格认同、社会识别等文化需求,并密切关注消费时尚、消费方式的变化趋势。

②在市场定位上,文化营销市场定位的要点在于明确自己的产品满足消费者什么样的文化需求,在满足这种需求上与竞争对手有什么文化层面上的区别。

③在产品策略上,文化营销视野中的产品不仅能满足消费者的物质需求,更能满足消费者的精神、文化需求。因此,文化营销十分重视产品的包装、命名、造型以及品牌中的文化品味。文化营销认为,尽管产品本身并无感情可言,但可通过别具一格的文化内涵设计赋予产品文化气息和情感氛围,使之与消费者的心理需求相吻合。

④在价格策略上,文化营销认为,价格由价值决定,产品提供的价值既包括使用价值,也包括文化价值。商品定位应以顾客获得的总价值为准线,文化价值大小的确定应以顾客的认知为基准。

⑤在促销策略上,文化营销十分注重促销活动的文化内涵,并把这种文化内涵赋予商品之中,创造出商品的文化价值。通过赋予商品文化内涵,创造"产品—文化"需求联系,呼唤顾客的心理需求。

12) 整合营销观念

整合营销(Integrated Marketing Communication,IMC)是欧美20世纪90年代以消费者为导向的营销思想在传播宣传领域的具体体现,其基本思想可以概括为以下两个方面:第一,强调营销沟通中的统一计划,即把广告、营业推广、促销、公共关系等一切与企业对外传播和沟通有关的活动都归于一项统一的活动计划中。第二,强调统一沟通口径,即企业应当以一致的传播资料面对消费者,综合运用和协调使用各种各样的沟通手段,使营销沟通能够发挥出最佳的沟通效果。

整合营销与传统营销最大的区别在于重心的转移,从传统的消极、被动地适应消费者转向积极、主动地与消费者沟通交流。IMC与传统的4P相对应,从全新的营销角度提出了4C主张,即在营销活动中,要考虑消费者的需求和欲望、消费者为满足其需求所愿意付出的成本、怎样给消费者提供方便、如何同消费者沟

通和交流。

整合营销的出现和发展是现代营销环境发展的必然产物，是营销传播理论在人们对广告不看、不信、不记忆的时期，为适应环境而进行的突破传统营销理论的一场自我革命。

13）网络营销观念

网络营销是建立在互联网基础上的，并借助网络、电话通信和数字交互式媒体的威力来实现营销目标。网络营销与传统营销相比，其独特之处表现在以下几个方面。

①互联网无所不及，其超越时空限制并具备传送文字、声音、动画和影像的多媒体能力，较之传统的媒体具有更强的表现力，可以更加充分地发挥营销人员的创意。

②互联网可以展示商品样本，可以连接资料库，提供产品信息的查询，可以同顾客作双向沟通，可以收集市场情报，可以进行产品测试与消费者满意调查等，是产品设计、商品信息提供以及顾客服务的最佳工具。

③互联网上的促销是一对一的、理性的、消费者主导的、非强迫的、循序渐进的，同时也是一种低成本与人性化的促销，因此，它符合分级与直销的发展趋势。

④互联网使用者的数量快速增长并遍及全球，使用者多属年轻人、中产阶级、高教育水平的人群，因此，这是一项极具开发潜力的促销渠道。互联网上的营销可自商品信息提供至收款、售后服务一气呵成，因此，这也是一种全过程的营销渠道。

互联网是一种利用通信线路，将全球电脑纳入国际互联网的信息传递系统，它必将是未来市场营销最重要的渠道。在以消费者为导向的时代，市场营销管理中的4P应该与4C，即顾客（Customer）、成本（Cost）、方便（Convenience）和沟通（Communication）进行充分的结合。而网络营销正好符合顾客主导、成本低廉、使用方便和充分沟通的要求，因此，它必将成为未来企业营销创新的重要方式。

网络营销可以使营销企业实现双赢。例如，由新城科技公司创建的旅游网站联盟雅选网（www.yahtour.com）在广州投入运营伊始，就获得了来自境内外700家加盟旅游企业的70多万元广告收入，借助于网络营销创出网站和传统行业联盟迅速赢利的商业新模式。又如，中青旅收购了上海大陆旅游资源信息网，该旅游信息网为上海十大重点应用系统之一，目前是我国五大旅游网站协会的会长单位，已有数百家的酒店、旅行社客户资源。中青旅旨在组建网上旅游营销中心,实现公司旅游品牌、旅游资源与科技优势的有效嫁接,逐渐形成覆盖全国的旅游线路产品销售网络,全方位拓展网络营销。

7.4.2　旅游产品创新

旅游新产品泛指凡是旅游产品综合体中任何一部分的改革与创新。旅游新产品可分为以下几类。

①完全创新的产品,指原来没有出现过的产品,如开辟一条新的旅游路线,开发一个新景点等。旅游新产品一般开发周期长,资金、人力投入大,风险也大。

②换代新产品,指在原有产品基础上进行较大改革后形成的新产品。

③改进新产品,指对原有产品不做重大改革,只进行局部的改变。如客房服务中增加早餐服务等。

④仿制新产品,指企业模仿和生产旅游市场上已存在的产品为本企业的新产品。

1) 产品创新的出发点

产品创新应从产品整体概念出发,重点突出以下方面的创新。

(1) 旅游产品标准创新

旅游企业在新产品开发过程中,尤其是在中国加入世界贸易组织后,应该突破传统市场观念和地方保护主义观念,具有发展的眼光,一方面按照国家标准、国际标准进行产品开发和创新,符合 ISO 9000—2000、ISO 14000 等国际认证标准的要求;另一方面也不宜机械地照搬某一标准,而应以消费者需求和满意为最终标准,力求使旅游产品最大限度地满足消费者需求。

(2) 旅游产品品种、形式创新

随着科技的迅速发展,知识更新换代不断加快,旅游产品的兴起与衰亡不断加速,生命周期日趋缩短,消费者要求旅游企业不断地推出新品种、新形式的旅游产品,因此,企业必须不断加速旅游产品的更新换代,适时推出新品种、新形式,以不断变化的产品来适应不断变化的市场与消费者需求。

(3) 旅游产品"包装"创新

"包装"创新要与旅游产品的特性和价值相符,进行合理包装、适度包装,防止过度包装和疏于包装。包装要从有利于提高旅游企业的形象、吸引消费者的注意力、保护旅游资源的合理开发与利用出发,尽量节约旅游企业的有限资源、人力和物力。目前,企业应注意纠正社会上对"包装"的变异思想,防止"货卖一

张皮”的现象蔓延。

(4)旅游产品品牌创新

一件产品可以被竞争对手模仿,但品牌是独一无二的。产品很快会过时、落伍,而成功的品牌是持久不衰的。随着经济的发展和人民生活水平的提高,消费者的消费行为已经进入了品牌消费时期。在品牌消费时期,往往显示出强烈的马太效应——强者更强,弱者更弱,从而使名牌产品在市场中占有绝大部分份额,取得垄断优势和主导地位。因此,一方面,企业要根据时代的发展和竞争的变化对旅游产品品牌的设计和使用加以更新;另一方面,企业要根据自己的发展扩大品牌的知名度,争创全国名牌和国际名牌。企业应通过品牌创新来获取竞争优势。

(5)旅游产品服务创新

服务是有形产品的延伸,能够给消费者带来更大的利益和更多的满足感,因而越来越成为旅游产品的一个重要组成部分。正如美国营销学家李维特教授所言:“未来竞争的关键不在于企业能生产什么样的产品,而在于它为产品提供什么样的附加价值:包装、服务、用户咨询、购买信贷、及时交货和人们以价值来衡量的一切东西。”著名的 IBM 公司在其广告中强调的“IBM 就是服务”,正反映了该公司十分重视产品服务的思想。产品服务创新就是强调不断改进和提高服务水平和服务质量,不断推出新的服务项目和服务措施,力图让消费者得到最大的满足。

旅游产品创新要顺应国际大趋势,朝着多能化、多样化、微型化、简捷化、舒适化、环保化、新奇化等方向发展,并注重实施旅游产品陈旧化战略。旅游产品陈旧化战略是指旅游企业根据市场需求的变化规律,有意识地淘汰老产品、推出新产品的战略,通过旅游企业自己对产品加以否定而不断地注入“新鲜血液”,使得旅游企业成长曲线呈平稳上升态势。

2)旅游新产品开发的要求

为了使开发的旅游新产品尽可能成功和迅速发展,在制订新产品开发计划时,旅游企业必须采取科学的态度,使新产品符合以下基本要求。

①要有市场。这是最基本的前提条件。企业必须准确地预测市场需求,研究适销对路的旅游新产品。

②要有特色。新产品有特色,才会有竞争力。

③要有能力。新产品开发要量力而行,适应旅游企业的供给能力、旅游资源

条件、旅游设备容量和销售条件。

④要有效益。新产品的销售要保证旅游企业利润目标的实现。

3) 旅游新产品开发策略

在旅游新产品的开发中,有四种主要因素影响到开发策略的选择,它们是:产品与市场、开发目标、开发途径和控制协调。企业在选择开发策略时应审时度势,根据具体情况选择切合实际的策略。

①长短结合策略。这种策略也称储备策略,既要考虑到企业的短期利益,更要考虑到企业的长期利益,着眼于企业长期、稳定、持续地发展。采取这一策略,旅游企业应该有四档产品:一是企业生产和销售的旅游产品;二是企业正在研制或研制成功等待适当时机投放市场的产品;三是企业正在研究设计的产品;四是企业处于产品构思、创意阶段,开始市场开发、调研的旅游产品。

②主导产品策略。任何旅游企业都应有自身的主导产品。主导产品是资源条件与客源市场双向驱动的产物,在一定时期内相对稳定。根据我国资源特征和市场竞争情况,我国主导产品应选择垄断性、高品位观光产品(如长城、兵马俑等)和确已成熟又有特色的少量非观光产品(如保健、修学、文化、探险、烹饪等),通过主导产品树立东方旅游大国的独特形象。

③高低结合策略。该策略指高档产品与低档产品相结合,以满足不同层次消费者的需求,提高企业经营的覆盖面。

④以旅游企业经营目标为导向的策略。这类策略包括:进入市场策略、扩大市场策略和保留市场策略。

⑤不同革新程度的策略。这类策略包括:全部创新策略、拿来策略和模仿改进策略。

⑥掌握开发时机策略。这类策略包括:抢先开发策略、紧跟开发策略和后发制人策略。

7.4.3 旅游产品销售渠道创新

自从20世纪80年代中后期以来,随着全球经济的发展和旅游业的不断成熟,旅游营销战略正经历着由大规模营销向以"一对一"的顾客定制化营销模式的转变。相应地,作为旅游营销组合重要成员的旅游产品销售渠道也在不同程度上由原来的长宽并重日益走向短宽化。尤其是计算机网络技术的飞速发展,一方面促进了旅游产品供给方跨越中间环节的渠道使其最短化倾向,另一方面为渠道的拓宽提供了无限的天地,从而进一步推动了渠道策略向以宽为主的方

向转变。

在大众营销时期,旅游产品的销售渠道决策坚持长宽并重的取向。首先,由于旅游需求是大规模同质的,旅游产品生产也是大批量的,因而对分销系统的最根本要求就是能否实现销量最大化。这一点在当时的经济技术条件下单纯依靠旅游产品生产者自身是难以实现的,从而使以旅行社为代表的大量销售中介机构成为分销的主力军,每条间接销售渠道上所运行的销售量成为宽度决策中关注的焦点。同时,由于旅游需求的无差异性和旅游产品的标准化、专业知识含量低等特点,使旅游产品生产者和最终消费者可以相互隔离而相安无事,不需要就产品进行大量沟通。标准化的旅游产品经由大量中间环节到达最终消费者时不会有很大变化,这就为间接销售渠道的长度取向提供了可能。为了达到自己难以直接到达的客源市场,旅游产品生产者可以尽可能延长和增加中间环节。

销售渠道策略的出发点是,吸引尽可能多的、销售能力尽可能大的旅游中间商介入,形成长度上尽可能触及和分散到全球各地、宽度尽可能承载最大交易量的长宽并重的销售渠道结构。但是,在此阶段,渠道在长度上有受政府壁垒等限制而难以到达的市场,宽度上受技术手段等方面的制约。

当旅游需求发展到高度个性化时,“一对一”的营销战略必然要求生产者实现包括交易在内的与旅游者的直接接触,缩短销售渠道,直至实现面对面的销售。旅游产品生产者不得不直接关注各种个性化需求,从而有针对性地生产多样的非标准化旅游产品,有效的销售渠道必然体现为旅游产品供需双方直接互动接触的渠道最短化形态。由于旅游中间商往往缺乏关于各种个性特色化旅游产品的专门信息和知识,由过多中间环节形成的过长渠道不仅会使旅游产品生产者的产品销售成本提高,也会使其对维持产品特色的控制力削弱,甚至会导致高度个性化、附加价值高的旅游产品在到达最终消费者时已发生了根本的改变和价值含量的降低,难以满足旅游者对个性化的追求。为了满足旅游者对于交易的便捷性、灵活性、及时性、快速高效性等需求,便产生了以计算机网络技术为支撑的跨越旅游销售中间环节的销售渠道短宽化趋势。

旅游产品销售渠道短宽化趋势的具体实现,在总体上都是以计算机网络技术为基础的。互联网提供了巨大的信息量和交易便利性,从而以强大的技术支撑为销售渠道的宽度决策提供了无限的扩展天地;旅游销售渠道长度决策中短化取向的实现则依赖于信息网络化带动的规模经济效应和对应旅游需求个性化而采取的范围经营等途径。

1）前者主要表现为销售渠道变革中的一体化趋势

计算机技术在问讯、预订直至网络方面的发展和普及为旅游产品生产者在主要市场范围内扩大同顾客的直接接触提供了可能。其导致的"垂直一体化"是近年来旅游产品销售渠道发展中最重大的变革之一。传统销售渠道是由独立的旅游产品生产者、旅游批发商、零售商等构成的，每个成员作为独立实体追求自己的利润最大化，即使是以损害渠道系统整体利益为代价也在所不惜。垂直一体化的销售渠道系统则相反，它是由生产者、批发商、零售商形成的以产权为约束的统一联合体。例如，近年来美国旅游批发商为了对抗供应商越过自己的直销趋势，实行反向一体化，通过购买兼并等方式取得供应商的控制权，同时实行正向一体化，买进包括旅行代理商在内的国内外零售商来控制零售点。正反向一体化使大批发商的规模更大，有的甚至成为大型垄断企业，通过同时拥有生产、批发、零售三个层次而控制整个旅游产品分销渠道，使渠道最短化。

2）旅游营销战略向个性化的转变必然导致渠道短宽化

多样化、特色化、非标准化、个性化的产品必然要求采用已不单纯是作为交易手段的直接销售渠道，从而使销售渠道在长度上趋向于最短。而在宽度上，由于多样化产品的生产，能够实现总销量上互相补充，从而呈现出销售渠道短宽化。

由此可见，旅游市场营销创新是现代旅游企业一切创新活动的核心。旅游企业的创新体系是以旅游市场创新为目的，以旅游营销创新为核心，以顾客满意为归宿的完整创新体系，旅游企业的其他创新内容都是围绕旅游市场创新建立起来的。

本章小结

营销管理是旅游企业管理的重要组成部分，要成功地开展旅游企业营销活动，就需要有相应的企业营销组织予以保证，有效的企业营销组织是旅游市场营销成功的基础和保证。旅游企业营销组合是旅游企业将各种可控制的因素加以优化组合和综合运用，以实现预期的营销目标。旅游营销策划是指旅游策划者为实现旅游组织的目标，通过对旅游市场营销环境等的调查、分析和论证，创造性地设计和策划旅游方案，谋划对策，然后付诸实施，以求获得最优经济效益和

社会效益的运筹过程。

实践训练

1.请同学们结合学校所在地旅游资源的现状,为当地旅游企业策划、构思新的旅游产品。

2.请同学们结合新产品的开发,提出新产品的营销组合方案。

本章自测

1.选择题

(1)如果一个旅游企业推出的各类产品之间的差别很大,并且产品的绝对数量又较多,超过了职能组织所能控制的范围,则适于建立(　　)营销组织。

A.功能型　　　　B.地区型　　　　C.市场型　　　　D.产品管理型

(2)一种为了在任何地方产生可度量反应或达成交易而使用的一种或多种广告媒体的互相作用的市场营销体系是(　　)。

A.关系营销　　　B.品牌营销　　　C.直复营销　　　D.大市场营销

(3)旅游企业营销策划包含的三个要素是(　　)。

A.创意　　　　B.目标　　　　C.可操作性　　　　D.效益

(4)旅游企业针对某一项具体的营销活动进行的策划属于(　　)。

A.旅游专项策划　　　　　　　　B.旅游专题策划

C.旅游形象策划　　　　　　　　D.旅游产品策划

2.判断题,正确的打"√",错误的打"×"。

(1)旅游新产品指旅游产品综合体彻底的改革与创新。　　　　(　　)

(2)旅游企业可以自主地选择营销变量及其组合方案。　　　　(　　)

(3)旅游服务策划就是指根据旅游者的需求对单项旅游产品进行选择、编排、组合,以满足旅游需求多样化和个性化的趋势。　　　　(　　)

(4)为了满足旅游者对于交易的便捷性、灵活性、及时性、快速高效性等需求,便产生了以计算机网络技术为支撑的跨越旅游销售中间环节的销售渠道短宽化趋势。　　　　(　　)

3. 简答题

（1）旅游企业营销管理包含哪些基本内容？

（2）什么是旅游企业营销组合？举例说明旅游企业营销组合的应用。

（3）简述旅游企业营销策划的基本方法。

（4）目前旅游企业营销创新有哪些新趋势？

相关链接

"丽江假期"——线路的成功

原来的丽江线一直不温不火，深圳航空公司开通了"深圳—丽江"航线，但久推不兴，每次航班都寥寥无几（不到10个人），航空公司压力颇大。

"深航"和深圳"国旅"敏锐地捕捉住这一商机，经过周密策划的"丽江假期"在深圳一炮打响并迅速形成热潮。现在深航每天都有直飞丽江班机，在推广阶段班班爆满，30%的人都是走"丽江假期"倡导的特色自由行，其他旅行社也借势推出普通团线着实沾了不少光。

对旅行社来说怎样"捕捉商机"、"有效整合资源"、"准确产品定位"，如何"一炮打响"，是一整套高难度的组合拳。那么具体怎样才能获得拳路心法呢？

在"深航"为丽江直航伤脑筋的阶段，旅行社有哪一家会慧眼独具，顶着压力上马这个项目？如果没有对市场的十足把握，谁敢担风险联合推广？万一推广没有效果，或反应不明显怎么办？问题千头万绪，究竟从何入手呢？

首先要敲定与"深航"联合推广后的利益保障，因为这是问题的关键。整合多方面的资源，而且还要多方共赢，实在难能可贵，经过反复磋商最终达成约定。紧接着需要"深航"踩线。那么旅行社应该怎样卓有成效地踩线呢？

"深航"和深圳"国旅"立刻多方联系丽江市政府、旅游局、深圳航空公司和地方旅行社，派出深圳电视台、报纸特约撰稿人专程赴丽江作为期一周的线路考察。在出发之前，深圳"国旅"已经运筹帷幄，有了一些基本的想法，踩线丽江是为了从各个角度来完善方案。

您的旅行社可能也经历过无数次踩线，但踩线后有没有成果呢？

经过"深航"调查，深圳"国旅"成竹在胸，觉得完全可以把丽江作为云南旅游的一个新的辐射中心，把丽江做成"深航"半自助旅游的典范，把丽江游做成一种新旅游的代表，开创"丽江游"模式。

在营销策略上继续沿用"深呼吸一次，足足回味一辈子"的策略，让游客把

自己在丽江放下,在古城找个院子发呆,尽情享受丽江最古朴、最悠闲、最自在、最深刻的旅行体验,感受最超然的生活方式,顿悟"活在当下"的人生哲学。(不同心态的人去丽江静下心来住几天,都能找到共同的心灵家园,感受生命的"香格里拉式"的生存境界)

(资料来源:陈放.中国旅游策划[M].北京:中国物资出版社,2003.)

第8章
旅游企业人力资源管理

【学习目标】

【知识目标】　使学生对旅游企业人力资源管理有一个初步的认识,了解人力资源的特点和旅游企业人力资源管理的内容,熟悉旅游企业人力资源管理的基本概念和基本原理,掌握旅游企业员工招聘、培训、激励以及薪酬管理的基本内容、原则和方法。

【能力目标】　树立"以人为本"的管理观念,能够将人力资源管理的基本知识和技能运用于企业经营管理之中,提升综合管理水平。

【关键概念】

人力资源　人力资源管理　招聘　培训　激励　薪酬管理

问题导入:

在企业中,正常的人员流失率一般为5%~10%,而旅游企业员工的流失率竟高达20%以上。国家旅游局人教司曾对旅行社人力资源调查的统计数据显示,在持证导游中,目前已不再从事导游工作的占33.2%。其中,资格导游的流失率为45.3%,初级导游的流失率为6.4%,中级导游的流失率为14.6%,高级导游的流失率为10.1%,特级导游的流失率为37%。酒店虽作为劳动密集型企业,但员工流动率也不应超过15%。但据中国旅游协会人力资源开发培训中心对国内23个城市33家2~5星级酒店人力资源的一项调查表明,近5年,酒店业员工流动率高达23.95%。随着酒店业竞争的日趋激烈,员工流失率一直居高不下。例如,杭州市10家酒店招聘了168名大学生,两年后已流失111名,流失率为66.1%,其中进酒店不到1年流失的大学生有81名,占流失人数的73%,个别酒店连续3年新招聘的大学生几乎全部在第一年内流失。

问题:是什么原因造成旅游企业员工流失率居高不下呢?

8.1 人力资源管理概述

世界上有四大资源:人力资源、自然资源、资本资源、信息资源。而人力资源是企业中最基本、最重要、最活跃的资源,因为只有人才能开发和利用企业中的其他资源,通过旅游企业的经营运作将资源转变为资本,实现旅游企业生存、发展、获利的企业目标。

8.1.1 人力资源的概念和特点

1)人力资源概念

资源,在社会经济领域泛指投入生产活动中去创造财富的各种生产条件。

人力资源,广义而言,指能推动整个经济和社会发展的劳动者的能力。就微观层面看,人力资源是将智力和体力结合为企业创造效益的劳动力总和。由此可见,组织中无论是高层管理人员或是最基层的操作人员,只要是对组织有价值贡献的人就是组织的人力资源。

人力资源包括数量和质量两个方面。

①人力资源数量。指一个国家或地区具有劳动能力、从事社会劳动的人口总数,包括现实的人力资源(适龄就业人口、适龄待业人口、尚未达到劳动年龄的劳动人口和超过劳动年龄的劳动人口)和处于潜在状态的人力资源(劳动适龄人口中正在学习的人口、从事家务劳动的人口、军队服役人口和其他人口)。

②人力资源质量。指一个国家或地区的劳动力人口的综合素质,包括体力、智力和道德修养。

人对社会发展起促进或延缓的作用,人力资源的数量和质量与经济社会发展密切相关,人口数量过多造成许多社会问题。人力资源管理中,重点强调的是人力资源的质量,而不是数量,只有具有高素质的人才资源,才能促进社会的进步和发展。

2)人力资源的特点

人力资源是所有资源中较为特殊的资源,它与其他资源相比较有其鲜明的个性特征。

（1）人力资源的生物性

人力资源是以人为载体的资源，是有生命的"活"的资源，其基本形态是具有生命的人，因此人力资源具有生理和心理个性特征，人力资源管理比其他物资资源管理更为复杂，管理的难度更大。

（2）人力资源的再生性

自然资源在被消耗之后，一般是不可再生的，而人力资源是一种可再生资源，其个体在劳动过程中的消耗可通过休息和各种形式的补充使劳动能力再生，其劳动者的总量随人类的繁衍而不断地再生产出来，所以只要人类存在，人力资源是一种取之不尽，用之不竭的资源。

（3）人力资源的增值性

人力资源不仅具有再生性的特点，而且其再生过程也是一种增值的过程。随着劳动人口的增加和科学技术的发展，人力资源不仅在总量上增大，而且劳动生产能力也在提高。

（4）人力资源的时代性

一个国家或地区的人力资源，在其形成过程中受到时代条件的制约，人一出生就置身于某一特定的时代背景之下，各方面受当时的社会经济发展水平的影响，只能在时代为他们提供的前提条件下发挥作用。

（5）人力资源的能动性

自然资源在被开发和利用时是被动的，而人力资源则不同，它存在于人体之中。人具有意识，为了一定的目的会自觉地运用能力，并通过学习、积累经验不断地强化自身的工作能力。

（6）人力资源的时效性

每个有生命的活体都有其生命周期，人在不同年龄阶段有着不同的生理和心理特征，人的能力的发挥也有最佳年龄段，会受到时间的限制。人力资源开发和使用的时间不同，所得效益也不相同。

8.1.2 人力资源管理的概念

人力资源管理，就是指运用现代化的科学方法，对与一定物力相结合的人力进行合理的培训、组织和调配，使人力、物力经常保持最佳比例，同时对人的思想、心理和行为进行恰当的诱导、控制和协调，充分发挥人的主观能动性，使人尽其才,事得其人,人事相宜,以实现组织目标。简而言之,人力资源管理就是提供和协调组织中的人力资源的活动。

人力资源管理根据不同的主体、对象和范围,可分为宏观的人力资源管理和微观的人力资源管理。

①宏观的人力资源管理是从国家和全局性的角度对一个国家和区域的人力资源配置、使用和维护进行管理,强调从国家、地区、行业范畴的用人管理、就业和组织管理。

②微观人力资源管理主要是针对基层组织的具体的对人力资源获取、整合、保持、开发、控制与调整等方面所进行的计划、组织、协调和控制等活动管理。

8.1.3 旅游企业人力资源管理的内容

1)制订人力资源规划

人力资源规划是为了实现旅游企业的战略目标而进行的人力资源计划管理方式,是实现旅游企业战略的重要基础。其任务是分析旅游企业现有的人力资源状况,预测实现旅游企业战略目标所需人力资源的要求,制订和实施满足这些要求的计划,以确保旅游企业实现目标所需的人力资源的需求和合理配置。旅游企业人力资源规划的具体运作是核查现有人力资源、人力需求预测、人力供给预测、制定具体的人力资源规划方案。

2)工作分析

工作分析是对某特定的工作作出明确规定,并确定完成这一工作所需要的知识技能等资格条件的过程。进行工作分析的目的主要是为旅游企业内的特定工作确定具体要求,工作分析是人力资源管理的基础工作,工作分析的结果为合理地选拔人才、培训、绩效考评、薪酬管理提供了明确的依据。

3)员工招募与选拔

它是指旅游企业根据制订的人力资源规划,通过一定的招募途径和选拔方法,选择、雇佣和填补旅游企业内具体职位的人力资源过程。旅游企业在招募和选拔员工时应遵循公平、公正、任人唯贤、人事相宜的原则。

4)员工培训与开发

培训与开发不仅可以帮助员工胜任目前岗位的工作以及提高职业发展需要

的各种能力,还可以增强员工对工作的责任感和对企业的归属感,构建健康、和谐的企业文化,提高生产率。对于旅游企业而言,不仅应根据旅游企业发展的需要为员工提供一系列的培训,还应充分考虑员工职业发展的需要。

5) 绩效考评

它是指在一定时间内对员工的工作态度、工作过程以及工作结果的评价过程,绩效考评是控制员工工作绩效的有效手段,通过绩效考评,确认员工的工作成就,使员工发现差距,改进工作方式,以提高工作效率和经营效益。绩效考评的结果是旅游企业组织培训、晋升、奖惩等人事决策的重要依据。

6) 薪酬管理

薪酬管理包括工资、奖励和福利的分配和管理。薪酬一直都是员工最关注的因素之一,也是最敏感的问题,薪酬不仅为员工提供最基本的生活保障,而且是员工在旅游企业中价值地位的体现。建立科学、合理的薪酬制度有利于吸引优秀人才、调动员工的工作积极性和降低员工的流失率。旅游企业的薪酬制度是管理者用以激励员工最有效的手段之一。

7) 劳动关系管理

企业劳动关系主要指企业所有者、经营管理者、普通员工、工会组织之间在企业的生产经营活动中所形成的各种责、权、利关系。通过规范化、制度化的管理,建立健康和谐的劳动关系,使劳资双方的权益受到保障,是人力资源管理的重要内容。

8.1.4 我国旅游企业人力资源管理的发展与现状

1) 人力资源管理的发展

我国早在古代就有"任人唯贤"、"唯才是举"等人事管理的思想和事例,纵观企业管理的发展历史,人力资源管理的发展大致可划分为四个阶段。

(1) 劳动管理

这一阶段是在企业管理发展史中的经验管理时期。在这一时期,企业的人力资源管理称为劳动管理或雇佣管理,企业的管理主要是师傅带徒弟的经验式管理。员工各项劳动技能的提高来源于师傅的传授和日积月累的工作经验,管理者采取高压驱动和粗暴管理的手段,员工的地位卑微,劳动管理的重点是劳动监督而非管理。

(2)人事管理

传统的人事管理形成于 20 世纪初的美国工业革命时期,由于生产规模扩大,工人数量增加,组织中出现专门的人事部门,负责员工的招聘、培训、分配等工作。在科学管理理论和古典组织理论的基础上形成了现代人事管理理论的基本框架,随后,人际关系学说的兴起使人事管理得到进一步发展。在这一时期,即管理理论中的科学管理时期,科学管理理论的传播对旅游企业人事管理产生了深远的影响。科学管理的精髓是"时间与动作研究"即以工作效率为目标对各项劳动进行研究,在旅游企业特别是饭店管理中"时间与动作研究"得以广泛运用,如客房清扫工作,通过仔细分析和研究服务员的动作和工作程序,制定出节约时间和降低体耗的高效的工作程序。在管理上采用科学的管理方法,进行标准化、规范化管理,如建立人事档案,制定各项招聘、用人、选拔制度,工资奖金制度,建立相应的劳动保障体系等。传统人事管理阶段主要工作是对"事"的管理,人力资源管理工作停留在事务性工作层面。

(3)人力资源管理

科学管理使企业管理逐步标准化和规范化,生产效率有了很大提高,但其最大的弊端也日益显现——忽视员工的需求心理。20 世纪 50 年代,管理大师彼德·德鲁克提出了人力资源管理的概念,他指出"传统的人事管理正成为过去,一场新的以人力资源开发为主调的人事革命正在到来。"传统的人事管理理论和实践进入到一个全新的发展阶段——人力资源管理阶段。过去人力被管理者视为成本支出,而现在人力被视为资源并且是企业获取竞争优势的第一资源,人力资源管理理论认为,企业中的人和自然界的其他资源一样,需要有效的利用和开发,并且人力资源相对于其他资源更加需要管理者的重视,因为这个资源具有开发利用的时效性和强大的主观能动性,只要善于发掘,充分调动员工的积极性,就能最大程度地为企业创造利润。在这一时期,面对竞争日益激烈的市场,旅游企业需要提供优质的服务产品在市场赢得一席之地,而决定服务产品质量的关键因素是员工,因为没有满意的员工就不会有满意的服务。在人们多样化需求的今天,泰罗的"胡萝卜加大棒"的管理方式已经不适合旅游业的竞争发展,旅游企业人力资源管理将人力作为可以为企业获取竞争优势的首要资源,在重视员工的心理需求和社会需求的基础上,尊重员工,激发员工的工作热情。其核心是,如何有效地开发和利用人力资源,开发人的潜能、激发人的活力和创造力,使员工积极主动地开展工作,实现企业的战略目标。

2)现阶段我国旅游企业人力资源管理的现状

(1)人力资源管理缺乏规划

许多旅游企业没有明确的战略目标,更谈不上战略性人力资源规划,只是被动地适应外部市场变化,走一步看一步,凭借人力资源管理者主观的经验预测人力资源需求和供给。由于缺乏动态的人力资源规划,导致人事政策的随意性大,人力资源得不到合理的开发和利用,员工流失严重。

(2)旅游企业员工流失严重,整体素质偏低

旅游业的进入门槛低,随着旅游需求的持续增长,旅游企业的规模和数量也在不断扩大和增加,如截至 2006 年 12 月底,全国共有 12 751 家星级饭店,其中五星级饭店 302 家,四星级饭店 1 369 家,三星级饭店 4 779 家,二星级饭店5 698家,一星级饭店 603 家。到 2006 年末,全国纳入统计范围的旅行社共有17 957家,其中国际旅行社 1 654 家,国内旅行社 16 303 家。旅游企业从过去的供不应求发展到供过于求,近年来,旅游企业行业已步入微利时期,旅游企业员工的收入也由改革开放初期的绝对高薪行业转变为目前的相对低薪行业,这种整个行业的普遍低薪,导致旅游企业的员工特别是基层服务员纷纷跳槽到其他行业。据有关专家的调查研究表明,在其他行业中,正常的人员流失率一般在5% ~ 10%,而旅游企业员工的流失率竟高达 20% 以上。员工的高流失率一直是困扰酒店管理者的难题。在其他行业正常的流失率应该在 5% ~ 10%,作为劳动密集型的旅游饭店员工的流失率也应该不超过 20% 。然而,据中国旅游协会人力资源开发培训中心对国内 23 个城市 33 家 2 ~ 5 星级酒店人力资源的一项调查表明,近 5 年酒店业员工流动率高达 23.95% 。随着酒店业竞争的日趋激烈,员工流失率一直居高不下。作为旅游饭店这个特殊行业,员工的高流失率是十分危险和紧迫的,这会给旅游饭店带来较为严重的经济损失和信誉损失。如果这种现状长期得不到改善,旅游企业不仅很难招聘到高素质员工,而且企业中的优秀员工也会不断流失。

(3)旅游企业人力资源结构分布不合理

旅游业是综合性很强的经济产业,涉及"吃、住、行、游、购、娱"等旅游的六大要素,旅游业的管理者与一线工作人员需要具备历史、地理、文学、美学、心理学等综合知识。因此,旅游企业不仅需要具有实践经验和操作技能的基层人员,而且迫切需要经过系统旅游管理专业学习,且有丰富的专业知识、管理能力和创

新能力的复合型人才。而目前,旅游企业的人力资源结构分布很不合理,主要表现在:首先,学历结构分布不合理,旅游企业中高中、初中生居多,大专、本科生较少,就连管理决策层中高学历的人也很少。即使在旅游企业招聘时,有大学生进入旅游企业工作,但由于薪酬水平低、发展空间小等原因使这部分员工流失非常严重。其次,专业结构不合理,旅游企业员工中只有少部分员工是从旅游职业学校和旅游院校毕业的,他们经过专业教育,具有一定的理论知识和专业技能,而大部分员工专业化程度较低,而且大多数旅游企业高级管理者所从事的职业与其所学专业不一致,高层次的管理人才和专业技术人才缺乏,特别是各类专业技术人员、职业经理人、营销人才、人力资源管理人才等是远远不能满足旅游企业自身及我国旅游业的发展需要。

(4)旅游企业没有完全从传统的人事管理过渡到人力资源管理

有的旅游企业虽然将人事部更名为人力资源部,但其观念、管理职能和管理模式却并没有发生太大的变化,大部分企业人力资源管理意识较为淡薄,仍然停留在传统的人事管理阶段,如在多数旅行社中,一般都没有专门的人力资源管理部门,人事事务仅由办公室代为处理;对于人力资源管理的认识也仅仅停留在员工招聘、简单培训、工资待遇及劳动合同等方面。重视对员工的管理,而忽视员工的培训与开发。有些旅游企业口头尊重人才,而实际更注重经验,对知识和人才缺乏强烈的需求,企业高层决策者仅把人力资源部作为执行部门,而非生产和效益部门,不重视人力资源管理工作。

据世界旅游组织预测,到2020年中国将成为世界上最大的旅游目的地国和第四大客源输出国,而从旅游企业人力资源管理的现状来看,人才匮乏已经成为制约我国旅游企业向规模化、品牌化发展的瓶颈之一,如何采取有效的措施吸引人才、留住人才,是现阶段旅游企业人力资源管理面临的一个重大挑战。

8.2 旅游企业员工的招聘

旅游企业从战略发展的角度分析现有的人力资源状况,预测人力资源需求与供给,确定需求,并制定旅游企业人力资源规划。人力资源规划确定了所需要填补的工作的具体数量,而工作分析提供了特定工作的性质和要求。员工的招聘是根据人力资源规划在工作分析的基础上,为一定工作岗位选拔合格人才而进行的一系列活动。招聘是旅游企业获得人力资源补充的重要渠道之一,是外部优秀人才进入旅游企业的唯一通道,是人力资源开发和利用的开端,也是旅游企业经营成败的关键。工作分析、人力资源规划、招聘的关系,见图8.1。

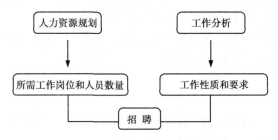

图8.1 工作分析、人力资源规划、招聘的关系

8.2.1 招聘的途径

旅游企业获取人力资源的途径有内部招聘和外部招聘,也就是说旅游企业可以用自己现有的人员来填补某项特定的工作,也可以从旅游企业以外的劳动力市场选拔优秀合格的人才。但无论是内部招聘还是外部招聘都各有利弊。

1) 内部招聘

据有关调查显示,美国有90%的管理岗位是由内部招聘来填补的,旅游企业通常也会优先考虑内部招聘,只有在企业内部没有人才或者企业的情况不适合内部招聘时,才考虑外部招聘。

内部招聘的优势主要有:

①为内部员工创造了提升的机会,激励被提升者工作更加努力、工作效率更高;同时,也可以激励和鼓舞其他员工,对员工的动机和士气产生积极的作用。

②可以减少招聘的环节,降低招聘成本。

③通过绩效考评,旅游企业对内部员工的工作情况比较了解,员工对旅游企业的组织结构、服务流程、服务标准等也已经熟悉,因此,内部招聘可以使对员工预期的不准确和对旅游企业不满意的可能性降低。

④旅游企业对现有的人力资源投资很大,充分开发利用现有的人力资源可以提高旅游企业的投资回报。

然而,内部招聘也有一些缺点。内部招聘不易吸收到优秀人才,可能使企业缺乏活力,在内部提升中如果选拔不公平、公正,反而会挫伤员工的积极性,引起内部明争暗斗,工作上相互牵制。

旅游企业在进行内部招聘时,通常以发布公告的形式向员工传递招聘信息。许多旅游企业在员工食堂、员工休息区、员工宿舍等设置信息栏,通过信息栏发布招聘公告,如果旅游企业设有完善的内部网进行员工间相互沟通、传递信息、文化交流,人事部门会在内部网上及时发布职位需求信息。公告中详细说明所需职位的名称、报酬以及任职资格,员工向所在部门提出申请,旅游企业按照公开、公平的原则经过严格的筛选程序进行人员选拔。

2)外部招聘

外部招聘的渠道很多,我们比较常见的有大学校园招聘、员工推荐、媒体招聘、职业介绍机构和人才交流市场、网络招聘等。

(1)大学校园招聘

大学校园是旅游企业优秀人才的主要来源之地。我国目前的高等教育越来越重视学生的动手能力,在教学计划中有大量的实践教学,旅游企业与学校采取实习、就业联合一体的方式,学生的实践教学在旅游企业中进行,旅游企业对实习的学生进行考察,实习结束后旅游企业根据实习情况选拔聘用合格学生在旅游企业就业。

(2)员工推荐

员工推荐可节约招聘费用和时间,尤其对关键职位的人选,经有关研究机构调查这种聘用形式比其他聘用方式更有效,员工流动性小。缺点是容易在内部形成裙带关系。

(3)职业介绍机构与人才交流市场

旅游企业在开业之初,人员需求量较大,可以通过专门机构招聘员工。旅游企业只要将有关招聘信息传递给这些专门机构,就可以直接获得应聘人的相关资料。但有的机构管理不规范,应聘人员素质参差不齐,难以选拔到优秀人才,成功率比较低。

(4)媒体招聘

利用广播、杂志、电视、报纸等进行招聘宣传,这种招聘方式信息传播迅速且较广,但筛选工作量大,而且时效短、招聘成本较高。

(5)网络招聘

网络招聘是指旅游企业通过在人才网站发布招聘信息的方式进行招聘,这种方式越来越多地被旅游企业所采用。因为,网络招聘相对于传统招聘方式收费低,招聘面广、时效长。旅游企业应充分利用网络技术,与正规专业的人力资源网站合作,提高招聘的效率。

内部招聘为员工提供了职业发展的机会,外部招聘为旅游企业注入了新鲜血液,"鲶鱼"效应激活了内部员工的潜能。内部招聘和外部招聘都有其优缺点,旅游企业应根据自身的具体情况选择合适的招聘途径。

8.2.2 员工招聘的程序

员工招聘的过程一般必须包括一系列的步骤,主要有招募、甄选、录用与评估等方面,旅游企业在这个过程中通过一系列审查手段诸如申请表、面试及测试,来证明应聘者是最合适的岗位人选。见图8.2。

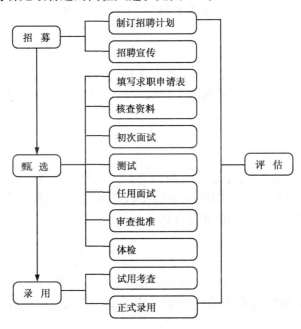

图8.2 旅游企业员工招聘程序

1)制订招聘计划

人力资源规划和工作分析是制订招聘计划的前提条件,人力资源规划决定了招聘的时间、人数、岗位等,工作分析明确了所需人员的任职条件。在二者的基础之上,制订完整的招聘计划,从而指导招聘工作。

2)招聘宣传

依据招聘计划的要求,旅游企业在确定的招聘渠道中进行宣传活动,吸引应

聘者前来参与选拔。招聘宣传不仅是将招聘的信息传递给应聘者,还是旅游企业对外开展公关宣传推销的一种途径。因此,旅游企业应周密策划每次招聘的宣传活动。

3)填写求职申请表

填写求职申请表是大多数组织选择过程的第一步,一张完好的申请表可以提供应聘者最基本的信息,使我们能够初步了解应聘者的情况,同时便于我们在众多的应聘者中筛选不合格的申请者,如旅游企业需要有从业经验的销售人员,而申请人不具备这样的条件,就不必对其作进一步考虑。

4)核查资料

对初步筛选后的人员进一步了解有关情况,如申请表中信息可以通过证明材料核实,还可以通过应聘者原来工作的单位、学校了解其工作表现、学习情况、人际关系等。

5)初次面试

初次面试一般由旅游企业人力资源部门人员与应聘者进行简短、初步的会谈。通过直接交谈,可以了解应聘者的仪容仪表、表达能力以及求职动机等情况,并回答应聘者关于工作的相关问题。

6)测试

为了进一步了解应聘者的专业知识和专业技能以及心理特征,还要进行测试,在旅游企业招聘过程中最常见的是专业知识测试、心理测评和专业技能测试。

7)任用面试

任用面试是旅游企业甄选过程中一个重要的步骤,通过任用面试可以补充我们前面甄选所获得的信息。旅游企业采用的面试方式主要有结构性面试、非结构性面试、压力面试和团体面试。

8)审查批准

汇总应聘者的所有资料及招聘部门的意见上报高层管理者最后决策。

9）体检

对于基本确定的应聘者要进行体格检查,体检决定应聘者在身体上能否从事该项工作。因为旅游企业员工大部分要与客人面对面的接触,因此体检尤为重要。

10）试用期考察

试用期是旅游企业与员工为了相互了解、选择而约定的考察期。经过试用期,旅游企业和应聘者可以进行双向选择。

11）招聘评估

在招聘结束后,旅游企业要对本次招聘进行评估,总结招聘过程中的成功和失败之处,并提出改进意见,确保下一次招聘工作更好地进行。

8.2.3　甄选的方法

无论是外部招聘还是内部招聘,在招聘过程中都应该按照招聘程序,采用恰当的甄选方法进行严格筛选,以确保旅游企业招收到合格的员工。一般来说,甄选的方法主要有专业笔试法、面试法、情景模拟法、心理测评法等。

1）笔试法

笔试是让应试者在试卷上回答事先拟好的试题,然后由评估人员根据应试者解答的正确程度予以评定成绩的一种测试方法。旅游企业主要通过这种方法测试应聘者的专业知识、管理知识以及综合分析能力。笔试的优点是可以大规模地进行,而且比较客观;缺点是不能考察应聘者的口头表达能力和实际操作能力。

2）面试

面试是通过与应聘者直接交谈,观察其言谈举止,可以了解到应聘者的知识状况、能力特征和求职动机等情况。面试根据方式方法不同又分为结构性面试、非结构性面试、压力面试、小组面试和系列式面试等。

①结构性面试是指根据事先拟定的纲要来进行面试,纲要的拟定以工作分析为基础。应聘同一个工作所需回答的问题是相同的,面试者按照清单提问并记录下求职者的回答,这样便于在不同的应聘者之间进行比较。结构性面试获

得的信息比较全面、系统。

②非结构性面试与结构性面试正好相反,没有预先确定问题的清单,它是一种比较随便、开放式的面谈,如:你和同事的关系好吗,你认为自己最擅长哪些方面,等等。非结构性面试比较灵活,面试氛围宽松、和谐,但这种面试无法系统地了解应聘者的信息,而且主观性大,测试的准确度不高。

③压力面试是将应聘者置于压力之下,观察应聘者的情绪变化,承受压力的能力。在压力面试中,面试者故意采取一种不友好和敌对的态度,对应聘者提出一系列不礼貌、冒犯的问题,将应聘者置于尴尬、难堪的境地。压力面试通常用于对谋求要承受较高心理压力岗位的人员的测试,旅游企业在面试中只对有这种需要的工作采用压力面试,如公关销售工作人员和大堂经理等。

④小组面试是指两个或两个以上的面试者对一个应聘者进行面试。允许每位面试者提出不同的问题,可以得到更深入、更有意义的回答。

⑤系列式面试是指数位面试者分别对应聘者面试,由每一位面试者依据自己的看法,向应聘者提问,然后将自己的评价意见记录下来,最后所有面试者经讨论作出评价判断。

3)情景模拟法

所谓情景模拟法是指模拟真实的工作环境和过程,让被试者在模拟的情景中表现自己的才干,由评价员在旁边观察并根据测评要素进行评定的一种方法。旅游企业在招聘中采用情景模拟法不仅可以考察应聘者的语言能力、应变能力,还能考察应聘者的心理素质和形态举止。

4)心理测评法

心理测评法是指对个体的心理特质进行测量和评价。现在有许多企业在选拔人才时使用心理测评技术,如联想集团是国内较早在招聘中运用心理测评的企业。在旅游企业招聘中仅凭外表和简历在众多的应聘者中选拔优秀人才,其成功率是很低的,为了进一步了解应聘者的能力、人格、兴趣等,有必要对其进行心理测评,为入职匹配提供重要的依据。心理测评按测评的功能可分为能力测评、成就测评和个性测评。

8.3 旅游企业员工的培训与开发

随着旅游企业发展的日趋成熟,竞争也越来越激烈,每个旅游企业都竞相为顾客提供最优质的服务,"为顾客提供优质服务"成为每个旅游企业的承诺,可是由谁来兑现这个承诺呢? 这不言而喻,是旅游企业的员工。因此,旅游企业必须通过培训提高员工素质,只有高素质的员工才能为顾客提供真正满意的服务,才能在竞争激烈的市场赢得一席之地。

旅游企业员工的培训就是按照一定的目的,有计划、有组织、有步骤地向员工灌输正确的思想观念、传授服务、营销和管理工作的知识和技能的活动。

8.3.1 员工培训的意义

1) 培训可以强化服务意识、提高服务质量

规范的旅游市场和良好的服务质量是旅游企业的生命线,保证企业服务质量的关键就是有一支高素质的员工队伍,而提高员工素质最有效的方法就是培训。培训可以使员工了解和掌握旅游企业服务质量标准、良好的服务技能和工作态度以及丰富的行业知识,在规范化服务的基础上提供令客人满意的个性化服务。

2) 培训可以提高工作效率,降低损耗

通过培训,可以使新员工很快适应工作岗位,掌握相应的知识和技能,系统的培训比员工自己去摸索学习,速度要快得多,其工作效率自然会有很大提高,如在客人数量差别不大的自助餐厅,经过培训的一组服务员可以应付自如,而未经培训的服务员则手忙脚乱。同时,在培训中一些好的工作方式、方法被推广,在工作中得以运用,也会在很大程度上提高工作效率,降低劳动力成本。

旅游企业服务工作都有一定的浪费与损耗,如餐饮、客房、清洁、洗涤等。造成损耗的原因有两个,一是缺乏责任心,二是操作不当,没有经验。经过培训可以树立节约、爱店如家的观念,增强员工责任感,可以使员工掌握正确的操作方法,避免这些损耗。根据美国酒店协会对纽约州酒店业的统计,培训可以减少73%左右的浪费。

3)培训有利于员工的职业发展

培训不仅对旅游企业的发展有着重要的意义,对员工自身的发展也同样重要。1995 年,美国著名管理学家西蒙(Tony Simon)和恩兹用序数效应的方法让香港地区 12 家酒店的 278 名员工对柯维奇的十因素进行排序,职业发展排在了首位。据有关调查显示,职业发展机会成为中国企业员工择业的首要因素。可见,大部分员工对于职业发展有着强烈的愿望,而在职业发展的过程中,各种形式的培训是必不可少的,并且,许多旅游企业将员工的职业发展规划与培训保持一致,例如在麦当劳,从计时员工开始到高阶主管,结合他们的职业生涯规划,都有不同的培训计划,通过各区域的训练中心以及汉堡大学进行阶梯式的培训,使得麦当劳的员工能够持续不断地学习、成长。培训为旅游企业造就了优秀的员工,同时也为员工的发展创造了条件。

8.3.2 旅游企业员工培训的内容和类型

1)旅游企业员工培训的内容

(1)职业道德培训

职业道德是指从事一定职业的人,在职业活动的整个过程中必须遵循的行为规范和行为准则,是从属于社会道德总范畴的,是社会道德的一个领域,也就是社会道德在职业生涯中的具体体现。在旅游企业员工的培训中,职业道德的培训相对于其他培训来说更为重要,因为其他的培训教会员工如何做事,而职业道德培训则是教育员工在从事这项职业的过程中如何做人,常言道:修身先修德,做事先做人。在旅游企业员工的培训中要加强员工的道德认识,在服务的过程中树立正确的价值观和道德观,发扬爱岗敬业、真诚为顾客服务的精神,并把遵守职业道德的情况作为考核、奖惩的重要指标,从而养成良好的职业习惯,增强员工的责任感和使命感。

(2)知识的培训

知识的培训包括基础知识培训和专业知识培训。通过一些调查机构对旅游企业人力资源状况的调查显示,旅游企业基层从业人员的学历普遍偏低,中高层管理人员虽有不少具有大专以上学历,但大多是学财会、工商管理等专业,旅游企业专业人才匮乏,因此在旅游企业的培训中,对基层员工既要适当地进行基础知识教育,以提高员工的基本素质,还要进行专业知识和专业技能的培训。对管理人员主要是专业知识的培训,并且要求有一定的理论深度、广度。

(3)能力的培训

能力包括一般能力和特殊能力,一般能力也就是我们通常所说的智力,特殊能力是指在完成某种专业活动时所表现出来的能力,如绘画能力、数学能力、专业技术能力等。任何一项工作,除了必须具备一般的观察力、思维力、记忆力、想象力外,还要具备某种特殊能力才能适应该项工作的要求。在旅游企业的培训中针对不同能力的从业人员进行不同层次的职业培训,如餐厅服务员主要进行餐饮服务技能培训,办公室文员主要是公文处理和打字速度的培训,销售人员主要是寻找和开拓市场的能力、表达能力以及应变能力的培训。

2)旅游企业员工培训的类型

(1)岗前培训

坚持"先培训,后上岗"的原则,岗前培训是指旅游企业的员工在上岗前所进行的培训,根据培训的内容不同又分为一般性岗前培训和专业性岗前培训。

一般性岗前培训,主要由人力资源部组织实施培训,培训的内容应以企业和员工两方面的需要为基础,主要有:介绍企业的企业文化、基本概况、组织结构,熟悉企业的各项规章制度、报酬、福利,参观了解旅游企业的内外部环境等。一般性岗前培训要想取得积极的效果,必须在企业需求和员工需求之间实现良好的平衡。

专业性岗前培训,主要由培训师根据新员工将来所要分配的部门和岗位有针对性地进行专业训练,使新员工在上岗前掌握将来岗位的工作流程和基本技能,能够很快地适应新的工作,旅游企业不会因为新员工不熟悉业务导致服务质量下降。

(2)在岗培训

在岗培训指对旅游企业在职人员进行的提高综合素质的不脱产培训,是岗前培训的延伸,主要采取重复培训和交叉培训的形式。旅游企业员工的大部分技能和专业知识是通过在岗培训获得的,在岗培训是一项长期、持续不断进行的工作,在岗培训应与员工的职业发展相一致,贯穿于员工的整个职业生涯。

(3)岗外培训

岗外培训主要指旅游企业为了发展和员工职位晋升等需要安排员工暂时脱产进行专门的训练,岗外培训一般由旅游企业以外的专门培训机构、行业协会或旅游大专院校组织实施培训,有些对人力资源管理重视和实力雄厚的旅游企业

还会派遣员工出国进修学习,通过以培训班、研讨会、考察、参观学习等形式的培训,使员工更新观念,学习到更多的专业知识和先进经验,对旅游企业和员工个人的发展起到非常积极的作用。

8.3.3　旅游企业培训工作过程

旅游企业人力资源培训与开发的实施分为四个部分:确定培训需求、制订培训计划、实施培训、评估培训效果。

1)确定培训需求

培训需求分析是通过工作分析、工作访谈、问卷调查、检查旅游企业的缺勤和投诉等记录、观察员工行为、事件调查等方式,了解企业和员工本人的培训需求;只有确定了培训需求,才能在此基础上确定满足这些需求的目标,即在需求分析的基础上,确立培训要解决的问题和要达到的目标。

培训需求分析通过三个层面来展开:

(1)组织分析

调查现状,即通过历史资料分析、问卷调查、人员访谈等方法,调查了解本企业现有的人力资源状况,尤其是人力资源素质状况,预测组织未来人力资源需求,包括不同层次、不同类别的人力资源需求。

(2)任务分析

任务分析主要是针对具体的工作,核查工作说明书,明确工作的具体内容和完成工作需要具备的知识和能力,根据员工欠缺的知识、技能、态度等确定培训课程的具体内容。

(3)员工个人分析

员工个人分析的目的是决定哪些人需要培训。首先进行员工培训意向调查,即通过员工问卷调查、个人访谈等方式,了解员工个人发展目标和意向、员工个人愿意参加的培训项目、愿意耗费的时间和期望获得的受益等。其次评估分析员工绩效差距,即将员工的工作实际绩效与工作绩效标准做比较,找出员工工作绩效的差距和产生差距的原因,最后确定培训是否是提高绩效的最好方法。

在上述三方面培训需求分析的基础上,平衡组织与员工的培训需求和意愿,尽可能地使之趋于一致,确定人力资源培训目标。

2) 制订培训计划

在确定培训需求的前提下,明确培训目标,而培训计划是培训目标的具体化和操作化,即根据既定的目标确定培训的对象、内容、形式、时间、地点以及培训经费预算等。

3) 实施培训

根据制订的培训计划实施培训,在培训实施过程中要注意对培训实施监督指导,检查培训计划执行的情况,及时发现偏差以及对培训计划的调整。

4) 评估培训效果

评估就是对工作的评价和反馈。培训效果的评估分为四个领域的评估:①反应。受训者对整个培训过程的意见和看法,包括对培训计划、培训课程、培训方法等方面的反应。②学习。指通过对受训者的考核,考察员工通过培训是否获得相关专业知识或技能。③行为。考察员工回到工作岗位后的行为和表现是否比没有培训前有所改善,工作绩效是否提高。④结果。考察培训对旅游企业各方面的影响,如企业的利润是否增加、顾客投诉是否减少、企业的凝聚力是否加强等。

8.4 旅游企业员工的激励与薪酬

8.4.1 旅游企业员工的激励

管理的核心是激励,人力资源在本质上决定了其他资源的使用效益,只有通过充分调动员工的积极性,激发员工的工作热情,才能使每一位员工以自身的能力有效地利用其他资源以实现组织发展的目标。如何激励起员工的工作动机,调动员工潜在的积极性是旅游企业人力资源管理的中心内容。

1) 需要、动机与激励

需要是一种心理活动,是由生理上或心理上的缺失或不足所引起的一种内部的紧张状态。古时先贤就有"人生而有欲,欲而不得,则不能无求",即人都有各种需要和满足这些需要的欲望。需要是一个人产生动机的根本原因,它是推动人们从事某种活动的动力,它导致行为的产生。因此,需要是人的行为的动力基础和源泉,是人脑对生理和社会需求的反映。

动机虽然是在需要的基础上产生的,但并非所有的需要都能成为动机。因为人的需要有很多,只有某种需要达到一定强度并有相应的诱因条件才能成为动机,也就是说引起动机有两个条件:内在条件(个体需要)和外在条件(外部诱因)。

在心理学中,激励主要是激发人的动机,使人有一种内在的动力,向希望的目标前进的心理活动过程。将激励引入到管理中,激励就是通过某种手段,激发组织内员工的工作动机使其努力工作,从而实现组织目标的过程。激励具有目标导向,激励所要达到的目标包括个人需要和组织发展目标,即将个人需要与组织发展目标结合起来,在满足个人需要的同时实现组织目标。

2)激励的作用

(1)激励是提高员工创造性和积极性的重要手段

旅游企业要想提高组织效益,就必须提高员工的工作效率和服务质量,而员工的创造性和积极性直接关系到工作效率和服务质量的高低。美国哈佛大学教授威廉·詹姆士研究发现,在缺乏激励的环境中,员工仅能发挥其能力的20%～30%,但在良好的激励环境中,同样的人其能力可以发挥到80%～90%。由此可见,只有在激励的作用下,才能真正发挥员工的主观能动性和创造性。旅游企业的管理人员应充分了解不同层次、不同时期员工的需求,运用各种激励手段来激发员工,更为有效地为实现组织目标而努力工作。

(2)激励是建立良好、健康企业文化的有效途径

每个旅游企业根据不同的经营战略创建适合自身发展的企业文化,不同的企业文化其价值观念、经营理念和行为准则有着各自不同的特点。旅游企业在进行员工激励时会不断强化企业的价值取向,如某酒店在每个考核期评选"服务之星",获得"服务之星"称号的员工,将获得外出培训、旅游的奖励,酒店通过塑造"服务之星"激励员工,同时也向全体员工说明了他们的行为是符合酒店的价值观的,榜样树立了旅游企业的行为文化。再比如有些旅游企业在管理过程中尊重员工的知情权、参与权和建议权,员工把为旅游企业工作视为一种幸福和自愿参与的活动,激励员工充分发挥个体的能动性,形成了旅游企业"以人为本,尊重员工"为主题的企业文化。

(3)激励可以提高员工的满意度,减少优秀员工的流失

没有受到激励的员工就像是一潭死水,没有生机和活力,而激励机制健全的

企业无论在工资、奖励和福利上都充分体现了员工在企业中的价值,员工的需求被重视,当员工努力工作的同时,个人的需求也得到满足,在旅游企业里一些表现优秀的员工能够充分施展自己的才华,实现自己的价值。旅游企业有效的激励措施提高了员工对旅游企业的满意度,从而员工就会努力工作为旅游企业创造更好的效益,形成一个良性发展的趋势。

3)激励的方式

自 20 世纪二三十年代以来,全世界的管理学家、心理学家和社会学家从不同的角度研究了应该怎样激励员工的问题,同时也提出了许多有关激励的理论。这些理论主要有需求层次理论、双因素理论、公平理论、期望理论、强化理论、目标理论等。旅游企业的管理者在运用这些理论的基础上,针对员工的不同需求采取各种激励方式,以激发员工的工作热情,最大限度地提高员工的工作积极性和创造性。

(1)物质激励

物质激励主要是指在工资、奖金、期权、股权等方面的激励。当今社会,虽然金钱已经不是人们工作的唯一动机,但物质的需求却是所有需求的基础,特别是在我国,通过一些专业调查机构的资料显示,经济收入仍然是旅游企业员工最关心的因素之一,因此物质激励是旅游企业管理不可缺少的激励方式,在采取物质激励时要注重客观公平,不仅是旅游企业内部员工之间的公平,还要从社会、行业的角度考虑其报酬的公平性。

(2)工作激励

如果说物质激励是外在激励,则工作激励是工作本身具有的一定激励功能。旅游企业的管理者应通过对工作进行周密的、有目的计划安排,使工作本身更有内在意义和挑战性,现代旅游企业对工作的设计主要包括工作轮换、工作扩大化、工作丰富化、改善工作环境等,注重工作中人的地位,赋予员工在工作中的自主权,当员工看到自己工作的成果时,自然而然就会产生对工作的自豪感。

(3)尊重激励

世纪著名酒店丽思卡尔顿的总经理狄高志先生说:"我在工作中保证每一位员工心情愉快,这是总经理最重要的工作,也是值得去做的事情。"有人询问过丽思卡尔顿的员工,他们曾在多家外资酒店工作过,在工资报酬方面的差别不明显,但他们都愿意在丽思卡尔顿工作的主要原因是他们心情愉快,个人受到尊重。在丽思卡尔顿内部几乎遇不到人与人之间不愉快和矛盾的事。丽思卡尔顿的座右铭是:"我们以绅士淑女的态度为绅士淑女们忠诚服务。"作为专业人士,他们以相互尊重和保持尊严的原则对待客人与同事。员工与客人是平等的,是主人与客人的关系。"尊重员工"不是一句空泛的口号,旅游企业的管理者要真正树立尊重员工、为员工服务的观念,并体现在管理的细节中,让员工感受到自己在企业中的地位和重要性。尊重,使他们在工作时不仅仅为了获得报酬,更多的是一种使命感。

(4)参与激励

现在的员工与过去的员工有一个明显的区别,就是有着强烈的参与意识,他们希望有机会参与企业的管理,发表自己的意见和看法。针对员工的这种愿望,创造和提供一切机会让员工参与管理是调动他们积极性的有效方法。员工参与管理,可以激励员工、增强员工的自信、获得员工的支持与合作,在满足员工的尊重感和成就感的同时,员工的智慧也会给企业带来效益。

(5)奖惩激励

根据强化理论,对符合组织目标的期望行为进行奖励,会使这种行为更多地重复,我们称之为正激励,相反对违背组织目标的非期望行为进行惩罚,使得这种行为不再发生,称之为负激励。奖励和惩罚这两种激励方法都对员工的行为产生影响,奖励起到积极强化的作用,惩罚可以减少不良行为。旅游企业管理者在使用奖惩激励时应多以鼓励、奖励为主,尽量少采取惩罚的方式,因为惩罚有一定消极作用,容易使员工产生挫败心理和行为。

(6)培训与发展激励

培训可以使员工更新知识,掌握先进的方法和技能。这不仅使旅游企业拥有高素质的员工,同时员工也增强了个人竞争能力,有竞争实力才能有发展,才能在众多员工中脱颖而出,有晋升和提拔的机会。因此,培训使员工获得优势,优势让员工有发展的可能,员工对培训的需求会越来越强烈。

(7)目标激励

目标激励指设置适当的目标,激发员工的动机,达到调动员工积极性的目的。目标在心理学上被称为激发人动机的"诱因",即能够满足人的需要的外在物。目标激励是将旅游企业目标与个人需求相结合的激励方法。根据维克多·弗隆姆的期望理论,我们知道如果员工认为目标无法达到或根本没有价值,则他们的努力程度就会降低,因此,企业应根据员工的能力和需要与员工共同设定企业的目标,建立客观公正的评价体系,对目标的实现与结果予以正确的评价,并对努力完成目标的员工进行表彰和奖励以及作为晋升、提拔的依据。这种将企业目标和员工个人晋升等个人利益结合起来的目标设置必然会激励员工积极性。

8.4.2 薪酬管理

1) 薪酬的概念

薪酬指员工通过从事企业所需要的劳动,而得到的以货币形式和非货币形式所表现的补偿,是企业支付给员工的劳动报酬。与传统的工资概念所不同的是,薪酬还包含了非货币形式的报酬如带薪假期、集体福利和保险等。薪酬制度直接或间接地反映了旅游企业的经营目标、管理态度以及整个企业的组织氛围,因此,薪酬管理制度的建立是企业管理者可以支配的最有效的激励手段之一。

薪酬有直接薪酬和间接薪酬两种形式,直接薪酬主要有工资、奖金和津贴;间接薪酬主要指福利。见图8.3。

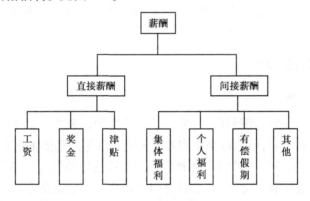

图8.3 薪酬形式

2) 旅游企业薪酬的构成

目前旅游企业行业薪酬主要由工资、奖金、津贴和福利等构成。

(1) 工资

工资也称为基本薪酬,一般情况下,旅游企业的基本薪酬是根据员工所承担的工作的重要性、复杂性以及在旅游企业中的相对价值而确定的,即采用职务工资制,不论是谁,什么职位就拿什么档位的工资。另外,有些旅游企业为了鼓励员工提高技能和减少员工流动率,除了职务工资外还包括以每个员工的技能等级为依据的技能工资。基本薪酬属于薪酬中相对稳定部分,这部分薪酬为员工

提供了最基本的生活保障。

（2）奖金

奖金是旅游企业对超额劳动的报酬，其形式多种多样，如个人奖励、团体奖励和组织奖励，目的是激励员工提高工作效率和工作质量。奖金是一种灵活、有效的薪酬形式，奖金产生的激励作用，可以极大地调动员工的积极性，提高旅游企业的经济效益。

（3）津贴

津贴也称附加工资或补贴，指员工在艰苦或特殊条件下进行工作，旅游企业对员工的额外劳动量和额外的生活费用付出所给予的一种补偿。如夜班津贴、物价津贴、特殊岗位津贴和差旅津贴等。

（4）福利

福利指企业为了吸引员工，维持员工稳定，增强员工对旅游企业的忠诚感和激发员工的工作积极性而支付的补充性薪酬。旅游企业的福利包括根据我国劳动法规定的社会保险福利和单位福利。

3）薪酬管理的原则

（1）公平原则

旅游企业在制定薪酬制度时，公平性是重要的出发点。员工对薪酬是否公平的评价包括两个方面：内部公平和外部公平。内部公平指在旅游企业内部，员工感受是公平的，其劳动付出和报酬是基本相符的。外部公平指旅游企业的薪酬水平在同行业中具有竞争力，能够吸引和留住人才。薪酬制度必须建立在公平的基础上，只有当员工感觉企业的工资、奖金是合理公平的，才能有效地激励员工更好地工作。

（2）激励原则

旅游企业在制定薪酬制度时要充分考虑薪酬的激励效果，适当拉开薪酬的差距，对工作绩效高的员工提供较高的薪酬，使工作表现突出的员工所获薪酬明显高于一般员工，这样薪酬才有激励员工努力工作的效果。

（3）经济性原则

较高的薪酬水平具有竞争力，但同时也会增加旅游企业的劳动力成本支出，因此旅游企业在进行薪酬管理的时候，要考虑旅游企业的支付能力和发展需要，在保持有竞争力的薪酬水平与控制劳动力成本之间进行适当的平衡。

（4）合法性原则

旅游企业薪酬制度不能违反国家及政府部门的法律法规政策。

4）旅游企业薪酬管理的基本内容

（1）薪酬管理的目标

旅游企业薪酬管理的目标与旅游企业发展的目标是一致的,通过建立成功的薪酬制度,吸引优秀的员工,降低员工流失率,激发员工的积极性,控制旅游企业的劳动力成本,实现旅游企业与员工的和谐发展。

（2）工作评价

在工作分析的基础上对旅游企业各项工作进行分析比较,确定各项工作对企业的相对价值,由此作为工资等级评定和分配的依据。工作评价的目的是根据各项工作的相对价值确定合理、系统和稳定的工作结构,建立一套符合内部公平的薪酬制度。工作评价是实现内部公平的基础,具体的工作评价的方法有多种:有工作排序法、要素比较法、要素计点法等,每种方法适用于不同的旅游企业,旅游企业可根据自身实际情况选择适用于本企业的评价方法。

（3）薪酬调查

调查本地区或跨地区同行业或相近行业的薪酬水平,特别是竞争对手的薪酬状况,结合本旅游企业的财务支付能力以及旅游企业的人力资源策略,确定和调整旅游企业的薪酬水平和薪酬结构,以保证旅游企业的竞争地位,薪酬调查的目的是提升旅游企业薪酬的外部竞争力。

（4）薪酬控制

薪酬控制主要是对薪酬水平和薪酬支付过程的协调和控制,主要包括薪酬预算和薪酬成本控制。

薪酬预算是指管理者在薪酬管理过程中进行的一系列成本开支方面的权衡和取舍,管理者在进行薪酬预算时要考虑诸多因素的影响,如外部市场的薪酬水平、旅游企业的财务承受能力、员工的绩效、旅游企业的薪酬策略等,综合各方面的因素进行权衡。旅游企业的薪酬预算通常采取的是通过对旅游企业的业绩总额进行预测,确定旅游企业所能接受的新的薪酬总额,按照一定比例分配给各个部门,同时,各部门管理者预测单个员工的薪酬水平,将所有员工的薪酬汇总与薪酬预算总额相比较,调整二者之间的差异。旅游企业的薪酬除了有维持员工基本生活保障的作用外,还有激励的功能。旅游企业管理者在进行薪酬预算时应充分考虑薪酬的激励作用,分析生成薪酬的各种因素,计算薪酬预算总额,严格执行既定的薪酬制度,允许实际薪酬在预算薪酬总额上下波动,保证激励的有效性。

薪酬成本控制是指在保证薪酬竞争力和激励性的前提下,控制旅游企业的劳动力成本。旅游企业的劳动力成本主要受员工数量和人均现金报酬和人均福利成本的影响,因此控制劳动力成本必须在分析旅游企业现有薪酬状况下对以上三项指标进行控制。旅游企业控制薪酬的方法有冻结薪酬、延缓增资、延长工作时间、控制奖金和裁员等方法。

(5)薪酬沟通

薪酬方案的实施,需要全体员工的支持与合作,因此,旅游企业在设计薪酬体系的同时应加强与员工的薪酬沟通。在人力资源管理实践中,企业人力资源管理者往往忽略薪酬沟通,认为工资、奖励、福利制度的制定是管理者的工作。其实不然,薪酬管理中一项重要的工作就是让员工参与薪酬体系的设计,通过员工与管理者的沟通,增加彼此的信任,发现薪酬体系中存在的问题,使员工清楚地知道旅游企业薪酬的制定依据,了解薪酬结构,知道自己和他人薪酬的差异,怎样工作才能加薪。只有加强薪酬沟通,让员工参与薪酬的决策,才能使员工理解和接受旅游企业的薪酬方案,减少因薪酬带来的误解和矛盾,激励员工在有效的薪酬体系下尽其所能地做好工作。

本章小结

本章讲述了人力资源及其管理的基本概念,使学生树立起人力资源是旅游企业最重要的资源的思想意识;并从旅游企业的实际出发,介绍了如何有效、规范地招聘员工,以及如何对人力资源进行开发的基本方法;最后对在人力资源管理中劳资双方都比较关心的薪酬设计进行了阐述。

实践训练

1.对你所在城市5家旅游企业的人力资源管理状况进行调查,调查内容主要包括:人员招聘、员工职业发展、员工培训、激励和薪酬水平等方面,并撰写1篇2 000字以上的调查报告。

2. 某旅行社决定在某大学进行校园招聘,招聘的岗位为专职导游,现要求为该旅行社设计一套招聘方案,并说明设计的理由和应注意到的问题。

本章自测

1. 选择题

(1) 当求职者众多,面试的成本压力很大时,企业往往将( )作为人员选择的第一步。

    A. 初步面试　　　　　　　　B. 证明材料和背景材料的核实

    C. 申请表和简历的筛选　　　D. 考试和测验

(2) 下列关于各种招聘方法的陈述正确的是( )。

    A. 通过职业介绍所可以直接获得应聘者的基本资料,可节省招聘时间

    B. 通过面向大众的报纸和广告招聘可以限制不合格的人应聘,降低错误选择的可能

    C. 利用杂志广告进行招聘的突出优点是具有时间上的灵活性

    D. 入校招聘的优势是可以在一年中灵活安排招聘时间

(3) 面试法和笔试法相比具有的优势是( )。

    A. 可以大规模地进行测试和评价,费时少,效率高

    B. 应聘者的心理压力小,相对来说更容易发挥正常水平

    C. 成绩评定较为客观

    D. 可以让面试人员与应聘者进行互动,更为直观、灵活

(4) 下列薪酬形式中,属于间接薪酬的是( )。

    A. 奖金　　B. 福利　　C. 技能工资　　D. 服务　　E. 佣金

(5) 内部招聘不足之处在于( )。

    A. 内部招聘可能影响到某些未被入选员工的情绪

    B. 内部招聘易形成"近亲繁殖"的问题

    C. 内部招聘的员工比从酒店外招聘的新人需要更长时间适应酒店的环境和文化

    D. 内部招聘往往容易造成新领导缺乏权威性的局面

(6) 外部薪酬状况调查的内容一般包括( )。

    A. 本地区本行业的平均薪酬水平

    B. 地区流动人口数

    C. 本地区财政政策

    D. 竞争对手的薪酬状况

2. 简答题

(1) 简述人力资源的特点。

(2) 比较人事管理与人力资源管理有何不同？

(3) 旅游企业人力资源管理的内容主要有哪些？

(4) 员工招聘的途径有哪些？各有何利弊？

(5) 培训的基本内容有哪些？为什么要在这些方面对员工进行培训？

(6) 旅游企业中常见的激励方式有哪几种？

3. 案例分析

罗森布路斯国际旅游公司

    罗森布路斯国际旅游公司不像典型的旅行社。首先，这是一家庞大的公司，3 000 名员工分布在美国、英格兰和亚洲的 582 个办事处。你也许从未听过这家旅游公司，因为其业务的 96% 来自于 1 500 家公司客户，像杜邦、莫克、切夫弄隆、伊斯曼、通用电气等公司都是他们的客户。公司以膨胀的速度发展，20 世纪 70 年代，它还只是费城一家地方旅行社，营业额为 20 万美元，到 1992 年营业额已达 15 亿美元。是什么因素使它获得巨大的成功呢？公司总裁和首席执行官罗森布路斯认为，是通过把员工放在客户之上而实现全心全意的服务。是的，他就是这样表达的。你什么时候听说过把员工放在客户之上？罗森认为："当人们对常见的工作障碍而担忧时，如害怕、挫折感、官僚主义等，他们就不可能把注意力放在顾客身上，他们必须为自己担心。只有当人们了解了初次出现在他们雇主面前时的感觉，他们才能体会站在顾客面前的感觉。"

    罗森坚信，他有责任为员工创造一种愉快的工作环境和快乐的体验，因此，他创造了"快乐晴雨表"。这个小组由 18 名员工组成，他们是随即从办事处选出来的，他们提供关于顾客感受的反馈信息。公司每年两次对全公司的员工发放调查问卷，了解他们对工作的满意程度。这些调查的结果被记录下来，并与全公司的员工分享。根据罗森的观点，旅游业的压力很大，就好像是航空交通阻塞控制员，一个呼叫接着一个呼叫。结果，这一行业的员工流动特别严重，有时一年高达 50%。而罗森公司的流动率只有 6%。他的雇用和培训项目可以对此做出解释。

    求职者要经过仔细挑选，以发现那些对公司合适的人。罗森要求善于团队合作的和富有积极向上生活态度的人。"任何公司都可以购买同样的机器和工具，然后由人来创造性地使用它们。归根结底，人是一个公司所能拥有的唯一竞争优势。因此,发现合适的人就变得至关重要了。我们寻找友好的人,其他的一切都可以学会。在我们的选拔过程中,与工作经验、过去的薪水和其他传统简历上所列的条目相比,我们更重视善良、富有同情心、热情。"应聘基层职位的求职者要经过 3~4 小时的面试,对于高级职位,罗森邀请一位应聘销售总监的人及其太太和自己一起出去度假。在假期的第三天,就有了结果。

一旦雇用,新员工很快就会适应旅行社的氛围。新员工上班的第一天不是填写各种表格,而是参加一个幽默短剧的演出,在里面扮演一个角色,这样做是为了让员工感到有趣,让他们放声大笑。幽默剧同时也是一种学习经历,例如,也许要求新员工表演服务不成功的经历。然后对这样的经历进行分析,学会如何把它变成成功的服务。所有的员工都要进行 2~8 周的培训,这也是为了让管理者来评价新员工是否能适应罗森公司高效量的团队工作环境,那些喜欢显示个人的人会被淘汰。

罗森更奇特的做法是把员工放到顾客之上。有时,他甚至走得更远,帮助客户公司去找别的旅行社。他注意到,通常这些公司对他们自己的员工不够友好,因此,他们也会在电话中这样对待罗森的员工。罗森说:"我认为要求我的员工与一个每隔 15 分钟就表现出粗鲁无礼的人交谈是一件糟糕透顶的事。"

思考题:1. 你愿意为罗森公司工作吗? 为什么?

2. 如果罗森管理员工的方法很成功,为什么还有很多公司还在努力创造一种严肃的工作氛围呢?

3. 你是否认为快乐的工人积极性更高?

相关链接

职业生涯规划与成功人生

职业生涯规划是指一个人对其一生中所承担职务及相继历程的预期和计划,包括一个人的学习,对一项职业或组织的生产性贡献和最终退休。从立场不同可以分为两类:个体职业生涯规划和员工职业生涯规划。职业生涯规划的意义在于寻找适合自身发展需要的职业,实现个体与职业的匹配,体现个体价值的最大化。一个人要想使自己的职业人生更有意义,须重视职业生涯规划,合理规划自己的职业方向及做好努力准备,方能赢得成功人生。

职业规划中主要包含五方面的内容,即确定职业目标、确定成功标准、制订职业发展通路计划、明确需要进行的培训和准备列出的大概的时间安排。在通常情况下,职业生涯规划有下列步骤和方法:一是要自我鉴定与评估;二是分析个人发展的周边环境条件;三是明确选择的方向;四是规划未来。进行自我分析,剖析自我的现状,需要你要有一个清晰的自我认识,正视你自己,分析你目前的处境,试想一下你将来会成为什么样子,要取得哪些成就? 仔细思考,记录在案。回到眼前,首先分析一下现在的你,明确你自身所具备的优势及劣势,比如你拥有哪些技能,参加过哪些培训,你的兴趣,你的个性等,依据这些经历,推断一下未来的工作方向及机会,也就是回答你将来能干什么的问题,你的劣势与不足在哪里? 什么导致你自身存在的劣势与不足? 问题出在哪些方面? 你要作何补救? 怎样增强个人的综合素质? 如何弥补你的欠缺呢? 你要对自己有一个明确的诊断和解决办法。然后再分析一下你所处的环境,须进行社会分析、组织分析以及你的人脉分析。一是进行社会分析,要详细摸准当前社会的宏观形势,现在社会热点职业门类分布及需求状况,所学专业在社会上的需求形势等,对这些社会发展大趋势问题的认识,有助于自我把握职业社会需求,使自己的职业选择紧跟时代脚步。二是组织分析。组织是个人实现自我抱负的舞台,进行组织分析,先要分析组织的发展愿景、在同行业中的地位,特别是组织为你设计的员工职业生涯规划与你个人的职业生涯规划是否匹配。同时要分析你的人脉,人生活在这个社会,不可避免地要与许多人打交道,关键是哪些人可能对你个人的职业发展有影响,分析人脉,就是要找出应对措施。通过以上分析,你需要明确自己的职业方向,即将来要干什么的问题,在选择职业方向时,应结合个人实际,遵循以下原则:择己所爱的原则、择己所长的原则、择己所需的原则、择己所利的原则,有了职业方向后,要选择你的职业领域、你的职业通路计划与成功标准,这样你的职业生涯规划模型才算初步建成。

当然,职业生涯规划有了这些步骤建成和方法还是远远不够的,要成功地实现,还要加上有很多的外在条件和内在条件。"凡事预则立,不预则废。"首先你要有自我提升发展的计划,没有自我计划,做事便失去了目的,同时,你要把自己理想的目标分解成可操作的小目标,加上实现期限,在通往职业目标的路上,你要不断自我肯定,查找不足原因,你要有实现成功的坚韧意志,同时你还要加强学习,有目的地参加培训和训练,提高自己的综合素质及核心能力,你也应善于借助于别人,终有一天你将"积跬步而至千里,积小流而成江海"。

（资料来源:http://www. hroot. com/article.)

第9章
旅游企业文化管理

【学习目标】

【知识目标】 掌握企业文化与企业经营活动的关系以及文化管理在企业经营活动中的重要地位;了解经济全球化形势下旅游企业的文化融合现象。

【能力目标】 能够分清企业管理中的文化要素,提高旅游企业管理知识的掌握。

【关键概念】

文化 旅游企业文化 企业精神 跨文化管理 人本管理

问题导入:

自改革开放后,我国旅游市场逐渐向外资敞开。首先是饭店企业进入中国市场,遍布各地的合资、独资饭店形成了一股强劲的力量,它们在经营上均取得了不同程度的成功,并对我国的"本土"饭店造成了巨大的冲击。

问题:这些外资企业在经营的过程中,是不是完全按照它本身的经营体制和模式在中国市场上经营呢? 它是否要考虑到当地的文化现象,并对其进行借鉴?

9.1　旅游企业文化概述

9.1.1　旅游与文化的产生

1)近代旅游的产生与发展

自19世纪中叶英国人托马斯·库克创办世界上第一家旅行社开始,近代旅游业进入了一个新的历程。西方工业革命促进了阶级的分化,也为旅行社的诞生创造了条件;同时,旅行社的出现激活了人们的旅游需求,使得原本属于贵族和有产阶级享受生活的特殊形式变成了一种普遍性的社会生活方式。1850年,巴黎大饭店的建成,标志着饭店业的豪华饭店时期的开始,之后随着饭店规模的扩大,接待服务活动也逐渐形成了一种社会化活动。

由于旅游业的社会化以及旅游业的蓬勃发展,促使了更多资金被投向旅游行业。到20世纪,大量的旅游企业首先出现在西方国家的各个角落,然后遍及世界每一个地区。特别是到了20世纪末,不管是在发达的西方国家,还是在后起的发展中国家,各国旅游企业数量都达到了一个前所未有的高度。到2006年,单就德国就拥有各类旅行社1万多家,美国有旅行社3万多家、日本有2千多家。中国的旅行社业由于受经济体制的影响,起步较晚,到1995年才共有3 826家旅行社,但到了2006年则发展到了16 846家;随着改革开放的深入,截止到2006年末,我国旅游饭店达到了12 751家,这与我国的旅游发展形势是基本相适应的。

在短短的100多年时间内,旅游业已经发展成为一支强大的力量,各个国家都非常重视旅游业的发展,有些国家和地区甚至将旅游业作为支柱产业进行发展。但企业始终要以实现赢利为其最终目的,这就对各旅游企业的经营方法和管理方法提出了更高的要求,如果奉行先进的管理理念,则会长盛不衰,反之则可能昙花一现。

【案例】

美国运通旅行社的发展历程

美国运通公司创立于1850年,公司创立初期主要从事快递业务,其发起人是威尔斯·巴特菲尔德·法哥和马凯。1891年,运通旅行支票问世,凭着运通公司良好的信誉,为其吸引了大量的客源,也正是这巨大的市场中存在着大量的旅游需求,运通公司于1915年开办美国运通旅行社,它是运通公司下属的以办理商务旅游为主的全世界第一大旅行社。1958年,运通公司进入信用卡市场,它以信用卡取代现金,即持运通卡周游世界,上千亿资金换手,不见一个铜板,从而迎合了人们的消费习惯,获得了大量的客源。

自20世纪90年代中期到21世纪初期美国运通加快了扩张的步伐,充分体现了"运通卡走到哪里,运通旅行社的服务就跟到哪里"的迅猛的扩张趋势,业务遍及欧洲、美洲、拉丁美洲、亚洲。运通旅行社主席 Charls Paetrucilli 称:"公司的战略目标是利用一切机会,努力使运通成为商务旅行市场上最大的赢家。运通是全球化、国际化经营的巨型集团式公司,其果断的收购行为体现了两个特征:一是集团化网络连锁经营的需要,二是突出了商务旅行的特殊地位。这两个特征同时对准运通持卡人,使其在旅行和信用卡业务上获得双赢。"

运通旅行社为商务旅行的客人提供服务时奉行便捷、高效的原则,其良好的信誉和无微不至的服务作风为其赢得了滚滚客源。公司总裁时常对其职员说:"当你售票给顾客时,可不能只带束花到船边,说声再见了事,你得全程照应他。"正是这种朴素、坦诚、周到的服务,让运通公司得以不断壮大。

思考题:我国最早成立的国、中、青三大旅行社的发展历程如何? 它们各自的企业文化背景是什么?

2)旅游企业文化产生的历史背景

(1)第二次世界大战后各国企业管理出现新变化

第二次世界大战结束以后,世界各国,尤其是西方国家,在经济领域取得了不同程度的发展,同时在企业经营过程中脑力劳动的比例扩大且逐渐成为决定生产率的主导力量,企业员工的主体意识日益觉醒,尤其在智力密集型的旅游企业当中表现更加突出。因此,传统的企业管理理论和管理方式受到越来越多的挑战,基于"机械人"、"经济人"看法的经验型管理和靠组织技术的严密控制型管理逐渐朝着以人为中心的管理方向发展。

在美国,虽然先进的科学技术手段是企业管理中的核心,但许多公司仍推行以人为本的管理理念,加强对人力资源的开发。在日本,企业提出人是企业的主人,全员管理、终身雇用制、年功序列制等成为日本管理模式的支柱,这也是日本经济在短短的几十年迅速崛起的主要原因。在西欧各国,强调员工参与制的管理和弹性工作制,让员工有表达意见、参与企业决策与管理的机会。这些以人为本的管理思想和管理方式,促进了企业文化学说的诞生。

（2）经济文化全球化的发展趋势

随着经济全球化的发展，公司经营趋向国际化，大型跨国公司之间的合作增多，一些企业纷纷向他国输出资本和管理，使得各国市场紧密相连。而交通和通信的发达，相对缩短了地理上的距离，大众传媒的普及以及国际间交流的增多，促使世界各国的文化在互相借鉴和融合中出现了一些共同发展趋势。一些大型旅游跨国公司已不再满足于原有的发展规模，都不同程度地在其他国家寻求发展的空间，在国际市场上抢夺市场份额。世界经济全球化和世界文化趋同的走势，不仅为企业文化理论的产生和传播准备了肥沃的土壤，而且也是企业文化得以迅速发展的重要原因。

（3）日本经济成功的启示

20世纪六七十年代，战败后的日本发生了令人惊异的变化，经济突飞猛进，一跃进入发达国家行列。特别是到了20世纪80年代，日本已经在世界工业技术的许多领域处于领先地位。西方特别是美国的管理学界对此进行了深刻的反思和多角度的比较研究，发表了不同的见解，一方面揭示了西方传统文化与传统管理的不足之处，另一方面肯定了企业文化在企业生存、发展中的关键作用。

（4）旅游企业自身的性质

旅游企业面对的顾客群体即服务对象是千差万别的，他们有着各自的文化习惯和文化背景，从"宾至如归"的角度，企业有责任为顾客创造熟悉的文化现象，这种服务中的特色也是吸引顾客的良好方剂。世界上的一些大型旅游企业大举向国外进行扩张，实力强劲的也纷纷跨地域发展，为了企业的经营需要，它必须与不同国家、不同地域的文化进行互渗与融合，这既保留了自己的特色，又补充了他人的优点。旅游企业是服务型、智力密集型企业，如何让员工在企业中真正发挥作用成了管理工作中的重点，如何让企业产生强大的凝聚力是旅游企业保持竞争力的关键。

9.1.2　旅游企业文化的概念

1）文化的定义

狭义的理解即为文化知识，一般指人所学习的自然科学、社会科学、人文科学知识的总和；广义的文化则是指一定社会、历史背景下人的价值观、思维方式以及精神状态的总和。狭义的文化是需要通过学习逐步掌握和拥有的，旨在于提高个人的素质和技能；而广义的文化则是渗透在人所生存和发展的环境之中的东西,不管你是否认识或感受到,它都真真切切地存在并影响着个人和人群的生活生存方式、思考问题的方法以及发展方向等。

2) 企业文化的概念

企业文化作为特定的管理概念应专指以价值观念为核心的企业价值体系及由此决定的行为方式。因此,企业文化是指在一定的社会大文化环境影响下,经过企业领导者的长期倡导和全体员工的积极参与、认同、实践与创新所形成的整体价值观念、信仰追求、道德规范、行为准则、经营特色、管理风格以及传统和习惯的总和。

3) 旅游企业文化的概念

旅游企业文化是指在现代商品经济社会,旅游企业在经营管理活动中形成的具有本企业特色的一切精神财富和物质产品,它反映企业在其社会关系和经济关系中的意识形态。主要表现在企业的价值观、精神,企业的经营发展目标,企业赖以生存的物质实体的风格,企业向社会提供的产品等方面。

9.1.3 旅游企业文化的结构体系

旅游企业文化,作为一种圈子文化,有着其丰富的内涵。旅游企业文化主要由表层物质文化、浅层行为文化、中层制度文化和深层精神文化组成的完整结构体系。

1) 表层物质文化

表层物质文化是指旅游企业中的员工风貌、企业所在建筑景观、企业的用品文化和向消费者提供的产品文化。它是旅游企业文化的外在表现。旅游企业文化建设就是要提升它的文化含量,使它更具代表性,最大程度地让社会认同,以提高企业的知名度和美誉度。

旅游企业在名称标志、建筑形态等方面极力塑造一种醒目、易记的形象,这在饭店企业中尤为明显。如广州白天鹅饭店独具特色的中式园林中厅、有饭店标志的用品、饭店与周围环境所形成的独特景观等,都是属于饭店企业文化的表层物质文化范畴。我国旅行社行业中国旅的"CITS"、中旅的"CTS"、青旅的"CYTS"的品牌形象也是企业表层文化形式。

2)浅层行为文化

浅层行为文化主要包括:员工礼仪、企业的经营活动、教育活动和文体活动。个体、组织的各项行为和活动是企业文化的动态反映。企业文化建设就是要使我们的各项活动统一在企业精神文化之下,成为贯彻、体现企业核心理念的自觉行为。

中国大饭店员工所具有高超的服务技能、表现出来的高雅气质、高效便捷的服务行为、优美的服务姿态,都是属于旅游企业浅层行为文化的范畴。北京凯宾斯基饭店所承接的各种接待活动尤其是对国家元首的接待活动以及饭店一年一度的春节联欢晚会等文化活动,也是饭店浅层行为文化的表现。

3)中层制度文化

中层制度文化主要包括:规章制度、企业制度、领导制度和组织机构。它是企业管理模式的反映,是一种强制性文化。企业文化建设就是要使企业的制度文化全面适应企业精神的要求,促进企业文化体系的形成,使企业成为一个强有力的集体,更有效地为企业整体目标服务。

中国大饭店严格的制度管理,尤其是本饭店要求的"外卖"服务和在饭店提供的服务标准一致,就是旅游企业文化中中层制度文化的代表。正是这一系列制度的建立及其贯彻执行,造就了中国大饭店高素质的员工队伍和服务质量,也正是这一系列制度使中国大饭店赢得了商务旅游市场顾客的青睐。

4)深层精神文化

深层精神文化主要包括:文化素质、核心理念、思维模式,它是企业文化的根本所在,是企业文化建设的重点。旅游企业文化建设就是要去除那些不能促进企业发展、缺乏时代感的劣势文化,树立起为大多数员工认可并贯彻实施于工作中的先进的企业理念。

美国运通旅行社的"美国人走到哪里,运通就走到哪里"的经营信条、北京凯宾斯基饭店的"宾客的第一选择"的经营宗旨、青岛海景饭店的"以情服务、用心做事"的企业精神和"视宾客为家人,把宾客当亲人"的经营理念等都属于企业深层精神文化。

9.1.4 旅游企业文化的影响因素

1)社会文化背景

任何企业都是存在于特定的社会环境中,是组成社会大集体的因子,企业文化也是整个社会文化的一部分,在很多方面是一脉相承的,它在很多方面必须与其所处的社会大环境相适应。社会上流行的价值观、道德取向都直接反映在组织文化的内容中,甚至可以说旅游企业的文化建设是社会大环境文化要素的一面镜子。

2)业主、企业创业者和领导者的素质

业主、企业创业者或者现行的领导者个人素质对企业文化的形成具有相当重要的影响。业主、企业创业者的风格形成了相应的企业文化类型,这与其个人文化修养、审美情趣、思维理念都有着重要的关系,它能通过各种形式得以延续和流传。稳定的企业往往在一定程度上带有创业者的痕迹,而领导者会在经营过程对既已形成的文化体系进行继承和延续,甚至将其进行发展和创新,使之产生长远的影响,因此在这种继承和延续的过程中也体现出各个阶段领导者的风格。

3)企业成员的素质

企业成员虽然是企业文化的受影响者,但反过来企业成员的素质状况也影响着企业文化的形成。企业成员的知识水平、文化素养、受教育程度等因素决定了其工作的自觉程度和对企业经营决策的热情和重视程度。这是形成企业文化的重要内容,因为没有企业员工的参与和执行,企业文化将会成为虚无缥缈的、无任何实际意义的空头理论。

9.1.5 旅游企业文化的特征

1)个异性

由于创业者或领导者的风格的影响和企业自身需要塑造一种独具特色的文化形式所表现出来的企业文化的差异性。每个企业创业者或领导者的审美修养和文化素质客观上是存在差别的,它在一定程度上决定了企业文化建设的大致走向,从而也导致了企业文化存在客观上的差异;在市场竞争环境中,每个企业都力求创造属于自己的特色,以增加企业的亮点,从而扩大企业的市场竞争力。外商独资饭店追求豪华的内外装饰、要求为顾客提供标准化服务,让顾客享受一种尊贵的礼仪待遇;而中国自主经营的饭店,则在很大程度是从传统文化角度出发来提高饭店的知名度。八达岭景区的职工以"我是长城人,在中国人面前,我代表北京,在外国人面前,我代表中国"作为他们的服务思想,这不但形成了独特的企业文化,增强了企业员工的凝聚力和企业主人翁精神,更为主要的是提高了服务质量,赢得了市场。

但是,由于受共同的市场规律和生产经营方式的影响,以及国际间交流的增多,不同的企业在企业文化上又具有一定的共性,尤其是在同行业内。在旅游饭店企业中,诸如"顾客就是上帝"、"宾至如归"等之类就是饭店行业企业文化建设的共同基础,只是不同的企业在经营过程中侧重点有所不同;饭店服务都要求面对顾客要"微笑",但不同的饭店企业在制定服务规范时却存在着一定程度的差异。

个异性是企业文化魅力的所在,是其在市场竞争中独树一帜的重要表现形式,对外可以扩大企业的知名度,对内可以提高企业的凝聚力。

2)共识性

企业文化是建立在企业员工共同价值观之上的,是超越于员工"个识"的共同价值取向和集体精神的反映,是大多数员工的共识。当然,这种共识性在形成之初往往也是由具有先进性的"个识"发展而来的,也就是说,在一定程度上,旅游企业的文化体系体现的是最初"少数人"的价值追求,但它最终要由文化的实施主体对其贯彻执行,并将其发展与完善。因为文化是通过积累成长的,它可以继承前面先进的、优秀的部分,并补充进符合时代性的、创新性的因素,使得不断成长的文化体系更具发展和前进的魅力。

3)非强制性

企业文化是柔性的。企业对员工管理作用的发挥不能完全靠强制性的制度约束,而要依靠文化的力量,使员工自觉自愿地按照企业价值观的要求规范自己的行为,这比强制性的制度规范更能在员工心底深处接受企业的价值观,应该说,这种非强制性的管理作用是企业文化的优势所在,也是众多旅游企业取得稳定发展的关键所在。希尔顿饭店集团总裁西尔顿先生常年奔走在世界各地的集团所属饭店,他每到一处,见到员工问的第一句话便是"您今天微笑了吗?",其亲切的话语,长者般的慈祥,带给员工的是一句严厉的要求,更是一股暖暖的问候,有谁会在工作中不"微笑"呢?

4)相对稳定性

文化作为一种意识形态,其一旦形成就具有一定的稳定性,因而企业文化在外部环境和内部条件发生改变时并不随之发生改变,而是具有一定的稳定性。在旅游企业中,要形成自己的文化模式要经过一定的时期,甚至需要几代人的共同努力才能完成,所以它的形成是经过反复"锤炼"的,是经得起时间考验的。当然,这种稳定性是相对的,企业文化会随着社会和环境的变化而不断地调整、变化和提升。

9.1.6 旅游企业文化的功能

1)导向功能

旅游企业文化在员工及其行为方面起着一种"方向盘"的作用,员工总是跟着企业提倡的价值观念来摆正自己的位置和做出自己的行为决策。优秀的旅游企业文化可以长期引导员工为实现企业的发展目标而自觉地努力工作。它能够使员工潜移默化地在企业价值观念的熏陶下,在文化的深层次上结成一体,接受价值观念并按照它的要求去自觉行动。

2)教育功能

主要是通过使企业的价值观内化为每一个员工个人价值观的方式来发挥作用。通过价值观的内化在理念上确定一种内在的、自我控制的行为准则,这种无形准则操纵着企业的经营管理活动,规范、指导、约束着每个员工的行为。

员工在企业文化的熏陶下,将自身利益与企业利益紧密结合起来,也会自觉约束个人的行为,从而使其思想、行为与企业的价值观保持某种一致性,这在一定程度上弥补了依靠单纯的刚性管理所带来的不足与偏颇。

3)凝聚功能

在社会系统中,将个体凝聚起来的主要是一种心理的力量,而不是生理的力量,它依附的是内心精神的认同。如果企业没有一种被全体内部成员所接受的共同价值观念,员工就会抱着各自的追求去从事工作,那么企业必然成为一盘散沙。企业文化是一种黏合剂,它可以将每个员工个体的价值体系朝着企业总的目标体系靠拢,让员工对企业每个环节的工作形成自豪感和认同感,从而把自己的思想、感情、行为融合到整个集体中,产生强大的凝聚力,获得整体效益。

4)辐射功能

旅游企业文化在加强内部凝聚力的同时,通过产品的销售、服务,通过企业的宣传促销活动,通过员工与社会各界的交流等各种途径,有意识地去反省企业的价值观念和文化内涵,从而将企业的深层文化传递给每一位消费者,让社会更了解企业,让消费者产生共鸣,这既是为了营造企业的普遍社会认同效应,更是为了让企业有一个稳定的社会消费群体。

5)稳定功能

旅游企业文化所具有的相对稳定和持续性,能够为企业长期稳定和发展提供强有力的智力和精神保障。由于企业的核心部分,即深层的精神文化具有一定的稳定性,由此而形成的企业一系列中层、浅层、表层文化也就具有一定的稳定性,因而和传统的强调管理者个人能力所带来的效果不同,企业文化管理是一种对精神思想的影响,带来的是一种无形的力量,它对企业的持续发展是一种持久的动力。

【案例】

泰国东方饭店的服务行为文化

某企业的业务经理A先生来到泰国出差,下榻于东方饭店,这是他第二次入住该饭店。次日早上,A先生走出房间准备去餐厅;楼层服务生恭敬地问道:"A先生,您是要用早餐吗?"A先生很奇怪,反问"你怎么知道我姓A?"服务生回答:"我们饭店规定,晚上要背熟所有客人的姓名!"这令A先生大吃一惊,尽管他频繁往返于世界各地,也入住过无数高级酒店,但这种情况还是第一次碰到。

A先生愉快地乘电梯下到餐厅所在楼层,刚出电梯,餐厅服务生忙迎上前来:"A先生,里面请!"A先生十分疑惑,又问道:"你怎么知道我姓A?"服务生微笑着答道:"我刚刚接到楼层服务台的电话,说您已经下楼了。"

A先生走进餐厅,服务小姐殷勤地问:"A先生还要老位子吗?"A先生的惊诧再度升级,满腹狐疑起来,心中暗忖:"上一次在这里吃饭已是两年前的事了,难道这里的服务小姐依然记得我?"这时服务小姐主动上前解释:"我们刚刚查过记录,您前年6月9日在靠近第二个窗口的位子上用过早餐"。A先生听后激动不已,忙不停地说:"老位子,对,老位子!"于是服务小姐接着问:"老菜单:一个三明治,一杯咖啡,一个鸡蛋?"此时,A先生算是彻底地服了,他感激涕零地一连串说:"老菜单,就要老菜单!!"给A先生上菜时,服务生每次回话都退后两步,以免自己说话时唾沫不小心飞溅到客人的食物上,这种礼节连美国最好的饭店里A先生都没有见到过。一顿早餐,就这样给A先生留下了终生难忘的印象。

此后三年多,A先生因业务调整没有再去泰国,可是在他生日的那天突然收到一封泰国东方饭店发来的生日贺卡:"亲爱的A先生,您已经三年没有来我们这里了,我们全体人员都非常想念您,希望能再次见到您! 今天是您的生日,祝您生日愉快……"

A先生当时热泪盈眶,激动不已……

思考题:是什么令东方饭店充满如此魅力? 它如何体现出旅游企业文化的几个特点?

9.2 旅游企业文化建设

9.2.1 旅游企业文化建设的必要性

1)市场竞争的需要

从企业的竞争到人才的竞争再到文化的竞争,这体现出优秀的企业文化在激烈的市场竞争中所凸现出来的重要作用,从某种意义上讲,优秀的企业文化是企业内部团结的良好的黏合剂。

中国本土旅游企业普遍小、散、弱,在市场开放后如何面对强大的国外同行,如何同境外对手竞争,企业文化建设将变得格外重要。从外部来讲,企业文化能够产生一致的形象;从内部来讲,企业文化能够减少内部损耗,因为大家心往一处想,劲往一处使,发自内心地朝着企业共同的目标努力,内部花费的精力、成本就能够大大降低。

2)旅游企业长远发展的需要

人和文化是企业竞争力的源泉,是企业可持续发展的基本驱动力,文化管理是现代企业管理的最高境界。

从长远发展来看,企业竞争的核心是企业文化的竞争。没有文化,没有企业

内全体成员共同接受的价值理念,企业就没有持久的发展,也难以在竞争中立于不败之地。

9.2.2 旅游企业文化建设的内容

1) 物质文化建设

经济全球化的趋势已不可避免,企业之间的竞争不再是某些单一层次上的竞争,而是从局部的价格竞争、资源竞争、人才竞争、信息竞争,发展到各个层面上全方位展开的企业整体实力与企业形象的竞争。实践证明,良好的企业形象和品牌是一个企业成熟的标志和宝贵的财富,也是企业在激烈竞争中获胜的法宝之一。因此,重视自身形象的塑造,并制定相应的企业形象战略,已成为现代企业管理的重要趋势。对旅游企业来讲,情况更是如此。

在旅游企业中,企业的物质文化建设主要涉及企业建筑设施与装饰、企业形象识别、工作生活环境等几个方面。

(1) 企业建筑设施与装饰

旅游企业所在的建筑不仅是企业经营管理活动的场所,更是企业的象征,它作为企业最大的物质实体,展示着相关企业的性质特征和文化特色。这些建筑除了要满足功能需求外,它在很大程度上可以给参观者造成强烈的视觉冲击,无论是其外观造型,还是外围环境的绿化和美化,以及与周围环境的协调配合,甚至室内环境的布置与装饰、灯光的安排、色彩的应用,所有的空间形象塑造都透射出企业文化的特征,传达出企业理念的环境意味。北京昆仑饭店大堂中"横空出世,莽昆仑"大型壁毯展现了这家豪华大型饭店的雄浑气势与文化品味;而一家一星级的饭店餐厅用具有当地文化特色的传统彩绘手扎风筝作为壁饰,也显示出自然质朴的文化风格,与当地的饮食文化特色极为协调,同样创造了良好的环境情感氛围。

(2) 企业形象识别

旅游企业名称作为形象识别的重要部分,它也是旅游企业物质文化建设的内容。在我国,由于象形文字的特殊意义,旅游企业的名字也体现出一定的文化韵味,俗语说:"名字取得巧,生意做得好。"企业名字除了要与企业经营方向一致外,还要传达出企业的个性与特色,视觉上要能够醒目易记,词义要寓意积极,以便大众产生美好的联想,还要符合民族的审美习惯;听觉上琅琅上口、清新明快,有利于传播。例如"香格里拉"饭店管理集团,借用神秘地区、世外桃源和理想乐园等寓意作为企业名称,与旅游探险有机联系起来,给人以美好的联想。旅游企业特别是涉外旅游企业名称应给人以现代感,也要考虑国际的通用性。不仅要考虑本国语言的发音,还要顾及国际通用语言翻译的含义与发音。陈旧、过时的企业名称会影响企业的形象,在这种情况下则应使名称年轻化或更新。当然久负盛名的老字号则不能轻易改名,以免丧失或损坏名称所包含的多年积累的无形资产的价值。北京钓鱼台国宾馆是我国"官方"最高规格的宾馆,它体现出的是神秘的高贵;新中国成立后最先设立的三大旅行社——中国国际旅行社、中国旅行社和中国青年旅行社,除了历史赋予它们深远的责任和意义外,它们自身也由于多年的经营,为其塑造了属于自己的品牌和形象。

企业标志也可以传达企业的文化理念。原则上讲,企业标志的设计要求新颖独特、易于识别、寓意准确、名实相符、简洁鲜明、通俗易记、造型优美。在我国,旅游企业的标志通常是利用企业名称的每个汉字的韵母按照显示美的法则进行组合设计,从而表达出一定的象征意义。例如北京饭店原用"BH"(Beijing Hotel)构图,失于平淡流俗,后以"北京"两字构成天坛祈年殿作为店徽,既有文化特色,又有显示美感;再如假日酒店公司对其标志和招牌在80年代进行了重新设计,背景将五颜六色改为一种蓝色,更显鲜艳明亮,手写标准字更易辨认,去掉闪光的五角和箭头,使用风车形状的图案代替。

(3)工作生活环境

旅游企业是服务型企业,除了要为顾客提供良好的产品服务外,是否能提供具有一定文化品味的环境设施也显得至关重要。现代饭店愈来愈趋向豪华富丽,但又不失浓浓的文化品味。广州白天鹅宾馆处于一片生机盎然的绿化带中,高大的饭店建筑主体与周围环境和谐搭配,尽显高档饭店的尊贵,也不失南国风格;在饭店大厅,绿色盆景错落有致,一股清水蜿蜒流过,犹如一条涓涓溪流,但又丝毫看不出人工雕凿的痕迹,置身其中,仿佛是到了人间仙境。这种环境设计更多的是体现出中国传统文化中人与自然和谐共处的文化理念,也透射出企业主人的一种文化追求和信仰。虽然这样的环境主要是为了向顾客提供,但工作、生活在这里的饭店员工自然也会获得一种心旷神怡的享受,在无行之中就与饭店融成了一个整体。

近些年,我国的旅行社发展迅猛,国内旅行社以目不暇接的速度诞生在各个角落,国际旅行社的数量也在稳健地攀升。从企业经营和发展的角度,领导者们无不在文化品味上动足脑筋,为了营造一种宽松、和谐的工作氛围,越来越多的旅行社设置成一种开放式的工作环境,除了营造畅通的沟通渠道外,还让全体人员建立一种平等和谐的文化氛围。

2) 行为文化建设

(1) 企业行为文化的内容

企业行为文化是指企业员工在生产经营、学习娱乐中产生的活动文化。它包括企业经营、教育宣传、人际关系活动、文娱体育活动中产生的文化现象。它是企业经营作风、精神风貌、人际关系的动态体系,也是企业精神、企业价值观的折射。

(2) 服务——旅游企业行为文化的重要形式

旅游企业是向顾客提供服务的企业,企业的经营活动全部体现在为顾客提供服务的过程当中。旅游企业产品的不可分离性、不可转移性和不可贮存性决定了旅游企业物质产品的特殊性;旅游企业所进行的物质生产更多的是一种服务生产。产品的竞争首先是质量的竞争,质量是企业的生命,持续稳定的优质产品,是维系企业信誉和品牌的根本保证。因此,对于旅游企业来说,其品牌就来自于服务质量的优质程度。假日宾馆集团的"一切为顾客着想,质优价廉",希尔顿的"高效、诚实、守信、承担责任",地中海管理集团的"娴熟的技巧、开朗的性格、面向世界"等服务理念无不是通过具体的服务行为体现出来。

服务行为是旅游企业行为的重要方面,也是其主要方面,是提高企业知名度的重要法宝。

一个企业要在市场竞争中取胜,必须努力赢得人心:一方面要赢得企业员工的心;另一方面必须赢得顾客的心。以优质、高效的服务活动和服务行为不断地争取顾客、赢得顾客的心,是企业一切活动的出发点和归宿,也是企业竞争制胜的主要法宝。所以,良好的服务形象是企业的无形资产,是企业形象增加值的永恒法宝。企业员工是企业的主体,如何激发他们的群体行为朝着企业的整体目标发展则显得尤为重要,它是决定企业价值观能否实现的一个重要因素,这也是企业文化建设是否成功的筹码。

老希尔顿曾对他的酒店员工讲过这么一段话:请你们想一想,如果饭店里只有第一流的设备而没有第一流服务员的微笑,那些顾客会认为我们供应了他们喜欢的东西吗? 如果缺少服务员的美好微笑,正好比花园里失去了春天的太阳和春风。假如我是顾客,我宁愿住进虽然只有旧地毯却处处见到微笑的饭店,而不愿走进有一流设备而不见微笑的地方。

对于顾客来说,有时服务质量等软件因素比设备硬件因素更为重要。公司形象美的设计应当从把企业改造成为全方位的服务单元的战略目标出发,从给顾客提供最佳服务的考虑出发,内容比装潢、设施更重要。

一般来说,产品的价值来自品质、品牌与服务三个方面。由于技术手段和消费水平的提高,各产品在内在质量方面已无太大差别,因此在各个市场渐趋饱和与全球竞争日益激烈的情况下,产品的差别化战略将配合良好的服务,构成竞争的主要手段。

【案例】

日本松下公司为了向用户提供良好的服务,制定了以下服务规范,它既是一种理念,又是一种方法或艺术:①销售是为社会人类服务,获得利润是当然之报酬。②对顾客不可怒目而视,亦不可有讨厌的心情。③注意门面的大小,不如注意环境是否良好;注意环境是否良好,又不如注意商品是否良好。④货架漂亮,生意不见得好;小店中虽较杂乱,但是顾客方便,反而会有好生意。⑤对顾客应视如亲戚,有无感情,决定商店的兴衰。⑥销售前的信奉,不如销售后的服务。只有如此,才能得到永久的顾客……

思考题:"松下"公司的服务规范对旅游企业的经营活动有何借鉴意义?

3)制度文化建设

(1)旅游企业制度文化建设的范围和内容

旅游企业和其他所有企业一样,其制度文化主要包括企业领导体制、企业组织机构和企业管理制度三个方面。企业领导体制的产生、发展、变化,是企业生产发展的必然结果,也是文化进步的产物;企业组织机构,是企业文化的载体;企业管理制度是企业在市场经营管理时所制定的、起规范保证作用的各项规定或条例。在旅游企业中,典型的企业领导体制就是总经理负责制,总经理是企业在经营过程的最后决策者,企业所建立的管理机构和体系都是为企业的经营发展服务,企业的发展也是企业文化的发展,是在文化积累下的一种发展。因此,不同时期、不同类型的企业领导体制反映着不同的企业文化。

不同的企业文化,有着不同的组织机构。如果把企业视为一个生物有机体,组织机构就是这个有机体的骨骼,企业的组织机构是否合理,对企业的生存和发展有很大的影响。机构臃肿、效率低下,必然会在企业成员中产生负面影响,最后便会直接导致企业文化难以在员工中有效地推广和实施;反之,则会由于职工的积极参与,把企业文化朝着健康积极的方向推进,从而让企业不断壮大。

企业管理制度是为企业求得最大收益,在经营管理实践活动中制定的各种带有强制性的义务,并能保障一定权利的各项规定或条例。它是实现企业目标的有力措施和手段,它作为员工行为规范的模式,能使员工个人的活动得以合理进行,同时又成为维护员工共同利益的强制手段;它是旅游企业向顾客提供优质服务产品的制度保证,是广大的旅游企业能够获得持续发展动力的保证。旅游企业制度文化作为企业文化中人与物、人与企业运营制度的中介和结合,是一种约束企业和员工行为的规范性文件,它使企业在复杂多变、竞争激烈的经济环境中处于良好状态,从而保证企业目标的实现。

(2)旅游企业制度文化的表现形式

在旅游企业,制度文化是企业为实现自身目标对员工的行为给予一定限制的文化,它具有共性和强有力的行为规范的要求,其最终的归宿是保证向顾客提供优质的旅游服务产品。向游客提供满意的服务是旅游企业的生命力,要全面提高服务质量,就需要旅游企业全体员工要有普遍、明确、自觉的服务意识,也就是说,旅游企业制度文化建设的表现形式为培养、提高员工为客服务的意识和水平。

【案例】

20 世纪 80 年代末、90 年代初用作政府各级部门接待的宾馆纷纷在各地涌现,但随着计划经济向市场经济的转轨,各饭店企业逐渐从主管部门中剥离出来,都要求按自负盈亏的原则自主经营。由于计划经济体制下的众多饭店企业,没有按照现代企业制度的规律经营,大多存在机构臃肿,效率低下的现象,一旦进入市场经济的环境中,自然就经不起搏击,导致很多企业步履维艰,甚至破产倒闭,但也有调整经营思路和方向,从而获得新生的企业。某省当时粮食部门下属一宾馆同样遇到该情况,面临着进退维谷的境地,但经过向社会引进管理人才,并充分下放权力,该企业发生了脱胎换骨的变化。新任总经理大刀阔斧地进行各项改革,首先从人事进行调整,按企业岗位设置人员,按能力留用企业原有职工,使得企业的职工人数只有原来的一半都不到,大大提高工作效率;而且改变了企业经营模式,彻底根除了原先“等、靠、要”的慵懒思想,建立了一套科学的绩效考核制度,从而激发员工们的积极性;酒店领导大胆创新,多渠道引进资金对饭店进行改造,依靠饭店本身所具有的环境优势重新打造成了颇具规模和档次的现代化饭店;饭店领导班子重新任用具有管理经验和专业知识的人员,一切经营行为都依照现代饭店的服务规范。在短短的两年时间内,该饭店除了让那些流失的顾客再次回归外,还吸引了大量的新客源,获得了市场的认可。

思考题:对比该旅游企业的前后两个时期,在企业文化建设上有何本质上的差异?

4）精神文化建设

企业文化建设的重心和归宿是在于精神文化的建设，精神文化才是企业谋取长期、可持续发展的灵魂。物质文化是文化建设的浅层次要求，是向社会传达企业信息、形象的表象形式；行为文化是企业要获得收益并取得生存和发展机会的保证；而制度文化是一定精神文化的产物，它还必须适应精神文化的要求。因此，相对企业物质文化和行为文化来说，企业精神文化是一种更深层次的文化现象，在整个企业文化系统中它处于核心的地位。精神文化包括企业精神、企业经营哲学、企业价值观等内容，是企业意识形态的总合。

（1）企业精神

企业精神是企业全体或多数员工共同一致、彼此共鸣的内心态度、意志状况和思想境界，它是构成企业文化的基石。企业精神源于企业生产经营的实践之中，随着这种实践的发展，企业逐渐提炼出带有经典意义的指导企业运作的哲学思想，成为企业家倡导并加以决策和组织实施等手段所强化的主导意识。企业精神集中反映了企业家的事业追求、主攻方向以及调动员工积极性的基本指导思想。企业精神常常以各种形式在企业组织过程中得到全方位、强有力的贯彻，在旅游企业中，它通常通过店（社）歌、企业徽记等形式表现出来。

有着企业自己歌曲的情况，在旅游饭店较为多见。企业的经营宗旨、价值观念都简洁地浓缩在歌词当中，并以一定的音乐旋律表现出来。要求员工在入职后的一段时间内能够唱出企业歌曲，其最大的作用在于可以让他从歌词当中领会企业的经营方向和价值追求，从而对自己进行一个准确的定位，以适应企业的经营活动。在一些旅游饭店中，唱店歌已成为经营活动中的一部分，并给以足够的重视。定期地组织全体或部分员工举行升旗唱店歌活动，在一些具有纪念意义的重大节日其规模和形式就更为宏大，比如企业周年纪念日、国庆节、春节。举行这种活动的目的在于让企业所有员工参与进来，让他们真正成为企业的主人，其更重要的目的还在于这是一种企业公关促销形式。企业员工以饱满的激情、青春的朝气向当地市民、过往行人、住店顾客展示企业的精神状态，从中透视出企业的经营理念。企业以这种形式进行着广告宣传。

（2）企业经营哲学

企业经营哲学是指企业在经营管理过程中提升的世界观和方法论，是企业在处理人与人（雇主与雇员、管理者与被管理者、消费者与生产者）、企业利益与员工利益、企业利益与社会利益、当前利益与长远利益等关系上形成的意识形态

和文化现象。

企业有了经营目标和方向，还必须依靠企业依存的环境。旅游企业是劳动密集型、人才密集型企业，它在很大程度上必须依靠员工的倾力奉献和付出，在现代社会，雇员与雇主的关系是微妙和敏感的，它取决于雇主的认识态度。这反映在企业文化中，就体现在他们之间是不是具有一种平等、和谐的文化内涵；旅游企业只是经济环境的一份子，企业可以追求利润最大化，但与社会利益是不是处于一个对等的关系可以在一定程度上决定企业的持续发展能力，因为一个企业只有取得了社会大环境的认可与包容，才能获得前进的空间。企业经营哲学与各个国家的传统文化有关。英美国家崇尚个人的价值，他们崇尚天马行空、独来独往式的英雄，崇尚个人奋斗和竞争，在管理中比较强调"理性"管理，强调规章制度、管理组织结构、契约等。而东方文化圈更强调"人性"的管理，如强调人际关系、群体意识、忠诚合作的作用。一个是以理性为本，一个是以人为本，以情感为本，两种文化传统形成鲜明的对比，从而也形成两种不同的企业经营哲学。

文化因素对企业运行来说，其影响力是全方位、全系统、全过程的。世界上的大型旅行社大举向其他国家寻求发展空间，饭店集团公司建立大量的饭店企业，它们除了要继承自己优秀的、自成体系的管理经验外，还要充分考虑与企业延伸所在国的文化，并进行融合与补充，它是否融入了所在国的社会系统，双方承担了一定的社会责任，这都是由于东道国文化和所在国文化、来自不同国家的经理、职员之间存在文化传统差异所致。因此，如何将不同的文化进行交叉结合、处理好不同群体之间文化差异、平衡不同利益群体的关系、将企业经营哲学充分展示是企业经营中的重要工作。

（3）企业价值观

所谓企业价值观，是指企业在长期的经营管理实践中，形成的为全体职工认同的价值取向，是企业处理各种关系时遵循的最基本的价值观念和行为准则以及企业经营所追求的目标，是企业对自身存在和发展的意义、对企业经营目的以及对企业员工和宾客的态度等问题的基本观点，也是评判企业在追求成功过程中所推崇的基本信念和奉行的目标，是企业全体或多数员工一直赞同的关于企业意义的终极判断。企业价值观是企业文化的核心，是现代企业管理的核心原则，它决定着企业管理模式及其相关的方方面面。

旅游企业也要以追求利益从而实现自己的生存和发展为目标，但企业实现这一目标的手段和途径是不是得到了全体员工的认可和支持则是关键。企业有实现整体价值观的权利，企业的建立与发展都是以实现利润最大化为其基本目标，但是员工作为企业前进的推动力，因此，还得兼顾员工个人价值观追求。人，已不再是简单的个体人,而是社会人,尤其是在当今崇尚实现个人价值的时代,其人生意义、价值取向与企业价值观在某种意义上是紧密联系在一起的,企业员工不再是企业获取利润的机器,因此,对于企业来说,要使复杂多样的员工个人价值观与企业价值观统一起来,就要从尽可能多的层次满足员工的物质、精神需求。

在实现了企业价值观,又能够实现员工个人价值观时,员工个人就会超越自我的思维,使企业成为追求生命价值的场所,从而爆发出惊人的创造力。这就是常说的"只有让员工满意,企业才能生产、提供令客人满意的产品。"

【案例】

2003 年,一场 SARS 大风暴席卷神州,中国大酒店所在的广州,更是重灾区。面对 SARS 风暴的无情冲击,不少星级酒店以大幅度裁员来应对。相反,中国大酒店则以另一种方式迎接 SARS 的挑战,酒店管理层达成共识:SARS 是暂时的,员工却是企业的重要"资源",一个以人为本的企业是不能轻易裁员减薪的。酒店管理层并借此机会让员工树立起企业主人的精神,总经理在员工大会上声情俱下:"试问在座各位,有谁愿意看到和自己朝夕相处、愉悦共事的同事被解雇呢?让我们大家和酒店一齐全心全意抗击'非典'、众志成城共渡难关吧!"一席话,赢得了全场经久不息的掌声。

不减薪、不裁员,酒店给员工们两个去处。一是"强迫"他们休息:许多员工长期加班加点,累积了太多的假期,平日工作太忙,没时间休假,这正好让他们休息;二是办各种培训班:为员工们"量身定制"了各类专业岗位技能培训及语言培训课程。

中国大酒店在社会公共危机中的所作所为,充分体现了以人为本的优秀企业文化,实践证明,中国大酒店此举为其后续健康、稳定的发展奠定了坚实的人力基础。

思考题:以人为本的管理理念在企业精神文化建设体系中的地位如何?你认为旅游企业员工应怎样建设企业文化?

9.3 旅游企业文化管理

9.3.1 旅游企业的跨文化管理

不同国家、本国不同地区和地域之间存在着文化差异,在进行企业文化建设

和管理的过程中,必须本着包容和借鉴的思想对企业的跨文化进行管理。

1)旅游企业跨文化管理的指导思想

(1)承认并理解差异的客观存在,克服狭隘主义的思想,重视他国语言、文化、经济、法律等的学习和了解

当跨国旅游企业的管理人员到具有不同文化的东道国工作时,往往会遇到很多困难。这无疑反映了特有文化的语言、价值观念、思维形式等因素在跨文化管理中会形成障碍、产生矛盾,从而影响跨国经营战略的实施。理解文化差异是发展跨文化管理能力的必要条件。因管理风格、方法或技能的不同而产生的冲突可以通过互相学习来克服,而且比较容易改变并取得良好的促进机制,获得一种取长补短的效果,从而让既有的管理体系得以最大程度地贯彻和执行;因生活习惯和方式不同而产生的冲突也可以通过文化交流来解决,但一般来说这需要较长的时间,在一种互相理解和尊重的基础上这些冲突便能够得到友好共存。只有把握不同类型的文化差异才能有针对性地提出解决文化冲突的办法。

(2)把文化差异看成是一种优势而不只是一种劣势,恰当、充分地利用不同文化所表现的差异,为企业发展创造契机

任何事物都有两面性。文化也是一把"双刃剑"。文化给企业开展国际运营带来了机遇,但更多的是巨大的挑战。随着我国旅游市场的逐步开放,一些旅游大鳄凭着其雄厚的资本优势和国际影响力纷纷登陆中国,这对我国的众多旅游企业的生存和发展都带来不同程度的冲击,当然也在一定程度上是一种促进力量。旅游企业在与海外企业进行合作的时候,尽管可能会发生意见的碰撞,但这种不同思想的碰撞会产生新的想法,我们的企业经营者可以从对方的不同意见中获取其积极的思想观念和经营理念。因此,正确对待文化的矛盾和冲突,不仅不会形成障碍,反而会是企业发展的动力,企业创新的源泉。

(3)要充分认识到跨文化管理的关键是人的管理,实行全员跨文化管理

这是因为:①跨文化管理的客体是人,即企业的所有人员。跨文化管理的目的就是要使不同的文化进行融合,形成一种包容并举的新型的文化,而这种新型的文化只有根植于企业所有成员之中,通过企业成员的思想、价值观、行为才能体现出来,才能真正实现跨文化管理的目的,否则跨文化管理就会流于形式。②实施跨文化管理的主体也是人,即企业的经营管理人员。由于跨国旅游企业成功的经营理念造就了其大量的优秀的经营管理人员,这些企业在实施跨国经营战略时,往往会派出一些高级管理人员,这样,母公司的企业文化便通过这些经营管理人员转移到了国外子公司。在我国内地的合资旅游企业中,管理高层

往往都有外方人员,他们除了要承担经营管理的职责外,还要担任跨文化管理的重要职责,让新型文化真正在管理中发挥其作用,促进跨国公司在竞争中处于优势地位。

2)旅游企业文化差异的表现

①日本旅游企业文化。日本企业文化的一个特点就是特别强调经营理念的重要性。日本企业一向重视经营理念,强调通过优良的产品、周到的服务来服务社会,从而取得社会的好评,以延续组织的生命。他们往往通过利用社训、社歌等形式来表现经营理念。另外一个就是强调家族主义传统的继承和团队精神的发扬。日本作为一个农耕民族,种族单一,受中国儒家文化的影响较深,具有长期的家族主义传统,具有较强的合作精神和集团意识。

②美国旅游企业文化。与日本企业文化不同,美国企业文化倡导个人能力主义和理性主义。美国企业文化不是着眼于集体,而是着眼于个人,鼓励个人奋斗个人冒尖,把突出个人能力作为他们的基本管理哲学。同时,根植于美国理性主义的民族传统和泰罗的科学管理企业文化求实精神比较强,形式主义和文牍主义较少,并且注重"法治"而轻人情。

③欧洲旅游企业文化。具有人文传统和理性主义传统的欧洲企业,一方面强调理性主义和市场观念,注重建立灵活多样、讲究实效的组织机构和制度以及着眼于世界市场的企业战略,另一方面也注重员工的"参与管理",用法规的形式规定员工在企业中应该发挥的作用。

④我国旅游企业文化。国内旅游企业的文化差异主要来自于三个方面:地域文化差异、组织文化差异和个体文化差异。地域文化差异是双方所在地的文化间的差异;组织文化差异是进行合作双方各自持有的组织文化风格差异;个体文化差异是双方当事人个体文化素质的差异。这些差异具有如下特点及表现:

权力差距。权力差距是一种文化所承认的权力在组织中被不平等分配的尺度,即组织如何处理人与人之间不平等的现象。这种对权力差距可接受程度的文化差异有时会导致十分恶劣的后果。比如饭店管理公司与整合后的成员饭店之间缺乏文化上的一致性,致使饭店一体化进程难以实现。究其原因,往往是由于管理公司成员,尤其是级别较低的管理人员,面对被接管的饭店前期管理效益低下、管理混乱的局面,会滋生某些特权思想——高人一等的优越感,对待本土管理人员采取一种目中无人的态度,用批判的眼光对待饭店的一切人及其工作方式、工作方法等。而正是由于管理公司部分人员特权思想的表现,造成了本土饭店员工在思想上与其直接对立,最后影响了管理工作的实施、管理目标的实

现,并最终导致管理输出的失败。

个体主义。这种差异反映在管理公司与成员饭店上,就是派驻的低层管理人员与本土员工之间往往存在对立情绪。进驻被管理饭店的管理人员往往在母公司级别是很低的,而到了被管理饭店则是级别较高的职位,原先所在的饭店管理环境较好,因此他们的表现也是中规中矩的,但一来到被管理的饭店,他们由于过于自大,人的劣根性就完全表现出来了,并且,当本地员工发现进驻管理饭店的管理人员的工作能力低于他们的期望值或者不如他们时,一种强烈的对立情绪就会产生出来,这种对立情绪的产生给以后双方在文化上的融合带来了难度,也影响了文化一致性的进程。

跨文化领导。群体的文化多元性影响到领导者对跟随者实施影响的方式。根据领导行为理论,领导者应使行为适应其环境和群体的特定需求。不同文化的员工对领导者有不同的期望,员工期望对于他们如何干自己的工作有更多发言权,管理者过多的指导行为和员工过少的参与机会都会导致问题。例如,仍然是在饭店管理输出中,由于对本土饭店员工的不信任,管理公司在不同程度上仍以用"亲"为主。这种现象不仅在职位上体现出来,而且在一些日常事务性的工作上,也绕开本土饭店工作人员开展。如果从工作的方式、效果来看,也许比用本土人员更好,但是从人员的激励、信任的角度看,则会适得其反,会造成很多员工感到前途渺茫,甚至没有得到尊重,只有一走了之。

9.3.2 旅游企业文化的人本管理

人本管理是 20 世纪 80 年代初风靡西方世界的一种管理文化,其核心是尊重人、激发人的热情,其着眼点在于满足人的合理需求,从而进一步调动人的积极性。

1)人本管理的出发点

(1)企业即人

企业是人组成的集合体。因此,管理应以人为本,把人的因素放在中心位置,时刻把调动人的积极性放在主导地位。

著名经济学家舒尔茨曾说过,当代高收入国家的财富是靠人的能力创造的。在正常情况下工作的人,一般只使用了其思维能力的很小一部分。如果一个人处于自由、轻松的状态,工作就显得特别轻快,创造性就会得到空前的发挥,工作就会卓有成效。一个企业要开发人的智力和潜能,就应使企业员工经常处于轻松愉快的氛围中。智力劳动者是最活跃的生产力要素,谁能充分发挥这种最活跃的生产力要素,谁就取得了管理企业的成功奥秘。

在智力密集型的旅游企业中,要想让处于服务第一线的员工全身心地投入工作,为企业创造财富,就必须为其营造一个轻松和谐的工作环境,才能让他们把属于自己平凡的工作当作一份事业,这样,企业的文化精髓才能得到有效地、全面地贯彻与施行。

(2)企业为人

办企业是为满足人、满足社会的需要。人本管理认为,管理的本质是激励,办企业是为了满足人类不断增长的需要,为社会创造物质财富,同时,也是为了提高员工的工作质量和生活质量。外资饭店比国有饭店的员工薪资水平要高,它在某种层面上就说明了前者更能让部分员工提高他们的生活质量,当然反过来这也会促使他们提高工作质量。

"企业为人"与"企业追求利润最大化"是对立统一的关系。企业的终极价值不仅仅在于维系企业生存发展,从社会的角度它还要承担一定的社会责任,在一定程度上它在为社会作出自己的贡献,它在维系着社会大家庭中个体生命和社会生命得以延续和发展尽自己的力量。我们说大量的旅游企业提高了社会就业率、增加了外汇收入等作用,其意义就在于此。

(3)企业靠人

人本管理认为,企业经营管理者的主体是全体员工,办企业必须依靠全体员工的智慧和力量,实行"全员经营"有利于调动每个员工的积极性,保证经营管理的正确和经营目标的实现。因为企业员工才是企业终极目标的实现者,更是企业价值观念的践行者,离开了员工的参与,企业的经营便会成为无源之水、无本之木,企业的目标也只会流于远大的空头口号。

在企业与人的关系上,欧美是"契约型"的,日本是"所属型"的。所属型组织的工作不像契约型那样明确严格,因为员工会自动扩大其工作范围;所属型组织的等级关系不仅在组合之中,而且在组织之外也依然存在。文化的管理模式根植于民族文化的土壤之中,它的产生和发展主要是"自然长成"的,是整合的结果,它的价值取向主要指向社会性而不是经济利益,这是考察文化管理模式的主要标准。

2)人本管理的五个层次

人本管理是一种以人为中心的管理,其中涉及情感管理、民主管理、自主管

理、人才管理和文化管理。

(1)情感管理

情感管理是通过情感的双向交流和沟通实现有效的管理。例如,"走动式管理"就是鼓励企业管理人员走出办公室,深入现场,与各层次、各类型人员接触、交谈,加强感情沟通,融洽关系,了解问题,征求意见,贯彻实施企业的战略意图。这是避免"官僚主义"滋生的有效途径。在现代饭店管理过程中,愈来愈多的高级管理人员不在以听取汇报、动则发号施令作为工作模式,而是亲躬服务第一线,拉近与员工的距离,了解真正可靠的第一手信息。如果一位总经理每天早上准时从一楼服务台开始,通过通道逐步走向最顶层,并在每一层都向早班服务人员问候并了解其工作和生活情况,这不仅可以促使每个员工提高工作积极性,更为主要的是,他们觉得受到了尊重,在情感上与企业高层是相通的。

也就是说,情感管理是注重人的内心世界,根据情感的可塑性、倾向性和稳定性等特性进行管理,其核心是激发员工的积极性,消除员工的消极情绪。

(2)民主管理

民主管理不是挂在口头上的辞令,而应确确实实体现在日常工作之中。企业主管应多听少谈,应鼓励部下反映来自下面的意见。

民主管理就是让员工参与决策。人人都有自尊心,企业领导在做出涉及部属的决定时,如果不让经理以外的人来参与,就会损伤他们的自尊心,引起他们的激烈反对;如果你能让其他人参与决策,即听取他们的意见,那你非但不会挫伤他们的自尊心,反而会提高他们的士气;被征求意见的人多一些,人们的士气就会高一些。民主管理就是要求企业家集思广益,办企业必须集中多数人的智慧,全员经营,否则,不会取得真正的成功。

旅游企业的产品由处于第一线的服务人员的服务行为直接体现。企业产品的质量优劣高低的信息自然就来自于对客服务的第一现场,企业在制定有关政策和决定时,如果从实事求是的角度,就应该听取广大一般员工的想法和意见,这才有利于完善企业的产品质量,让企业步入健康有序的发展道路。

(3)自主管理

自主管理是现代管理的新型管理方式,是民主管理的进一步发展。这种管理方式主要是根据企业的发展战略和目标,注重制订计划、实施控制、实现目标,即"自己管理自己"。它可以把个人意志与企业意志统一起来,从而使每个人心情舒畅地为企业作贡献。

自主管理的根本点在于对人要有正确的看法,因为经营是靠人来进行的,身负重任的经营者是人,员工也是人,顾客以及关系户也都是人。可以说,经营就是人们相互依存地为人类的幸福而进行的活动,正确的经营理念必须立足于对人的正确的看法之上。对企业的每一个人都给以绝对的信任,充分发挥其自主能动性,往往会产生意想不到的效果。在饭店服务中,常常要求服务员提供个性化的服务,在这一过程中,企业员工便会秉着为企业、为顾客、为自己负责的态度努力做好工作。

（4）人才管理

善于发现人才、培养人才和合理使用人才是人才管理的根本。企业给员工创造学习和发展的机会,就是爱护人才。企业竞争的利刃是人才——受过教育、有技能、渴望发挥自己潜能、促进企业成长的人才。企业在使用人才的过程中,要遵循人才管理的规律,建立人才管理系统,使人才的培养、使用、储存、流动等工作科学化,真正实现人事工作科学化、合理化,做到人尽其才、才尽其用。

旅游企业人才更多表现为人的创造性,对其管理则要体现一种爱惜人才的胸怀。如果一旦出现员工流失、骨干被人"挖墙脚"的现象,则说明企业在人才管理上存在问题,企业没有为员工提供宽松、和谐、向上的环境,也就是说,他们没有得到应有的尊重和重视。

（5）文化管理

从情感管理到文化管理,人才管理依次向纵深方向推进。文化管理是人才管理的最高层次,它通过企业文化培育、管理文化模式的推进,使员工形成共同的价值观和共同的行为规范。文化管理充分发挥文化覆盖人的心理、生理、人的现实和历史,把以人为中心的思想全面地体现出来。

就其文化管理的核心而言,它也是为了使员工有一种归属感,它是企业的主人,这就好像父母对自己孩子的文化灌输。企业将管理理念和价值观通过管理经营活动向员工进行传递,进而使之接受,这样,企业便会具有更强的凝聚力和发展潜力。

【案例】

中外文化的融合

北京凯宾斯基饭店于1992年5月31日试营业,当年9月9日正式营业,是具有国际一流水平的大型豪华五星级饭店。该饭店由德、中、韩三国五家公司出资组成,由在瑞士日内瓦注册的德国凯宾斯基饭店管理集团管理。在这里,经历了东西方文化撞击和摩擦、中外管理者管理理念磨合的过程,但也最终形成了中外文化的融合。饭店中方总经理张志军先生在其《合资饭店的中方经理》一书中指出："成功的关键在于双方有共同的目标,相互尊重,相互学习。"事实上,正因为该饭店中方员工,尤其是高层管理人员对德国文化的深入了解,并结合中国国情善于创新,才使得饭店将德国科学、严谨的管理风格与中国的人情味有机地结合起来,嫁接出这一中外合作的成功硕果。这一点可从凯宾斯基1999年员工春节联欢晚会上充分体现出来。

1999年2月11日凯宾斯基宴会厅内灯火通明,65张大圆桌铺排有序,一派节日气氛。落座就餐、参与联欢的"宾客"不是"宾客",而是全体主人。会上饭店领导将过去一年中每月、每季的最佳员工、最佳主管、最佳经理请到台上,与他们握手致谢,照相留念,并颁发荣誉证书。还表彰了《凯宾斯基饭店报》之优秀通讯员,表彰了计划生育优秀宣传工作者等。晚会中的文艺节目形式多样,水准上乘,并全部由员工们自己表演。20多位中、外方经理们的集体演唱,不仅充分体现了合作精神,而且掀起了晚会高潮。

在联欢晚会上有这样一幕令人难忘:那就是所有B级以上中、外方经理腰扎白色围裙为在座的所有员工端菜上汤。他们由总经理领着,有的双手端菜,有的单手各托一盘,从后面的厨房来到会场,立即引起了全场的轰动。凯宾斯基饭店就是要求全体员工无论是管理者还是服务员都要树立"人人为我,我为人人"的服务意识。总经理刘百瑞(Chistopher Newbery)亲自给员工舀汤,"服务队伍"虽说姿态欠佳,但谦恭有礼,他们用行动诠释着"员工第一"的管理思想。

思考题:凯宾斯基饭店这一管理行动,从文化管理的角度它体现出的积极意义何在?

本章小结

本章对旅游企业文化及相关概念进行了阐述,使学生能够理解文化因素在企业经营管理中的重要作用以及实施文化管理的意义;并对旅游企业文化建设的内容进行了较为详细的介绍,使学生对企业文化有一个清晰的认识;还提出了跨文化管理和人本管理两种基本文化管理模式,旨在加深对企业文化管理的理解。

实践训练

搜集国内外优秀旅游企业的文化建设案例,并以此提出我国相关旅游企业在文化建设上应该采取的措施。

本章自测

1. 选择题

(1)在企业文化结构体系中,以下哪种文化在企业文化建设中处于核心地位(　　)。

    A. 物质文化　　　　B. 行为文化　　　　C. 制度文化　　　　D. 精神文化

(2)某旅游饭店定期在其店庆日举行店歌演唱比赛,从而掀起一股各部门之间强烈的竞争气氛,积极地带动了全部员工参与。这主要体现了企业文化的(　　)功能。

    A. 导向　　　　　　B. 教育　　　　　　C. 凝聚　　　　　　D. 辐射

(3)在企业文化建设中,其文化模式建构要能够得到全体员工的共同认可和参与,才能推动企业的健康发展。这体现出的是企业文化的(　　)特点。

    A. 个异性　　　　　B. 共识性　　　　　C. 相对稳定性　　　D. 非强制性

2. 判断题,正确的打"√",错误的打"×"。

(1)旅游企业文化是指在现代商品经济社会,旅游企业在经营管理活动中形成的具有本企业特色的一切精神财富和物质产品,它反映企业在其社会关系和经济关系中的意识形态。　　　　　　　　　　　　　　　　　　(　　)

(2)在建构企业文化过程中,其形式一经形成,便会成为长期不变的模式。　　　　　　　　　　　　　　　　　　　　　　　　　　　(　　)

(3)在旅游合资企业中,中外方管理层完全应该按照各自的文化特点各自为政,无需与他国的文化互补、融合。　　　　　　　　　　　　　(　　)

3. 简答题

(1)旅游企业文化的结构体系包括哪些方面?

(2)如何理解企业价值观在旅游企业文化建设中的作用?

(3)旅游企业应如何建设有特色的企业文化?

相关链接

希尔顿饭店的经营之道

2005年7月,美国《HOTELS》杂志公布2004年的统计,喜达屋(美)(纽约股市代号:HOT)有酒店733座、房间230 667间,列第8位。1983年进入中国市场,在中国有19家酒店,在建17家。在华酒店为委托管理、特许经营及有选择的带资管理,在中国已营业的酒店分布在大都市和著名旅游城市,其中北京有两家,其他的在天津、桂林、西安、无锡、南京、苏州、三亚等地。于1967年逝世的希尔顿创始人康拉德·希尔顿的"十诫"却成为了集团饭店的经营信条,他在其经营理念中注入了丰富的文化要素和内涵。

1. 不要滥用权势与要求特殊待遇,对此不加抵制就是放纵。

2. 不要收取那些有求于你的人的礼物。

3. 一切装点喜来登饭店的事要听玛丽肯尼迪的。(玛丽肯尼迪是从8名装潢大师中经过一次装潢比赛竞选脱颖而出的。此后她一直被喜来登旅馆公司聘为饭店客房、餐厅与大堂装潢的总主持人)

4. 不能反悔已经确定了的客房预定。

5. 在没有让下属完全弄清确切目的之前不得向下属下达命令。

6. 经营小旅店的长处,也许是管理大饭店的忌讳。

7. 为做成交易,不得榨尽对方"最后一滴血"。

8. 放凉了的菜不得上桌。

9. 决策要靠事实、计算与知识。

10. 对下属的差错,不要急于指责。

第10章
旅游企业危机与预警管理

【学习目标】

【知识目标】 了解旅游企业危机的基本概念、危机管理的基本理论,同时能够把理论运用到旅游企业的经营管理中。

【能力目标】 有一定旅游企业危机识别和分析能力,并具备基本的危机预警和管理能力。

【关键概念】

危机管理　旅游企业危机　预警管理

问题导入:

在旅游业发展的数十年中,旅游企业起到了主要的作用,然而,由于旅游企业固有的特点,各种突发事件都无可避免地给旅游企业带来严重的影响,对生产经营产生极大的冲击。2003 年的 SARS 事件就是非常典型的例子。在这种背景下,从国家产业及企业层面来探讨旅游企业危机与预警管理,对于我国的社会经济发展尤其是旅游经济的发展有着重要的现实和理论意义。

问题:如何运用危机管理的知识来构建旅游企业的预警管理体系呢?

10.1 危机管理的基本原理

10.1.1 危机与危机管理

危机通常都是指一些突发的事件,而突发事件对产业的影响尽管由来已久,国外对这方面的研究开始于20世纪70年代,但真正得到重视的还是在20世纪90年代后。危机(Crisis)一词来源于希腊语中的Krinein,其原始含义是筛选。目前,由于研究的角度差异,不同学科对危机的含义有着不同的定义。美国学者罗森豪尔特认为,危机是指"对一个社会系统的基本价值和行为准则架构产生严重威胁,并且在时间压力和不确定性极高的情况下必须对其做出关键决策的事件。"韦氏字典的解释是"危机是转机与恶化的分水岭"。卡波尼格罗在《危机顾问》一书中对企业危机进行了界定,他说危机是指能够潜在地给企业的声誉或信用造成负面影响的事件活动。典型的情况是失去控制,或很快将要失去控制。而本文中采用的一般定义是:危机是指在一个组织系统及其子系统中,因其外部环境或内部条件的突变,从而导致对组织系统目标和利益构成威胁的一种紧张状态。

目前,国内外学者对危机管理的研究领域主要涉及两个方面,一是从危机的广义范畴上来谈一般危机管理,二是从特定角度研究危机管理。

很多人曾经尝试为"危机管理"这一术语下定义,但至今尚未形成一个标准的定义。一般来说,危机管理是指组织或个人通过危机检测、危机预控、危机决策和危机处理,从而避免、减少危机产生的危害,甚至将危机转化为机会的过程。从这个定义中可以看出,危机管理至少可以细分为两部分主要活动,即"危机防范"与"危机应对"。

危机防范是指对将来可能发生的不确定性损失或负面事件做好准备。与危机应对相比,危机防范的特点是它无时无刻不在为危机而做准备。它包括两方面内容:危机预防与危机规避,这二者在时间上并非是连续发生的,它们是相互独立的,在实际应用中被交替或同时使用。危机预防是为了更有效地应对危机而事先计划好的预防性活动与手段,其目的是要降低损失的程度。危机预防具有战略性质,包括制订抵御风险的策略以及操作性的危机应对计划。而危机规避的目标是指采取措施阻碍已被确认的潜在危机的进一步发展。这是早期预警的首要任务,即负责进行分析与评估。预警的目的是对事件及时检测,估计事件的严重性,以便迅速地采取对策。

危机应对的目的是要最终战胜危机。它一般是突然开始的,并由受影响的组织或其他组织主动地、有目的地对危机状况施加影响。危机应对以对危机状况的确认为起点,除了要找到危机产生的原因,还要运用所有的管理工具来结束危机状况。从危机防范到真正应对危机就是一个动态的过渡过程,因此,危机管理是一个涉及广泛的管理问题,防范性与应对性的活动都应该包含在危机管理之中。

10.1.2 危机管理的背景

危机管理这一术语正式出现于 1986 年出版的《危机管理:为不可避免的事而计划》一书,该书作者 Steven Fink 曾参与美国三里岛核电站事故的处理工作,之后,他对危机管理进行了系统的研究。但国外关于危机的相关研究工作,可以追溯到 20 世纪 30 年代初。当时,席卷资本主义世界的经济危机促使企业的经营者加强了企业危机管理的研究。20 世纪 60 年代初,美国学者 Blake 和 Mouton 针对领导行为的有效性进行了深入的研究。20 世纪 80 年代初,有一些学者将政治科学中的一些危机管理理论扩展到经济及管理领域,探讨企业在陷入危机后的紧急对策问题。日本则是在 90 年代初开始研究企业危机管理问题的,但研究的重点是地震灾害、气象灾害、环境污染等给企业造成的危机。当前,国外的危机管理主要有两个趋势:一是危机管理逐渐成为较为完善的分支学科,研究者越来越多;二是许多大公司都已经把危机管理作为重要的管理层面加以重视。

我国的相关研究开始于 20 世纪 90 年代初,当时的国家自然基金管理委员会科学管理组曾资助了"企业逆境管理——管理失误成因分析和企业滑坡对策研究"和"企业危机的预警原理和方法研究"两个基金项目的研究。随后,大批学者从不同领域、以不同形式对危机管理进行了研究,提出了一系列危机管理的方法。但是相比之下,我国目前危机管理的研究工作尚处于起步阶段,研究的重点侧重于企业的财务危机、安全事故等方面。而且在我国,旅游行业的大部分企业更是危机意识普遍不高,防范危机的意识淡薄,在发生危机的时候常常措手不及,没有一个良好的应对危机的反应和处理机制,常给旅游业带来巨大的损失。

10.1.3 有关危机管理理论

引入相关的危机管理理论,并把之作为旅游危机管理的基本原理,同时积极运用到构建我国旅游危机预警体系当中是非常有必要的。针对建立我国旅游危

机预警体系的需要,主要引入以下几个著名的危机管理理论。

1)危机管理三阶段理论

由霍士富提出的危机管理三阶段理论主要分为三个方面:一是在危机发生之前,认真做好防范工作,问题的关键是如何早期掌握企业能够预测到的危机信息。由此可见,建立起高效的早期警报信息系统是至关重要的,这也是减少危机带来伤害的有效方法之一;二是危机发生之时,如何把损失控制到最低点,采取合适的危机对策。而为了拿出合适的危机对策,对直接承担危机应对任务的人员以怎样的形式进行日常的教育和训练,就成了问题的关键,这从某个角度来说也是做好危机防范体系的重要组成部分;三是相关危机过后,制定恢复损失措施和实施方案。从霍士富提出的三阶段理论来看,危机管理虽然有三个阶段之分,但在各个阶段的很多工作都应该提前做好预案,以便在危机到来之前能够迅速地采取措施,将损失尽量降到最低点。

2)危机生命周期理论

危机生命周期指的是危机因子从出现到被处理结束的过程。经过国内外学者的长期观察与研究,发现每次危机从爆发到消失都要经过一些显著的阶段,归纳起来分为五个:即危机酝酿期、危机爆发期、危机处理期、危机扩散期和危机后遗症期。危机的酝酿期是指危机诱因不断积累,直到开始造成可感知的损失时就进入下一阶段,它是一个从量变到质变的过程。同时,在其量变过程中,并不是不产生危害,而是这种危害处于较低的水平,有一定的隐蔽性,不容易被察觉,但有一定的征兆。除开个别比较特殊的危机事件,大部分危机在爆发之前都会显现一定的征兆,如果这些征兆得到有效的重视和及时的处理,部分危机的爆发就会在可以控制的范围之内。如果任由这些征兆发展,严重的危机就会迅速来袭,此时就进入了危机爆发期。在这个时期,事情已经发展到无法挽回的境地了。在爆发危机之后,相对应的就是处理时期,如果危机控制得不是足够好,那么极有可能会不断地扩散,带来更大的损失。从中央政府到各级地方政府都在积极着手来应对危机的情况之下,危机可能会得到有效的控制。当危机过去之后,由于危机所带来的后遗症依然会持续地影响一段时间,但是影响会慢慢地过去,渐渐地恢复到从前的水平甚至得到进一步的发展,见图10.1。

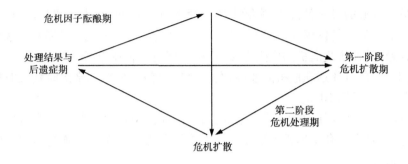

图10.1　危机生命周期理论架构图①

3）危机动态管理模式理论

危机动态管理模式理论是由美国学者诺尔曼·奥古斯丁提出的,在危机发生的不同阶段,相应地建立一个动态的系统,使得各项资源都能够为处理危机时所利用,达到管理的动态效果,让危机的可能破坏降到最低。根据危机管理架构,在危机爆发前,应建立储存相关组织危机信息的知识库,并在专家的指导下,针对各种危机组合,汲取他人危机处理的经验,草拟出最坏的情形,根据这些虚拟的情境,建立危机计划系统。危机计划系统内存在两个子系统:一是危机训练系统,负责最坏情形的模拟练习;二是危机感应系统,直接负责对于危机的观测和预警。在危机发生时,有两个主要的机制,一是危机资源管理系统,主要控制人力、财力、物力和人际网络的资源分配;二是危机指挥中心,该指挥中心是危机发生时的心脏,其中应包含危机处理小组,危机模拟专家和危机情境监测小组,三者相互搭配,对危机发展状况作出及时有效的处理,并拟定可执行的行动计划。在危机结束之后,要由危机资源管理系统向危机评估系统汇报资源耗用状况,并由该系统做危机处理的成本效益评估。此外,评估系统也要提出危机过后的复原计划,帮助组织变革与重整。最后要让评估系统把在此次危机过程中所获得的经验,反馈到储存相关危机信息的知识库中,作为危机计划系统在执行危机管理作业的时候的参考。

4）危机顾问管理理论

危机顾问管理理论是由卡波尼格罗提出的,他认为危机管理是一种使危机对企业造成的潜在损失最小化并有助于控制事态的职能。危机管理不是灾难控

---

① 邹统钎.旅游危机管理[M].北京:北京大学出版社,2005:10.

制或危机沟通的另一种说法,实际上危机管理的理论和时间范围更广阔,而灾难控制或危机沟通是仅仅在危机发生以后才实施的活动。危机管理涉及一系列的活动,特别是在防范危机的发生方面,首先应该增强企业自身的"免疫力",事先制订相关的危机计划和危机的监控评价系统,以便在危机到来的时候及时进行沟通和处理,见图10.2。

从图10.2中可以看出,建立旅游企业自身的"免疫系统",就能有效地应对旅游危机,将会有利于形成旅游业抵抗旅游危机的能力,减少旅游危机爆发时所带来的损失。

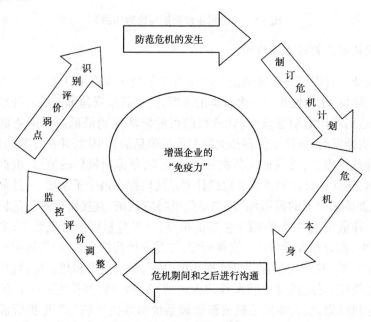

图 10.2   危机顾问观念①

10.2   旅游企业危机的特征与影响

透彻地分析和了解旅游企业危机的相关知识、演变轨迹及其活动领域,对旅游业的影响以及影响途径和作用机制,对于如何构建旅游企业危机预警机制有着重要的参考价值,也能够引导相关部门从这些角度去努力。

---

① 邹统钎.旅游危机管理[M].北京:北京大学出版社,2005:15.

10.2.1 旅游企业危机

旅游业的发展从大的层面上来说,一直以较快的速度呈曲线上升发展。然而在发展的历程中,会时不时地受到各种突发事件的影响,造成了旅游业发展速度的降低甚至倒退,也给旅游企业带来诸多负面影响。在这些因素中,有的是天灾,有的是人祸,下面就旅游企业危机的相关知识进行一些探讨。

1) 旅游企业危机的概念

旅游企业危机是指影响并扰乱旅游企业继续正常经营的非预期性事件。这类事件可能以无限多样的形式在许多年中不断发生。其中包括那些对目的地形象影响深远甚于对基础设施有严重破坏性的,诸如洪水、飓风、火灾或者火山爆发等事件,也包括将对目的地的旅游吸引力产生影响的国内动荡、意外事故、犯罪、疾病等事件,甚至也包括诸如汇率的剧烈波动等经济因素。由于在过去的几十年中,对旅游者的恐怖袭击事件屡屡发生,一些恐怖分子劫持客机和游轮,杀害无辜的旅游者,一定程度上造成了旅游业的波动。恐怖袭击是恶意行为的一种形式,目的是破坏目标国家或地区的社会、政治和经济体系。各种各样的旅游企业危机无不从各个层面给旅游企业的发展带来了巨大的困难。

2) 旅游企业危机的种类

旅游企业危机根据不同的标准有不同的划分方式。①如按动因一般可分为:由于不可抗力导致的自然危机,如地震、洪水等;人为导致的自然危机、人为导致的社会危机(如民族冲突、恐怖事件等)。②按危机影响空间范围一般可分为国际危机和国内危机。国际危机又可分为全面性国际危机(影响旅游客源地与目的地)、局部性国际危机(影响旅游客源地或目的地)。国内危机可以分为全面性国内危机(影响旅游客源地与目的地)、局部性国内危机(影响旅游客源地或目的地)。③按主要成因可划分为政治性危机(国内政治形势的混乱、战争、国际关系不稳定等)、经济社会性危机(国内或国际经济秩序的动荡、经济形势的恶化等)、安全性危机(流行病、灾害、恐怖袭击、旅游犯罪等)、内部因素引发的人才危机、职业道德危机、恶性竞争危机、经营管理危机等。各种各样的旅游企业危机给旅游企业的发展带来了深远的负面影响。

3)旅游企业危机的特征分析

(1)发生的不确定性

旅游企业本身就是依赖性较强的行业,必然要在一个不确定的环境中进行。这种不确定性往往非常复杂和多元化,从而使得旅游企业无法准确预期自身的未来,也无法预知周围环境会出现如何的变化和异常。而旅游者的需求是有层次的,生理和安全是其最低层次的需要。只有在这两者都得到保障的情况下,旅游才可能进行。旅游者对旅游地的选择也是这样的,安全和舒适是他们旅游决策过程中首要考虑的因素。旅游危机发生的不确定性便导致旅游者的选择产生很大的波动,从而极大地影响到目的地旅游企业的健康、稳定发展。

(2)存在的客观性

旅游企业危机是由客观存在的自然现象、社会现象和企业内部原因引起的,它本身是一种不以人的意志为转移的客观存在。在旅游企业发展的历程中,旅游危机一直伴随其左右。包括地震、洪水、暴风、火山爆发等是自然界运动的表现形式,这种运动给人类造成生命和财产损失,形成各种自然灾害,不仅对人类的生存和发展构成严重的威胁,更是给爆发地的旅游企业带来了巨大的损失。人类社会自形成以来,战争、冲突、瘟疫、人为事故等接连不断地发生。自然运动、社会运动都受到特定的规律支配,我们只能运用这些规律去预防意外事故,减少损失,但不可能彻底消除风险。

(3)爆发的偶然性

旅游企业危机发生的偶然性,具体表现为发生与否不确定,何时发生不确定,如何发生、发生后的损失后果都是难以确定的。旅游企业危机的偶然性特点也给风险采集、认知和度量带来很大的困难,再加上旅游企业本身的特点,危机爆发后,通常会给整个旅游行业的旅游企业带来巨大的冲击和影响。

(4)影响的相对性

任何一种危机及其所产生的损失都是有条件的、暂时的、有限的,而且是相互比较而存在的,旅游企业危机也不例外。旅游企业危机的发生是在一定的自然条件或社会条件下才产生的,在爆发后,对旅游企业的负面影响也是有一定限度的。主要表现在地理区域的范围及影响的广度、深度方面都有一定的限度。

(5)表现的周期性和阶段性

旅游企业危机往往表现出爆发的周期性。人们只有通过对旅游企业危机的反复爆发情况进行观察和研究,才能逐步掌握危机爆发的周期性规律。正如产品的生命周期一样,旅游企业危机的生命周期也是要经历危机酝酿期、危机爆发期、危机处理期、危机扩散期和危机后遗症期等五个阶段。经过长期的观察,旅游企业危机的周期性和阶段性是非常明显的,不过是只有周期时间长短的差别而已。

10.2.2　旅游企业危机的演变轨迹

根据危机管理理论中的"生命周期理论",危机一般都要经历五个阶段,同样作为旅游企业危机从其生成到消解,也就是完成一个生命周期,一般也会经历五个阶段。在不同阶段,旅游危机对旅游系统具有不同的危害程度。如图10.3中的曲线就勾勒了旅游企业危机演变的大致轨迹。

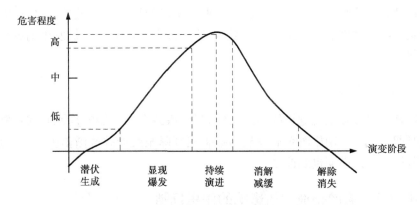

图10.3　旅游企业危机的形成及发展过程

1)旅游企业危机的潜伏生成期

这是旅游企业危机的酝酿与形成时期。在这一阶段危机诱因不断积累,直到开始造成可感知的损失时就进入下一阶段,是一个从量变到质变的过程。同时,在其量变过程中,并不是不产生危害,而是这种危害处于较低的水平,有一定的隐蔽性,不容易被察觉,但总有一定的征兆。

2)旅游企业危机的显现爆发期

这是旅游企业危机由隐性转为显性并快速扩散的时期。当旅游企业明显感受到"危机"发生时,旅游企业危机已经完全生成并全面爆发,危害程度急剧上升,在极短的时间内将给旅游行业带来大规模的损害,并且这种损害还会迅速地

加深和积累。由此也可以看出,建立有效的旅游企业危机预警体系将能够在减少旅游企业危机的危害方面起到较大的作用。

3) 旅游企业危机的持续演进期

这是旅游企业危机仍在发展或危机仍在恶化,但演进的速度已经放慢,并逐渐达到危害程度顶峰的时期。这一阶段与显现爆发期相比,旅游企业危机的危害程度继续加深,危害范围不断扩大,对旅游企业的生存能力造成直接威胁,对旅游企业形成全面打击。

4) 旅游企业危机的消解减缓期

这是旅游企业危机的危害程度从顶峰转而下降,矛盾和冲突不断减弱,危机形势逐渐趋缓的时期。这一时期旅游企业危机已经得到了有效的控制,旅游企业的生产经营管理活动开始全面恢复,但要从破坏中恢复到危机发生前的状态仍需很长时间。

5) 旅游企业危机的解除消失期

这是引起旅游企业危机的因素已经解除,旅游系统开始恢复原有或正常状态的时期。这一时期旅游企业危机的危害程度降至最低并逐渐消失,一次旅游企业危机的生命周期也到此结束。

10.2.3 旅游企业危机影响的作用机制

1) 对旅游企业发展的影响因素

外部因素造成的旅游企业危机主要通过三个因素影响旅游发展:安全性因素、经济社会性因素、物质性因素。安全性因素指旅游企业危机中不确定因素对旅游安全的威胁和对旅游预期安全的威胁。从心理学角度分析,安全的需要是游客的基本层次需求,直接影响游客旅游愿望和动机的产生,及其对旅游过程的评价。经济社会性因素指突发性危机事件带来的经济社会波动,可能改变旅游客源地的经济发展水平和游客可支配的收入状况,从而导致游客的出游能力和愿望的波动。物质性因素指突发性旅游事件往往可能对旅游资源和旅游基础设施等旅游物质条件造成极大的破坏,降低旅游目的地的通达性和旅游资源质量,进而影响旅游需求。这三个因素都会对旅游企业发展带来难以量化的影响。

2) 对旅游企业发展的影响途径

外部因素造成的旅游企业危机通过两种途径对旅游目的地的旅游发展施加影响：一是直接作用于旅游目的地，通过损害目的地在旅游者心目中的感知形象，破坏旅游供给市场，导致旅游需求的波动，从而影响旅游企业的客源；二是作用于旅游客源地，通过影响客源地旅游者的经济能力、行为模式和心理预期，直接破坏旅游需求市场，从而导致旅游企业的客源减少。

总的看来，旅游企业危机的影响机制见图10.4：

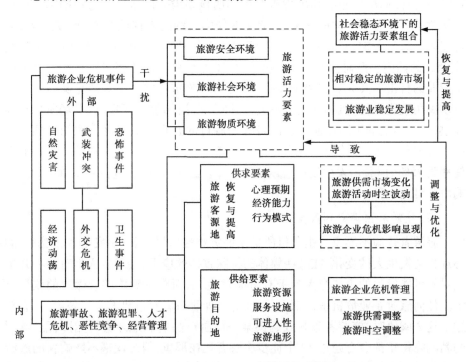

图10.4 旅游企业危机影响的作用机制①

3) 旅游企业危机的具体影响

外部因素造成的旅游企业危机的影响一般来说是从减少客源开始的，按照客流——物流——资金流相继减少的顺序削弱旅游经济活动的频率，继而是旅游企业发展的增长势头受到较大的抑制。旅游企业危机对旅游企业发展的影响

---

① 周娟.旅游危机管理系统机制分析与战略对策研究[J].桂林旅游高等专科学校学报,2005(11):23.

是多方面的,具体表现为以下几个方面。

(1)旅游市场波动明显

旅游危机爆发之后,会在一定范围内导致三大旅游市场(入境旅游、出镜旅游和国内旅游市场)的旅游人数大幅度下降,旅游企业会出现门庭冷落的情况。根据统计,"9·11"恐怖袭击事件对美国的入境旅游、出境旅游和国内旅游市场均产生了极大的负面影响。众所周知,安全是旅游业发展的前提,"9·11"恐怖袭击事件发生后,美国居民的生命安全受到极大的威胁,因此他们纷纷取消了原定的旅行计划,国内旅游和出境旅游市场明显萎缩。而纽约一直被国际旅游界公认为是最富有吸引力的大都市,旅游业作为纽约的支柱性产业,年收入达250亿美元。另外考虑到纽约在美国经济中所占的地位(美国第一大城市,贡献全美25%的国内生产总值和超过20%的对外贸易额),因此袭击对纽约乃至美国旅游业的打击尤其大。在袭击发生后,美国总统布什立刻下令停止美国境内的一切民用航班飞行,机场和港口被关闭,许多城市的地铁、桥梁、公共场所也暂停开放,航空运输的中断也使许多准备外出旅行的游客与商务客人取消了预订的旅行计划和客房,导致纽约客房出租率大降。袭击当年1—7月纽约市旅馆的入住率为75%,但袭击发生后则急跌至20%,甚至10%,旅游危机对旅游市场的影响由此可见一斑。

(2)旅游者预期心理改变

旅游者普遍不愿意承担危机所带来的灾难性后果,当危机发生时,旅游者的心理将会发生大的变化,在某些媒体的特殊宣传效应下,会导致人们对那些几乎绝对不可能发生的事情夸大为极有可能发生,从而影响到旅游者做出的旅游决策。任何旅游企业危机事件都有一个阈值,即旅游者对危机的容忍限度,只有超过了这个阈值时,旅游者参观或购买某一旅游产品的意愿才会开始降低。欧洲的勃朗峰每年都会有超过70个徒步旅游者死在那里,但却丝毫不影响新的旅游者进入。因为他们能够接受勃朗峰负面事件最大敏感阈值。犯罪活动是引起旅游企业危机的重要方面之一,如果犯罪目标是专门针对旅游者或旅游设施的,旅游者的敏感度就高,而犯罪活动与旅游目的地性质无关,旅游者只是偶尔成为受害者,则旅游者的敏感度就低。但是,旅游目的地出现影响面广泛的重大犯罪活动,即使不是针对旅游者,潜在旅游者对此类事件的敏感度也会增高,从而影响到旅游者的旅游动机,至而影响旅游者的决策。

(3)国民经济总体发展变慢

旅游业是强关联、带动性非常强的行业,会对其他行业产生连锁影响。旅游界人士一般认为,旅游乘数效应为1:4.7,考虑到我国的实际情况,经济学家在估计我国旅游乘数效应时,乘数常采取2:3。2003年的 SARS 危机就使我国的国民生产总值的增长下降了1.4到2个百分点。① 根据世界旅游组织的统计,2004年全球国际旅游收入达6 220亿美元、入境过夜旅游人数达到7.6亿人次,2005年全球入境过夜旅游人数为8.08亿人次。在中等发达程度以上的国家,旅游总收入占 GDP 的比重约10%;以旅游为支柱或主导产业的国家,其旅游收入占 GDP 的比重则超过20%,旅游税收占本国税收总量的10%以上。相当数量的国家和地区,通过发展旅游业,带动了社会投资、就业和税收。而一旦发生旅游企业危机,依靠旅游业生存与发展的国家将会出现一系列连锁反应。在由印度洋地震引发的印度洋海啸危机中,一个位于印度洋中心的岛国马尔代夫,有三分之二的人口依赖旅游业,整个国家一半的外汇收入来源于旅游业。此次自然原因造成的旅游危机给马尔代夫造成的影响是巨大的,使国民生产总值下降了4%。

10.3　建立我国旅游企业危机预警体系

我国自20世纪70年代末以后,除开1989年的"政治风波"和1997年的金融危机对旅游市场产生了较大影响以外,中国旅游业基本上处于平稳的持续增长状态。而2003年春季大规模爆发的非典型肺炎(SARS)疫情则使中国旅游业第一次面临全方位、全环节的停顿。目前,这一危机已经给中国旅游企业带来了很大的启示,并且必将继续产生深远的影响,从理论上对旅游企业危机及 SARS 疫情进行进一步的分析和研究,对于建立我国旅游企业危机防范体系有着现实意义。

10.3.1　我国可能面临的旅游企业危机

结合目前的现状,根据旅游企业危机的各种引发因素,我国在未来可能面临的主要旅游企业危机威胁有如下一些:

1)疫病流行导致的旅游企业危机

传染病的蔓延往往会导致旅游企业危机,如 HIV/AIDS 在南亚、东南亚及非

---

① 北京大学关于非典型肺炎对旅游业影响的初步分析报告,2004.

洲的感染人数迅速增加,引起旅游者对该地区旅游的恐惧心理。英国、荷兰等国爆发的疯牛病、口蹄疫事件也影响到该国国际旅游业的发展。我国自新中国成立以来,曾经发生过多起传染病流行事件,1989 年上海甲肝突发性流行使到上海旅游的游客减少;2003 年爆发的 SARS 疫情更是大规模地冲击了我国欣欣向荣的旅游业。在未来,虽然我国加强了对公共卫生事件的防范与处理,但是很难彻底避免由于疫病流行所导致的旅游企业危机的消极影响。

2)汇率波动导致的旅游企业危机

如果汇率的波动,某个国家的货币贬值,出境旅游就会大大降低。为了防止外汇流失,客源国也会采取多种措施限制本国国民出国旅游。1997 年的亚洲金融危机导致全球国际旅游的接待人次和全球旅游收入的增长速度均大大降低。我国的经济正日益融入到全球经济中,受国际汇率变化的影响也会越来越大,未来汇率波动将会在某种程度上导致我国爆发旅游企业危机。

3)自然灾害导致的旅游企业危机

由于自然或人为的因素所导致的对旅游景区、景点等旅游资源及生态平衡的破坏,进而会危及到旅游资源的生存。我国是自然灾害多发的国家,包括水灾、旱灾、台风、沙尘暴、地震、泥石流、森林病虫害等都有可能危及旅游行业的生存与发展。2001 年在我国的台湾地区发生的"九二一大地震",使得当年 50 万旅游企业从业人员生计受到影响。

4)外交冲突导致的旅游企业危机

由于目前世界上的格局发生了重大变化,我国目前是全球为数不多的社会主义国家,在外交方面受到诸多资本主义国家的挤兑,甚至在某些方面受到攻击。在这种情况下,双方的旅游市场都会受到影响。针对这种外交关系恶化引起的旅游企业危机,我国旅游业界也应予以高度警觉。

5)媒介误导导致的旅游企业危机

媒介传播也可能给区域旅游企业带来危机。例如 1992 年,三峡工程列入议事日程,国内一些旅游企业就打出"告别三峡游"的口号,在短期内造成"市场轰动效应",引起三峡游在 1997 年以前人满为患。接待设施、旅游服务都跟不上游客的增长幅度,大大影响了三峡旅游业的正常发展。实际上在三峡工程修成之后,将会给三峡带来一些新的旅游景点,而媒介的误导给游客的感觉是整个三峡景区要消失。这种类似情况,我国旅游企业在未来的发展中还有可能遇到,需要有一个应对的预案。

6)人为突发事件导致的旅游企业危机

人为突发事件则主要包括人类发展经济造成的旅游环境恶化、旅游开发过程中的无序开发、治安条件恶化、意外事故等。如1994年发生在浙江省千岛湖的游船沉没事件,当年就严重地打击了千岛湖的旅游企业。凡此种种灾害都有可能在一定范围内导致我国旅游企业危机的发生。

事实上,我国未来要面临的旅游企业危机是难以准确预料的,引发旅游企业危机的因素也远不止这些,只有建立起高效、完善的旅游企业危机体系,才能真正做到未雨绸缪,最大限度地降低各种各样的危机所带来的影响。

10.3.2　建立我国旅游企业危机预警体系的意义

建立旅游企业危机预警体系对于旅游业的发展具有积极的促进意义,特别是对于类似SARS这样的公共卫生事件等外部因素造成的旅游企业危机尤为重要,主要表现在以下几个方面。

1)识别旅游企业危机

建立旅游企业危机防范体系,预先做好各种应对危机的措施,同时确定各种判断危机发生的信息阈值,一旦判断危机发生,决策部门立即从常态管理转为危机管理,果断及时地采取预定的危机管理措施,有利于将危机可能产生的不利后果减少到最低程度。一个良好的旅游危机预警体系,能够在旅游危机发生的第一时间给予相关行业及部门以及时有效的警告和建议。德国建立的"危机预防信息系统"就是要更好地为各种突发事件提供信息服务,及时辨别各种危机,包括旅游企业危机。

2)控制旅游企业危机

根据旅游企业危机的周期性及阶段性特点,大部分旅游企业危机在爆发前往往有一个酝酿期,这是减少旅游企业危机所带来的危害,采取有力措施的一个最好的时期。建立旅游企业危机预警体系,就能对危机产生的危险信号做出及时反应,将危机消除在萌芽状态。如我国发现的禽流感疫情,由于我们经历了"非典"的考验,各级政府都已经充分认识到疾病流行所带来的危害,因此,在处理禽流感的问题方面明显要进步许多,基本上把其控制在很小的范围内,并把它

消灭在萌芽状态。

3)处理旅游企业危机

预警是危机管理的第一层面,也是危机管理体制的基础和核心,旅游危机预警体系的重要原则就是要及时发现、及时采取相应的措施,以便作出正确的决策。而在决策时,信息是最重要的因素之一,通过对防范体系中有关于旅游企业危机的各种信息的汇总与处理,得出正确的结论,从而使旅游企业危机的破坏程度降到最低。

4)提高旅游企业抗风险能力

由于旅游企业固有的脆弱性特点,整个旅游行业的抗风险能力相对较低,特别是在我国,很容易在各种旅游企业危机面前无所适从,极大地影响到相关的行业和部门。而建立旅游企业危机预警体系,有利于维护游客的合法权益和旅游产品的信誉,提高旅游服务水平,向国内外旅游者提供高质量的旅游产品,提高旅游业的抗风险能力。

10.3.3 透过 SARS 看我国在旅游企业危机预警体系方面的缺陷

1)SARS 疫情演变和对旅游企业的影响

2003 年在我国爆发的 SARS 疫情的演变可以分为显露期(局部地区出现临床诊断病人以及感染人群)、爆发期(疫情扩大,每天新增两位数的病例)、消退期(疫情呈现大幅度下降趋势,每天新增个位数病例)、控制期(连续几个月没有新增病例)。2003 年 1 月份,SARS 初步在广东省传播,之后传播速度逐步加快,4 月下旬在政府的努力下得到有效控制。全国性的 SARS 疫情发展比广东省的疫情发展略滞后 1 个月。而 SARS 对旅游业的影响是随着疫情的变化而逐步演进的,这种演进也可以分为预兆期(局部地区游客接待量下降)、疲软期(全国接待量大幅度下降)、休眠期(旅游业基本处于停滞状态)、复苏期(旅游业逐步恢复到正常水平)。2002 年 11 月下旬,广东出现第一例 SARS 病人并有多名医务人员感染,导致 SARS 疫情的初步传播,从而出现了华南乃至周边地区以抢购风为特征的社会心理恐慌,旅游业开始受到波及。春节期间,以广东为代表的部分省市旅游接待量比上年同期明显减少。之后,随着疫情的深入,旅游业出现了疲软乃至全面萎缩停滞状态。直至 2003 年 6 月 24 日,世界卫生组织宣布撤销对北京的旅行警告,中国旅游企业开始逐步恢复到正常水平。(见图 10.5)

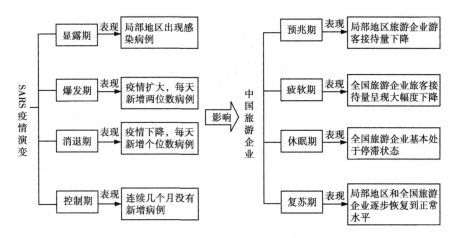

图 10.5 SARS 疫情的演变及其对旅游企业的影响过程

SARS 疫情对中国的入境旅游人数影响是非常明显的。从 2003 年 1 月起,我国入境旅游人数较 2002 年同期增长速度开始减慢,3 月份开始出现负增长。从累计数字来看,SARS 对整个来华入境旅游市场的影响周期则更为明显,即随着疫情的发展和信息的扩散,特别是世界卫生组织公布了中国的主要入境口岸为疫区并发布旅游警告,主要旅游客源国政府也对本国公民前往中国旅游发布了劝解令后,入境旅游立即呈现出快速下滑的趋势。(见图 10.6)

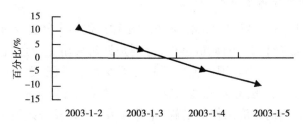

图 10.6 累计来华旅游人次同比增减比率

2)SARS 对旅游企业的影响机制分析

从 SARS 对旅游企业的影响机制上看,SARS 主要通过如图 10.7 所示的三个路径对旅游企业运行发生作用。一是旅游企业危机导致旅游企业主动作出的一系列生产经营方面的调整,主要是减小营业规模;二是旅游产业的服务对象,即旅游者的旅游需求和消费行为在疫情发生期间以及之后产生了变化,从市场需求走势和消费结构等方面导致旅游产业发生变化;三是政府机构和旅游促进组织针对 SARS 疫情的发展而出台的各种法规、政令、产业政策和行政管制,对旅游供求两个方面产生影响。分析 SARS 对旅游业的影响有利于从中吸取相关的经验,建立我国旅游企业危机的预警体系。

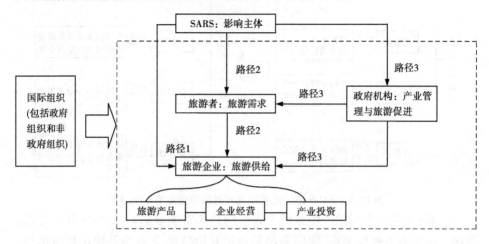

图 10.7　SARS 对旅游企业的影响机制分析模型①

3)SARS 危机中反映出来的问题

(1)相关法律法规不健全

在非典型性肺炎爆发之前,我国的相关法律法规不十分健全,基本上没有一部专门的法律来应对相应的危机事件,特别是针对旅游企业危机。直至 SARS 爆发之后,由国家旅游局与国家卫生部联合下发实施了《旅游经营单位预防控制"非典"应急预案》;国务院总理温家宝主持召开国务院常务会议,研究应对 SARS 影响,做好当前经济工作的措施,审议颁发了《突发公共卫生事件应急条例(草案)》。这两部法规暂时解决了我国在面临突发事件时没有相应法律的尴尬,在实践中也确实起到了很好的作用。但是,这两部法规属于应急之作,要真正对旅游企业危机的防范起到重要作用,还需要制定长期有效的法律、法规,并且在实践中不断完善。

(2)政府缺乏应对突发事件的机制

世界上许多国家早已形成共识,并且建立了危机管理制度。国际组织也制订了危机管理计划,美国也有危机管理机构,还有其他各种各样的处理危机的战

---

① 邹统钎.旅游危机管理[M].北京:北京大学出版社,2005:126.

略。而目前,我国还没有建立各种完善的处理不同类型危机的应急制度,致使在处理 SARS 危机时措手不及,在危机初期,一味地想捂住、藏住,结果适得其反。

(3)信息不对称

在 2002 年年底,SARS 疫情在广东爆发,此时传闻四起。广东媒体调查显示:此前市民有关"非典"的信息 80% 来自手机短信、互联网和口头传播,政府对现代信息的传播方式、途径估计明显不足,造成了公众心理恐慌,加重了公众心理负担,扩大了事态的严重性,造成了社会的不稳定。事实已经证明,面对突如其来的重大灾害,公众由于缺乏从正规渠道获取的信息,缺乏必要的应对措施和知识,加上政府信息不公开,其后果必然是更大的不稳定,甚至导致信用危机。

(4)旅游企业本身缺乏危机意识

在 SARS 危机到来的时候,相当部分的旅游企业反应迟钝,还是按照传统的一套规则在应对这些事情。即使有一些反应,也是非常被动,往往采取的是一些临时性措施,甚至停留在服从领导上。很多旅行社感到唯一能做的事情似乎只有退团、阶段性歇业、让员工无薪、无限期的休假,甚至大量裁员,极大地损伤了旅游企业的元气。

(5)旅游行业协会职能发挥不到位

SARS 疫情对于整个中国来说都属于一种真正的突发事件,旅游行业协会在这之前也没有多少经验,各项规章制度不健全,缺乏应对旅游危机的预案,工作目标不明确,虽然做了不少的工作,也起到了一些作用,但是从总体上来说,行业协会的职能还是发挥的不够到位。

(6)旅游信息传递滞后

在整个 SARS 疫情中,各种现象表明,我国并未建立健全、完善、长期性的旅游数据统计网络体系,各类相关信息收集困难,信息传递滞后,极大地影响到各级旅游行政部门做出正确的决策。

4)SARS 危机带给中国旅游企业的启示

(1)中国旅游企业需要建立强有力的危机预警体系

本次 SARS 疫情是一场旅游企业危机,它也向人们昭示,旅游事业总是伴随着各种各样的危机事件而生存和发展的,危机就在旅游企业的身边。SARS 的爆发是一门沉重而有价值的危机管理课程,我们应当以此为契机,建立完善的旅游危机预警体系。美国著名咨询顾问史蒂文·芬克在《危机管理》一书中指出,

"都应当像认识到死亡和纳税难以避免一样,必须为危机做好计划;知道自己准备好足够的力量,才能与命运周旋。"

(2)要加强外部因素造成的旅游企业危机不良影响研究

在现实生活中,看似与旅游企业毫不相关的事故,一旦披露出来对旅游企业的影响难以估量,这次 SARS 的爆发就是如此。此次事件影响的范围之广、程度之深、速度之快都出乎人们的意料。加强对各种突发事件的研究,分析影响旅游企业的作用机制,建立有效的防范体系,尽力发挥政府及各部门的作用,积极研究旅游企业的发展与危机之间的内在联系,找出各种方法尽力避免,这些是今后学术理论界应该努力的方向。

(3)中国旅游企业应增强自身的抗危机能力

SARS 爆发期间,中国旅游企业中的旅行社、旅游饭店、旅游交通运输企业无不遭受重创,表现出的抗危机能力特别差,因此,必须强化旅游企业危机应急管理机制。社会经济的稳定发展,增强了社会抗冲击的能力,但同时,现代化条件下社会易受攻击的环节也在增多。这就如同我们在享受网络时代生活方式的同时,很难摆脱网络黑客、计算机病毒的侵袭一样,现代社会在受到突然攻击而引发危机的可能性也在增加。形成旅游企业危机的诱因是多方面的:如严重的气象灾害和地质灾害;重大疫病的爆发性流行;严重的经济金融危机;爆发战争;严重社会冲突和动荡;重大恐怖袭击事件等。中国旅游企业应当建立、完善危机预警机制和危机状态下的社会治安、社会救助、市场监管、信息反馈与沟通、指挥协调等方面的常备不懈的危机应急管理机制,并制定应对可能危机的长期战略,从而提高旅游企业的抗危机能力。

(4)充分发挥旅游行业协会的作用

在市场经济条件下,政府并不是万能的,因此,作为旅游行业管理网络体系中一个重要层面的旅游行业协会,随着我国旅游业的蓬勃发展,将日益成为中国旅游经济活动中一个不可或缺的重要力量。行业协会完全能够成为旅游危机预防体系中重要的组成部分。国外的旅游行业协会在历次旅游危机中所体现出来的作用值得我国的旅游行业协会学习。

10.3.4　建立我国旅游企业危机预警体系

我国旅游企业的发展在未来将会难以避免地受到各种各样危机的冲击,这就要求我们要时刻警惕可能面临的旅游企业危机,最佳途径就是做好充分准备,从我国目前的实际情况出发,依据旅游企业危机管理的基本原理,努力整合各种资源,充分发挥各级政府、各种行业及各类人员的作用,制定科学、周密的应急预案,构建起由国家层面、行业层面、企业层面和公众层面四位一体的我国旅游企业危机的立体化预警体系。这个立体化预警体系能够针对不同层面的旅游企业危机,迅速有效地启动相关的应急处理机制,将危害减少到最低程度。见图10.8。

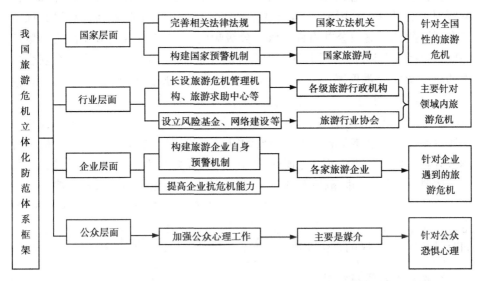

图10.8 我国旅游危机立体化防范体系框架图

由图10.8可以看出,构建这样一个立体化的旅游企业危机预警体系是一项庞大而系统的工程,需要全社会的共同努力,具体应从以下角度进行。

1)完善相关法律体系

法律在防范各类危机中能够产生强大的作用,同时也是旅游企业危机预警体系中必不可少的重要组成部分。一个健全的旅游法制环境,可以有效地规避旅游犯罪和意外事故两种危机诱因带来的风险。就旅游企业危机发生的层面上来看,各种看似与旅游企业毫不相干的突发事件都会影响到旅游企业的稳定发展,在处理类似SARS危机的突发事件时,如果法律体系比较完整的话,就可以把其控制在萌芽状态,从而也不会对旅游业产生太大的冲击。在2003年以前,我国防范各种突发事件的法律较少。在经历了SARS疫情之后,我国除加大宣传和执行《中华人民共和国防疫法》的力度之外,初步构建了《国家突发公共事件总体应急预案》,预案将突发公共事件分为自然灾害、事故灾难、公共卫生事件、社会安全事件四个种类,基本覆盖了我国经常发生的突发公共事件的主要方面。整个预案包括25件专项预案,80件部门预案。按照各类突发公共事件的严重程度、可控性和影响范围等因素可分为四级:特别重大、重大、较大、一般,依次用红色、橙色、黄色和蓝色表示。国家旅游局也于2005年7月制定印发了《旅游突发公共事件应急预案》,在这个预案中,就制定《旅游突发公共事件应急预案》的目的和依据、适用范围、基本原则、组织领导和工作职责、组织机构、预警发布、救援机制、突发公共事件等级及分级响应、突发自然灾害和事故灾难事件的应急救援处置程序、突发公共卫生事件的应急救援处置程序、突发社会安全事件的应急救援处置程序、国(境)外发生突发事件的应急救援处置程序、信息报告、应急保障和准备、新闻发布等做出了较为详细的规定,并在预案中公布了应急救援联络方式、突发事件信息报送系统相关机构和人员通信录。这是我国在构建旅游危机预警体系的过程中迈出的可喜一步,对于建立我国旅游危机预警体系有着十分重要的意义。然而光凭这个应急预案是不能彻底解决问题的,我国在构建旅游危机的防范体系的时候,还应该有其他配套的一系列法律来一起构成比较完善的旅游危机的防范法律体系。当前,我国可以加紧《旅游法》的制定,把《国家突发公共事件总体应急预案》进一步提升,以法律的形式固定下来。同时,加强已有法律的宣传和执行力度。

2)构建国家预警机制

根据危机的生命周期理论,旅游企业危机的产生有一个潜伏期。旅游企业危机的国家预警机制指从国家层面建立一种应对危机的预先反应机制,建立国家预警机制的主体应该是政府主管部门。建议可由国家旅游局专门成立关于旅游企业危机的预警管理机构,负责对全国各地爆发的突发事件的分析、整理并提出可行性较强的应对措施和建议。具体的各个部门见图10.9:国家旅游局信息收集中心负责各种外部信息的收集、整理,并把收集整理的信息及时报送国家旅游局危机监测小组,由监测小组进一步进行专门的相关危机信息收集,报送国家旅游局危机识别与分析小组,由危机识别与分析小组进行判断,如果认为属于正常状态,那么实行正常的监控;如果判断已经发生旅游企业危机,属于非正常状态,则马上启动旅游行业应对方案,实施动态的监控并采取相应的措施进行有效的管理,把经过筛选后的反馈信息传递给相关的部门。

3)制定行业应对预案

在构建旅游企业危机预警体系的过程中,旅游企业危机的识别固然重要,但

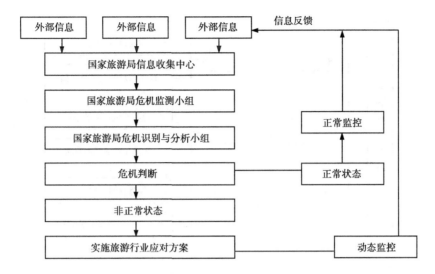

图10.9 旅游企业危机国家预警机制示意图

是制定完善的应对危机的旅游行业预案显得尤为重要,在国家的预警机构经过分析甄别后,认为需要启动时随时可以启动。该行业应对预案应包括以下一些基本内容:

(1)成立长设性的旅游企业危机管理机构

设置长设性的危机管理机构有利于对旅游企业危机的有效预警作出快速、正确的反应,能够在危机出现后将影响控制在最小的范围内,是旅游战略防控的必要手段。我国现行的临时危机管理机构的机制已经不能适应现代旅游企业危机管理的要求。这种临时危机管理机构的缺点表现为:不具有预警性、连续性,在实际的运作过程中也没有前瞻性,效率比较低。因此为了有效地对旅游危机实施防控,必须建立长设性的旅游企业危机管理机构。建议由旅游企业危机行业管理最高决策中心设立三个常设的机构即媒体联络中心、形象管理中心、安全保障中心。三个中心各司其职,充分发挥各自的作用。(见图10.10)

媒体联络中心在旅游企业危机存在的整个生命周期中负责与各种媒体联络、协调以及媒体信息的收集及咨询。形象管理中心负责旅游企业整体形象的维护和重塑,尽快树立旅游企业良好的行业形象。而安全保障中心则专门负责保障旅游者的人身和财产安全,维护旅游者的合法权益,保证旅游业的正常运转。这三个中心都应由有经验的专家组成,以便在必要的时候能够及时、充分地发挥作用。

各级旅游行政管理部门应该配套设立这样的长设旅游危机管理机构,以负

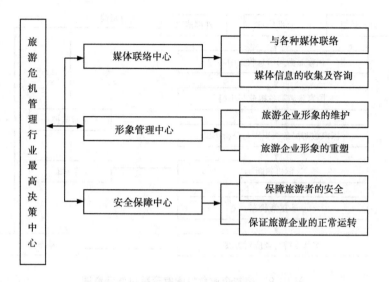

图 10.10 旅游企业危机的管理机构

责本区域内旅游危机的防范和管理。

(2)设立旅游救助中心

　　旅游业的特点注定旅游者在其游玩的过程中难免出现这样或者那样的问题,遭遇到各种各样的危机,有的时候甚至面临生死的考验。在世界上其他国家如阿根廷、多米尼加共和国、埃及、希腊和马来西亚等国都建立了专门的旅游警察部队,并通过培训使旅游警察能以多种语言为旅游者提供帮助。墨西哥绿色天使与会两种语言的同事共同在公路上巡逻,有效地保证了对需要救助的旅游者的及时帮助。我国可在原有 110、120 等急救系统的基础上,效仿某些国家,建立处理涉及旅游者紧急情况的旅游救助中心,中心接线员能说多种语言,能够清晰地告知旅游者有关如何与紧急情况处理部门取得联系等方面的信息。中心甚至针对急需进行救助的旅游者直接进行帮助。通过建立这样的一个全国统一的旅游救助中心以及各地的分支机构的有效工作,健全游客安全保障系统,为游客提供一个安全的旅游环境,从而也能间接促进旅游企业的发展。

(3)强化旅游行业协会和组织的职能

　　在市场经济规则下,旅游协会是旅游行业的自律组织,协会不像政府一样具有法定的强制性权力。在 SARS 危机期间,我国的旅游行业协会的自身功能并没有引起人们太多的重视,也没有起到应有的作用。在构建我国的旅游危机预警体系中,旅游行业协会首先应成为会员单位的信息中心,一方面要对不同层面的信息进行甄别,剔除误导性信息;另一方面,要及时将相关信息转达到政府部门和自己的会员,以便真正将信息转化为决策依据。其次,旅游行业协会应成为旅游企业危机事件的研究中心,包括研究旅游企业危机的发生、发展和消除的规律,提高旅游企业对旅游危机的预见性;及时收集整理业内处理旅游企业危机的经验教训,利用各种渠道传达给会员,提高会员的认知和应对能力。

(4)设立旅游行业风险基金

旅游企业危机总是伴随着旅游业存在而存在的,有些旅游企业危机是避免不了的,那么可以通过设立旅游企业行业的风险基金来确保应对旅游企业危机时有充足的资金保障。同时这笔资金可以用于各类旅游企业危机到来之时的活动经费、行业自救和宣传促销活动。风险基金可以从政府部门财政获得,也可以从资本市场获得,甚至可以由相关的旅游企业共同出资设立。但是在设立风险基金的时候,要规范基金的来源、用途、管理;规范基金的使用范围;规定基金的启用,尽力简化这笔基金提出的前提允诺,而不必经过一个复杂的程序,使该基金在旅游危机到来的时候能够及时发挥作用。然而风险基金要占用大量的资金,而资金是有时间价值的,如果不能使资金流动起来,这部分基金的负担可能会非常大。但如果增强了资金的流动性,在旅游危机爆发的时候,它的保障和避险功能又会受到限制。为此,一方面我们需要将这部分基金部分地用于投资,另一方面又要注意投资的方向必须和旅游业本身形成风险对冲。也就是在投资组合中,这些组合产品的预期收益和旅游业的预期收益应该形成负相关的协方差,这样就可以在旅游企业危机中利用企业的"此消彼长"来避险。

(5)加大旅游信息网络和电子商务的建设

SARS危机已经给我国旅游企业落后的经营方式再次发出了警示,加大旅游信息网络和电子商务的建设,提高抵抗危机的能力已经刻不容缓,这也是构建我国旅游企业危机预警体系的重要内容。随着现代信息产业的不断发展,旅游电子商务正以其不可阻挡之势,在全球迅猛发展起来。根据美国有线电视网(CNN)统计的数据表明,全球电子商务每年以350%的速度递增。根据美国CRG研究公司的统计数据,2002年全球旅游业电子商务销售额突破630亿美元,占全球电子商务总额的20%以上;目前,世界主要旅游客源地约1/4的旅游产品订购是通过互联网实现的。根据来自Jupiter Research的数据显示,美国的在线旅行市场在2005年有620亿美元的规模,占美国旅行总体市场的26%。然而,我国旅游电子商务的发展却远远落后世界旅游电子商务发展的整体水平,旅游业的网络信息化经营管理水平更是不容乐观。面对突发的SARS疫情和我国旅游行业网络信息化程度低的事实,使得整个行业全线即刻冷落下来,且十分明显。综合考虑我国旅游行业的经营现状和管理层次的实际,并结合国家旅游局关于"金旅工程"建设的精神,重点建立行业的业务网和信息服务网,以提高旅游行业的整体经营竞争实力和服务水平,同时多宣传旅游业,及时发布相关的信息,避免旅游者的过度心理恐慌。通过这个行业的网络,即使在突发旅游危机的时候,仍可通过网络信息的在线服务,广泛宣传行业经营理念和服务特色,提供真实可靠的旅游信息,不间断地为旅游目标市场提供周到、细致的咨询服务,为危机后期和消亡期旅游市场的尽快启动打下坚实的基础,提高旅游企业抗危机的能力。

(6)完善旅游信息披露机制

在构建旅游企业危机的预警体系中,要确保横向和纵向两方面的沟通协调,才能实现旅游企业危机信息在整个网络中快速、真实地传递,才能使不同的管理主体在信息对称状态下主动、及时、有效地配合,共同参与旅游企业危机的应对。首先要完善协调机制,强化横向沟通。在旅游企业危机的应对过程中,需要政府、企业、公众分别完善各系统内的横向协调机制,这是实施纵向沟通的基础。其次要加强媒体管理,建立纵向沟通。政府是旅游企业危机应对体系中的核心主体,信息传递经过一个从政府到社会团体、企业和公众的纵向过程。必须借助媒体,建立有效的政府——媒体——公众(旅游者)的纵向沟通机制,确保旅游企业危机应对各方的信息对称。

4)构建旅游企业自身的预警机制

根据危机顾问观念,构建旅游企业自身预警系统是旅游企业增强免疫力的重要手段。作为旅游企业自身来说,也应该积极探索各种途径,把危机扼杀于潜伏生成期,避免给企业带来巨大的伤害。旅游企业的预警系统主要由以下三个子系统组成。

(1)信息子系统

旅游企业的这个子系统主要功能是收集企业内、外部信息,通过各种决策预测技术的应用对旅游危机的各种征兆做出分析,然后传达到危机识别和分析系统中。在旅游企业做出分析后,此系统还要充当信息媒介中心,将企业的各项措施传递给利益相关群体以及各种媒体,尽力集合各方面力量来将旅游危机控制于一定的范围之内。旅游企业信息的收集可以从旅游一线员工、旅游的组织者、本企业的上游或下游企业等方面来收集,也可以从国家的大政方针政策、媒体报道、旅游行业协会和旅游行业管理部门等各个渠道获得。

（2）决策子系统

主要由危机分析和预警分析两部分组成,主要功能是接受信息系统的分析后做出危机判断,断定危机级别,决策采取应对措施。决策系统应由旅游企业的高层领导和相关专家组成,在对信息系统收集整理出的各种信息进行甄别、对比、筛选之后做出符合本企业实际的决策。如果认为有必要启动企业的应急预案,则要及时与运作反馈子系统进行沟通,迅速启动应急预案。

（3）运作反馈子系统

此系统包括具体方案的实施、监控信息并反馈回信息分析中心。当决策子系统已经根据相关信息判断认为,旅游企业危机切实存在的时候,运作反馈子系统应立即高效运转,采取相对应的措施作用于旅游企业危机。运作反馈子系统在作用的同时,应有效果信息的反馈,并及时把反馈回来的信息再次送给决策中心,从而为今后由决策中心做出正确的决策指明方向(见图10.11)。

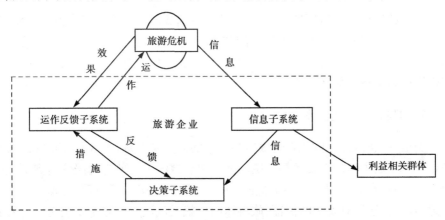

图10.11 旅游企业自身预警机制示意图

5）提高旅游企业抗危机能力

旅游企业抗危机能力的大小将会直接影响到在危机中该企业的生死存亡,因此,提高旅游企业抵抗危机的能力就显得尤为重要。

（1）加快新产品的开发和产品结构升级

从我国旅游业发展的特点来看,我国的旅游产品正处于需求层次升级,产业结构转轨的关键时期,存在着明显的小康旅游产品短缺现象。其突出表现在周末度假休闲产品等新兴的产品群及"黄金周"等集中消费的时段,形成了总量大体均衡,但供需矛盾突出的结构性短缺。而旅游企业危机往往导致消费者的自我保护意识提高,旅游心理发生变化。主要表现在旅游消费者心理日益成熟,不再盲目追求"流行";更多旅游者会关注旅游的健康和养身功能;自助型、小团队的个性化散客旅游将日益盛行。旅游企业应培育新的旅游产品以适应消费者旅游心理的变化,在平时应逐步从价格战转移到将重点放在开发新产品上,以减少人为旅游危机的发生和增强突发危机的应对能力。

(2)加强旅游企业的横向联系

我国的旅游企业抗危机能力差,主要是由于旅游企业小、散、弱、差和经营集中化程度低。为抵抗危机冲击,旅游企业之间应加强双向交流,提高行业竞争力。特别是小企业在平时应加强与各企业特别是大企业之间的横向联系,以求在危机来临之时平稳渡过。

(3)改变旅游高度集中消费的模式

可以通过推进带薪假期制度,逐步改变目前我国旅游高度集中消费的模式,这样有利于形成多元化的客源地空间与需求时间格局;旅游客源地的多元化空间格局有利于降低危机对旅游业的冲击程度,我国应继续加强这一方面的改革,积极推进客源空间的多元化。

6)加强公众心理工作

安全是旅游者的基本需求,根据马斯洛的需要层次理论(见图10.12),安全需要是人满足了生理需要后第二层次的需求。旅游者从熟悉的居住地到陌生的旅游地旅游,在品味异地生活的同时,由于对周围环境都不熟悉,心理上缺乏安全感,若旅游地没有安全的保证,旅游休闲也就无从谈起。旅游安全为旅游者的精神愉快、身心放松提供了最大保证,使旅游者能真正融入到旅游地的异地生活体验中,实现旅游者的角色心理转变。因此,和平与安全是一个目的地、区域或

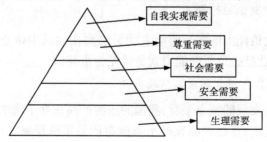

图 10.12　马斯洛的需要层次理论

国家发展旅游业的基本条件,也是旅游增长的基本决定因素。

旅游增长的主要影响因素是旅游客源的增长,而旅游者的旅游决策受到众多因素的影响,其中旅游者本身的行为和心理特征是其旅游决策的重要基础。旅游者在决定是否出游时,会面临旅游决策风险。旅游者觉察的风险过大,就会阻碍其出游行为。处于旅游企业危机事件中的旅游目的地之所以出现游客量和旅游收入锐减,实际上就是旅游者旅游决策风险增大,放弃其到该旅游地出游的结果,见图10.13。

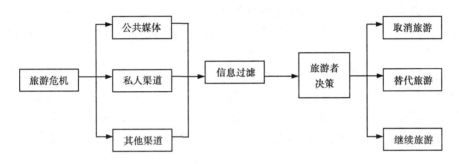

图10.13　旅游危机影响旅游者决策过程图

直接影响旅游决策行为的因素是感知环境的差异。旅游者光临某旅游目的地的决策行为很大程度上取决于其对当地感知环境的认知,而其中安全因素起着决定性的作用。当目的地发生突发旅游危机事件时,由于目的地安全的不确定性导致出游安全系数降低,潜在旅游者通过多种渠道得到的目的地信息,对目的地的安全感知水平会随之发生变化。通过感应过滤,进行旅游决策。实际上,旅游者对存在的风险都有一定的准备,当风险超过了一定的承受阈值时,人们就会主动地去回避风险。个人承受阈值的水平除了取决于前述的影响因素外,还取决于相关组织的可信度、采取行动的速度和旅游企业危机的反复程度。

从总体上看,只要旅游企业危机事件在个人的容忍限度内,它就不会对旅游者行为产生影响,只有超出了这个阈值时,旅游者的购买意愿才会大幅度降低。就如前面提到的欧洲探险胜地——勃朗峰,每年都会迎来许许多多到此徒步旅行和登山的旅游度假者,他们中有些人可能再也不会回来。虽然每年有超过70名徒步旅行者死在勃朗峰,然而却丝毫没有影响到那些新的到访者。也就是说,这些事件的发生并没有超过前往探险的徒步旅游者的心理阈值,他们为了实现登上勃朗峰的梦想准备接受最大的风险。

从以上的叙述中,我们可以看出,对于旅游者的心理我们要进行正确的引导和宣传,要充分相信公众的判断力,加强对旅游者和旅游从业人员旅游危机相关知识的教育和宣传,提高旅游者和旅游从业人员对于危机的认知能力和心理承受能力,以避免一些不必要的心理恐慌。这也是构建我国旅游危机预警体系的重要组成部分。

本章小结

旅游企业危机不仅对旅游企业的发展会带来不可避免的影响,同时也会对整个国民经济产生负面的关联作用。有效地运用危机管理的相关知识,对旅游企业危机"提前预防,及时发现,妥善处理",特别是建立高效、可行的旅游企业危机预警体系,利用科学有效的措施和方法对旅游企业危机进行全方位的监控、分析和判断,就能在最大程度上保证旅游企业危机的影响减少到最小,从而充分发挥旅游业对国民经济发展的关联带动作用,保持持续发展的态势。当然,完善的旅游企业危机预警体系的建立并非一朝一夕之功,涉及的方方面面较多,特别关系到各级政府部门、旅游行业管理部门、旅游行业组织、旅游从业人员、旅游企业以及与旅游业相关的上游和下游产业,甚至关系到相关国际组织。这么庞大而系统的工程需要全社会共同的努力。

实践训练

1.案例分析:核心员工跳槽引发经营危机

某知名饭店集团非常重视员工培训,并成立了员工培训中心,新招来的员工一到饭店就被送到培训中心接受长达一年的业务培训,全部费用由饭店承担。至2004年,该培训中心已先后培训了5届员工。然而,由饭店花大本钱培训的员工,特别是核心员工在近两年先后跳槽。在第一届参加培训的40人中只有10人还留在饭店时,并没有引起饭店管理者的关注,他们认为这是偶然现象,以致于第二届、第三届也只剩下7人。在问及离职原因时,离职员工大都认为:自身价值得不到体现,缺乏晋升机会、绩效与薪酬不挂钩,工资和福利待遇差,致使员工在工作中常常心不在焉,工作绩效下降,服务态度差等。面对大量人才流失,饭店现在已无心培训员工,害怕培训后的员工翅膀硬了,饭店留不住,白白为他人做嫁衣,于是取消了员工培训中心,员工服务水平与技能每况愈下,饭店口碑大不如前,致使人才流失更为严重,饭店经营陷入危机。

试讨论:旅游企业如何避免发生这种由于人才流失而带来的经营危机?

2.试收集各种旅游企业应付和处理外部危机的措施方法。

本章自测

1.选择题

(1)以下不属于旅游企业危机的事件是( )

  A.公共卫生事件   B.洪水泛滥

  C.美元突然贬值50%   D.外商独资旅游企业进入

(2)某旅行社在组织漂流旅游活动的时候,由于管理疏漏,导致两名游客不幸身亡,这类事件是属于( )

  A.人为原因导致的旅游企业危机 B.疫病流行导致的旅游企业危机

  C.自然灾害导致的旅游企业危机 D.军事冲突导致的旅游企业危机

(3)不属于提高旅游企业抗危机能力的措施是( )

  A.加快新产品开发和产品结构升级 B.加强旅游企业的横向联系

  C.加强对新员工的业务技能培训 D.改变旅游高度集中消费的模式

2.判断题,正确的打"√",错误的打"×"。

(1)危机管理这一术语正式出现于1986年出版的《危机管理:为不可避免的事而计划》一书。   ( )

(2)旅游企业危机是指影响并扰乱旅游企业继续正常经营的非预期性事件。   ( )

(3)根据危机周期理论,构建旅游企业自身预警系统是旅游企业增强免疫力的重要手段。   ( )

3.简答题

(1)简述危机生命周期理论。

(2)旅游企业危机的特征有哪些?

(3)建立我国旅游企业危机预警体系的意义是什么?

(4)如何构建我国旅游企业危机预警体系?

相关链接

公关危机管理

公关危机管理在国外已经发展得较为成熟,它不但是一种管理的工具和艺术,而且是公共关系学科中重要的一环,它被广泛研讨并得以延伸和发展。不过在中国,危机管理还处于发展阶段。国际著名危机管理专家迈克尔·里杰斯特(Michael Regester)所出版的《危机公关》(Crisis Management)一书,于20世纪90年代引进中国,旋即引起危机公关研究热潮。在中国市场经济大潮涌起的时候,该书的引进,不仅唤起了人们对危机管理的认知和觉醒,也促进了中国企业对公关危机管理的高度重视。

(资料来源:http://www.bj-sdtx.com/weijiguanli.)

参考文献

[1] 斯蒂芬·P·罗宾斯,大卫·A·德森佐. 管理学原理[M]. 大连:东北财经大学出版社,2004.

[2] 哈罗德·孔茨,海因茨·韦里克. 管理学[M]. 北京:经济科学出版社,1998.

[3] 董观志,白小亮. 旅游管理原理与方法[M]. 北京:中国旅游出版社,2005.

[4] 何建民. 旅游现代化开发经营与管理[M]. 上海:学林出版社,1989.

[5] 李宝明. 旅游企业管理[M]. 北京:经济科学出版社,2004.

[6] 张公绪. 新编质量管理学[M]. 北京:高等教育出版社,1998.

[7] 何建民. 现代酒店管理经典[M]. 沈阳:辽宁科学技术出版社,1996.

[8] 魏卫,邓念梅. 旅游企业管理[M]. 北京:清华大学出版社,2006.

[9] 王大悟,魏小安. 新编旅游经济学[M]. 上海:上海人民出版社,1998.

[10] 国家旅游局人事劳动教育司. 旅行社经营管理[M]. 北京:旅游教育出版社,1999.

[11] 张俐俐. 中外旅游业经营管理案例[M]. 北京:旅游教育出版社,2002.

[12] 姚裕群. 人力资源管理[M]. 北京:中国人民大学出版社,2004.

[13] 叶龙,史振磊. 人力资源开发与管理[M]. 北京:清华大学出版社,北京交通大学出版社,2006.

[14] 李岫,田克勤. 旅游企业人力资源管理[M]. 北京:经济科学出版社,2004.

[15] 董福容. 旅游企业人力资源管理[M]. 广州:华南理工大学出版社,2006.

[16] 蒋丁新.饭店管理[M].北京:高等教育出版社,2004.

[17] 赵西萍.旅游企业人力资源管理[M].天津:南开大学出版社,2005.

[18] 陆慧.现代饭店管理概论[M].北京:科学出版社,2005.

[19] 德克·格莱泽.旅游业危机管理[M].安辉,译.北京:中国旅游出版社,2004.

[20] 邹统钎.旅游危机管理[M].北京:北京大学出版社,2005.

[21] 叶秉喜,庞亚辉.考验:危机管理定乾坤[M].北京:电子工业出版社,2005.

[22] 威廉·瑟厄波德.全球旅游新论[M].张广瑞,等,译.北京:中国旅游出版社,2000.

[23] 苏伟伦.危机管理[M].北京:中国纺织出版社,2000.

[24] 邓冰,吴必虎,等.国内外旅游业危机管理研究综述[J].上海:旅游科学出版社,2004(1).

[25] 佘从国,席酉民.我国企业预警研究理论综述[J].北京:工业企业管理出版社,2003(5).

[26] 薛澜,张强,钟开斌.危机管理[M].北京:清华大学出版社,2003.

[27] 林壁属,郭艺勋.饭店企业文化塑造[M].北京:旅游教育出版社,2007.

[28] 刘光明.企业文化[M].北京:经济管理出版社,2006.

[29] 陈永发.旅行社经营管理[M].北京:高等教育出版社,2003.

[30] 王缇萦.旅行社经营与管理[M].上海:上海人民出版社,2006.